MOOC“生活中的经济学”参考教材

处置效应 金融心理

一本书参透投资心理

Sell Winners Too Early and Ride Losers Too Long

王保卫　谭雄文◎著

F=(bp-q)/b

f=[(A+1)*P]-1/A

2P-1=X

中国经济出版社
CHINA ECONOMIC PUBLISHING HOUSE
·北 京·

图书在版编目（CIP）数据

处置效应金融心理：一本书参透投资心理／王保卫等著．-- 北京：中国经济出版社，2023.10

ISBN 978－7－5136－7452－2

Ⅰ．①处…　Ⅱ．①王…　Ⅲ．①投资－经济心理学　Ⅳ．① F830.59

中国国家版本馆 CIP 数据核字（2023）第 172045 号

责任编辑　丁　楠
责任印制　马小宾
封面设计　任燕飞

出版发行　中国经济出版社
印 刷 者　北京富泰印刷有限责任公司
经 销 者　各地新华书店
开　　本　710mm × 1000mm　1/16
印　　张　17.75
字　　数　288 千字
版　　次　2023 年 10 月第 1 版
印　　次　2023 年 10 月第 1 次
定　　价　88.00 元
广告经营许可证　京西工商广字第 8179 号

中国经济出版社　**网址** www.economyph.com　**社址** 北京市东城区安定门外大街 58 号　**邮编** 100011
本版图书如存在印装质量问题，请与本社销售中心联系调换（联系电话：010-57512564）

序

生活中的经济学①

我一直认为，作为一门学科，经济学是离我们的生活最近的，是最朴素然而又很高深的学问。从生活的角度来说，我们不仅无时无刻会遇到经济学的问题，而且我们每一个人都是自己的经济学家。诸如，在超市里，面对收款机前面的一列列长长的队伍，我们需要判断哪一支队伍的速度会比较快；在交通拥堵的时候，我们需要决策是不断改变车道有利，还是选择行驶在相对固定的车道上更有利；为争取一份满意的雇佣合同，我们需要思考如何与对方讨价还价；为获得理想的婚姻，我们需要在茫茫人海中千挑万选做出种种决定。再如，建筑商为什么总偏好选择男女洗手间挨着的建筑方案；选择哪一款汽车或投票支持哪一位政治家将会更有利；等等。事实上，我们每个人心里都明白（无论意识到还是没有意识到），经济学中的理性是对个人行为而不是团体行为的一种假设，是对自己付出的成本与收益的考虑，决定着人们采取怎样的行动。当为获得信息而支付的成本大于信息本身的价值时，放弃选择的行为是理性而明智的。

其实，经济学本身对世界的解释力远远超出我们的理解力。正如戴维·弗里德曼所说，战争、爱情、婚姻、善与恶都属于经济学研究的范畴。其中最古怪的理论当数加里·贝克尔的坏孩子定理（Rotten Kid Theorem），即

---

① 本书是陶一桃教授和笔者开设的MOOC“生活中的经济学”的参考教材之一，准确地说是拓展性教材，本书的序为陶一桃教授亲笔所撰，为本书的点睛之笔。

有头脑的孩子知道什么时候踢姐姐对他有利，什么时候这样做对他不利。这个看似无聊的话题，却是世界上最有名的经济学家花费毕生精力得出的重大研究成果之一。或许戴维·弗里德曼的人生经历本身就是经济学对人类生活超凡解释能力的一种印证。

戴维·弗里德曼的父亲米尔顿·弗里德曼是1976年诺贝尔经济学奖得主，而戴维则在芝加哥大学获得物理学博士。他几乎没有受过正规的经济学教育，但他却凭借渊博的经济学知识先后就职于加州大学洛杉矶分校、芝加哥大学、杜兰大学、康奈尔大学和圣克拉拉大学，讲授经济学课程，他的代表作《价格理论》被公认为是学习价格理论的入门书。戴维的人生历程让我更加坚信，像经济学家那样去思考，是成为经济学家的要旨所在。

10年前我怀着无比崇敬的心情拜读完了戴维·弗里德曼的《弗里德曼的生活经济学》，在大师的思想天空中我收获了翱翔的畅快与喜悦。弗里德曼不仅把高深而又枯燥乏味的博弈论、帕累托最优等经济学原理变成了我们身边信手拈来的生活琐事，而且他那轻松自如的文风和讲故事般的驾驭理论的才能深深折服了我。同时，更坚定了我沿着自己所研究的道路走下去的信心。我无法超越大师的境界，但我会以自己的理解来诠释生活中的经济学。

经济学是一门令人神往并给人以智慧的学科。她教给人的不是斤斤计较的伎俩，而是权衡利弊的方法；她告诉人的不是如何赚取金钱的技巧，而是对成本收益的理性判断；她给予人的不是急功近利的手段，而是对预期准确评估的思路。当我们真正走进经济学的殿堂时，对经济学的思考就会给每一个热爱她的人带来超越物质的获得、心灵的洗礼与精神的升华。“我爱故我在。”

陶一桃

二〇二三年七月九日于桑泰丹华府

前言

本书是我超过25年股市投资的思想沉淀。我从懵懂入市到大赚，又到大亏，反复经历磨难后终于研究出一套较为稳定的盈利模式。我曾经投资过30元（复权价）以下的茅台，曾经在苏宁电器高增长时买入，曾经把海德股份拿到只剩下两成不到……股市投资是非常难成功的路，我“不幸”踏上这条路，幸运的是，上天眷顾，如今的股市能给我带来另一份收入。本书的内容是根据我的博士论文改编的，研究是在人才测评领域最顶尖的高手——我的恩师马欣川教授指导下完成的，算是完全独立和自主知识产权的研究。恩师是心理学高人，专业技能和师德都是顶尖的，他给我划出了国内研究相对空白的领域让我深入研究，从心理学专业角度研究投资者心理。踩着该领域研究先驱卡尼曼、特沃斯基、席勒、塞勒等的步伐，我在行为经济学领域下沉到对“处置效应”的研究，结合自己的投资经验，对前人所未发现的东西有所发现。书中花了一定篇幅综述前人的研究，包括对行为经济学和处置效应的研究。

表现为“售盈持亏”交易行为的处置效应作为金融心理学研究领域的认知偏差之一，自Shefrin和Statman（1985）提出以来，无数研究者前赴后继探索其产生原因。过往研究中存在两项不足：其一，对处置效应的解释多达十几种，数种解释之间相互矛盾，罕有从纯粹心理学角度进行解释的；其二，未考虑投资者交易逻辑而把所有“持亏”行为当作处置效应认知偏差。本书为解决这两项不足，发挥心理学解释的优势，共进行了三项研究和数项子研究，研究之间呈递进关系并相互补充。

研究一采用问卷研究方法，研究投资者仅把股价走势图作为决策依据时的预测和交易行为。预测行为研究部分从波动性、线性和置信区间3个角度研究投资者如何预测股票未来的走势。研究发现，投资者通常根据股票价格趋势做线性外延预测，股票价格趋势越明显，线性外延越显著，即投资者采用动量交易策略而非逆向交易策略（N=130）。部分交易行为研究发现，投资者根据预测做交易，处于盈利状态时预测与交易行为统一，并无“售盈”倾向，即 $\pi(p)=p$；但处于亏损状态时，预测与交易行为相悖，“持亏”倾向明显，即 $\pi(p)>p$。由此可见，处置效应的原始定义存在缺陷，需要修正与重塑。研究一还设计了投资者操作他人账户进行交易而不用负责的框架（N=90），在此框架下投资者处置效应倾向完全消失，说明“持亏”倾向与投资者对买入责任的归因有极大关系，为解释处置效应打开了空间。

研究二对 Weber 和 Camerer（1998）的经典模拟交易实验进行了改进，摒弃了不合理的设计和处置效应指标计算方法，设计了完整的电脑交易系统，采用全新的指标衡量处置效应倾向强弱，分别进行了正常交易实验（N=100）、自动清仓交易实验（N=100）和网络交易实验（N=100）。研究发现，处置效应与投资收益率之间存在显著负相关关系，处置效应倾向越强，投资收益率越低；随着亏损比例的增加，投资者卖出意愿逐渐减弱；每期自动清仓帮助投资者消除了处置效应影响；选择过空仓的投资者与未选择过空仓的投资者平均收益率之间存在显著差异；投资者能准确识别出平衡市交易阶段的最优标的 65% 概率上涨股和弱市交易阶段的最优标的 55% 概率上涨股，但在做交易选择时依旧受处置效应倾向影响。

研究三采用心理学常用的个案研究方法，对 6 名采用不同交易策略的研究对象的交易行为和心理进行了研究，验证了前两项研究所得出的多数结论，且未推翻任何结论。除验证了已得出的结论外，研究三还发现了诸多与处置效应相关的投资者交易行为与心理，主要包括：不同策略投资者的处置效应倾向有强弱之分；投资者的“持亏”行为不一定是受处置效应心理影响而产生；在真实交易中投资者的处置效应倾向远比实验研究中观察到的更强；持股心理随亏损幅度加大而变化；投资者在补仓交易中的决策参照点依据其交易计划而定，可能是平均成本，也可能是补仓买入价，但已不是初始买入价。研究三还完成了投资者卖出股票后的情绪研究，以及亏损时的卖出动机研究。

在解释处置效应产生的原因时，本书认为投资者在股票亏损后，经历了贪婪、恐惧等复杂的心理活动。不同的亏损幅度下又经历了不同的心理活动，同一亏损幅度下也经历了多种心理活动，但每种情形下都有最主要的心理活动。当亏损幅度较小时，产生处置效应的主要心理原因体现为过度自信认知偏差；在亏损幅度加大后，产生处置效应的主要心理原因体现为认知失调、嵌陷和金钱损失规避，其中金钱损失规避心理需从荣格分析心理学中的原型、情节角度解释方能较为合理；投资者合理化最初的决策和负面反馈的结果是错判概率，进而长期持有亏损股票，当投资者把买入责任归因于自己时，决策权重大于真实概率。

本书从内在动机和外部控制两个方面提出了8种应对处置效应的方法，并把处置效应的定义重塑和修正为：投资者股票投资亏损，买入逻辑消失，且无新逻辑支撑其继续持有时，不愿意及时止损卖出亏损股票的倾向，表现为长期持有亏损股票。

本书的重要创新之处在于修正和重塑了处置效应的定义；修正了过往研究方法中的不合理之处；深入到心理学的内在动机、无意识层面，并从亏损幅度大小角度合理地解释了处置效应产生的原因；从内在动机和外部控制两个方面提出了应对处置效应的方法。

目 录

第一章

绪论

一、研究背景

前美国心理学会主席菲利普·津巴多曾制作拍摄过心理学的珍贵系列视频 *Discovery of Psychology*，向观者展示了心理学史上重要的研究成果。该系列视频的第十一集为“判断与决策”，重点介绍了诺贝尔经济学奖得主丹尼尔·卡尼曼（Dainel Kahneman）的“前景理论”。前景理论属于判断与决策这一心理学的重要研究领域，近几十年，关于决策偏差的研究呈爆炸式增长。金融市场上的这些由投资者非理性导致的决策认知偏差，会让投资者在经济上遭受重大损失，处置效应就是这些认知偏差之一。

（一）处置效应研究背景

自 Shefrin 和 Statman（1985）发表开创性论文提出处置效应概念以来，学术界已广泛接受这种认知偏差。很多投资者把金融心理学研究成果应用于金融市场，这些投资者也深刻地意识到这种认知偏差的存在，虽然他们没给它命名为处置效应。Shefrin 和 Statman（1985）注意到，投资者在处置股票等金融资产时，倾向于“售盈持亏”，即他们倾向于过早出售盈利的投资，过长时间持有亏损的投资。

自从 Shefrin 和 Statman 的论文发表以来，这一现象在应用研究中得到了广泛而有力的证实，Barberis 和 Xiong（2009）指出这是“个人投资者交易行为最有力的事实之一”。金融心理学已经证实，处置效应发生在不同国家、不同文化背景的投资者身上，也发生在不同类型的金融市场中。有些金融市场上的认知偏差是把“双刃剑”，不一定都产生负面反馈，如过度自信认知偏差可以增强股市的活跃程度，对保持资本市场的流动性有益处。不幸的是，处置效应通常不会给投资者带来任何益处，反而会消耗他们的财富。处置效应从逻辑上是说不通的，投资者在一项投资上发生了亏损，通常意味着投资标的不是一项好资产，应该及时卖出，但投资者的行为恰好相反。金融心理学家 Odean（1998）分析了美国一家大型券商 1 万名投资者的真实交易资料，测算了投资者们实现浮盈的比例和实现浮亏的比例，通过大样本的统计数据发现，投资者更倾向于卖出盈利的股票，而不愿意卖出亏损的股票，投资者不愿意以低于购买价格出售资产，倾向于“售盈持亏”。Odean 的研究还发现，若继续持有盈利股票，将来盈利幅度更大；若继续持有亏损股票，将来亏损幅度也更大。换言之，投资者应该卖出亏损的股票并持有盈利的股票。

虽然处置效应为广泛承认的认知偏差，但过往研究中存在两项严重的缺陷：对处置效应的解释多达十几种而无法统一，未考虑投资者交易逻辑而草率把“持亏”当作处置效应认知偏差。

（二）金融心理学研究背景

金融心理学采用心理学的研究方法研究金融市场交易行为，其出现在一定程度上是对传统经济学、金融学研究方法的冲击。运用金融心理学理论，可以更好地解释金融市场中的行为和现象，这些理论有助于解释人们在投资行为中的判断和决策。在我国著名学习平台“得到”里，有三类课程特别受欢迎，分别是经济学、金融学和心理学。如果说这三门课组成了“得到”课程的皇冠，那么金融心理学就是这顶皇冠上的明珠。它是基于这三门学科诞生的一门跨界学科，可以在真实交易中指导人们的投资实战。

金融心理学在经济学领域被称为行为金融学，作为一个只有 40 年的新兴学科，已取得举世瞩目的研究成果。2002 年，丹尼尔·卡尼曼凭借“前景理论”获诺贝尔经济学奖（以下简称诺奖）；2013 年，罗伯特·席勒凭借“市场可预测理论”获诺奖；2017 年，理查德·塞勒凭借“人的有限理性”获诺奖（牛政凯、王保卫，2020）。他们都是金融心理学家，屡获诺奖让越来越多的人认识到金融心理学的研究价值。沿着 3 位诺奖得主的足迹，继续对这一领域的理论与实践探索颇有价值。

在今天，很少有人能完全置身于金融市场之外，投资已经成为个人财富增长的重要手段。然而，投资市场总是变幻莫测，让人难以预测。人在金融市场上易犯的错误正是金融心理学研究的基础内容，金融心理学可以告诉你怎么才能少犯错，同时又该如何利用大多数人的错误制定反向操作交易策略，全世界越来越多的基金公司正采用行为金融交易策略稳定盈利。理查德·塞勒教授常常被人称作“临床经济学家”，因为他是尤为擅长投资实践的经济学家。1993 年塞勒教授和合伙人创立了“Fuller & Thaler Asset Management”资产管理公司，目前该公司的资产管理规模超过 80 亿美元。该公司的顾问之一正是诺奖得主丹尼尔·卡尼曼，该基金的投资理念是：经济学中最不理性的假设就是理性投资者假设；投资者常常高估坏消息的影响而低估好消息的影响；坏消息引起市场恐慌时以及好消息市场无动于衷时均为买入时机。这些投资理念正是利用金融心理学研究成果制定的，令基金业绩表现长期而稳定跑赢大盘指数。

我国股市已成为国民经济的重要组成部分，其功能关乎国家命运。我国股市与成熟市场的区别之一就是散户（个人投资者）的数量远远大于机构投资者，结果是股票的换手率和成交量远远大于成熟市场，进而导致股市波动巨大。股市的稳定运行与安全对国家经济发展和社会安定影响巨大，不容小觑。例如 2015 年 A 股大跌之时，出现数日内整个市场全部股票的跌停，股市彻底失去了流动性，央行提供无限流动性，证金公司、汇金公司纷纷参与救市，才暂时缓解了流动性枯竭的惨状。

处置效应是金融心理学的重要研究领域，而处置效应倾向无时无刻不影响着投资者的预测行为和交易行为。过往研究还存在诸多缺陷，存在缺陷的原因之一可能是金融心理学为交叉学科，同时拥有两门学科背景的研究者甚少，外加两门学科的研究方法差别较大，导致至今没有一本金融心理学标准教材。

金融心理学研究领域仍有巨大的探索空间，对该领域研究的深入探索尤为必要。

二、研究目的与意义

（一）研究目的

由于处置效应行为从逻辑上解释不通，研究者们试图从学术上解释这种认知偏差，但遗憾的是研究者们无法达成共识，产生统一的结论。对产生处置效应的原因的解释，目前研究者们给出十几种之多，其中被接受程度较高的有前景理论、心理账户理论、自我控制偏差理论，以及后悔厌恶理论，被接受程度高与解释的合理性并无必然联系。

基于过往研究中对处置效应的解释多达十几种而无法统一，且未考虑投资者交易逻辑而草率把“持亏”当作处置效应认知偏差，本书的研究目的有以下四点：

其一，探索处置效应认知偏差产生的真正心理原因。过往研究对处置效应的解释如此之多，本书将进行全面的综述与总结，一一辨析。本书将在三项研究和多项子研究之后，对产生处置效应的心理原因进行更为慎重的解释，竭力让解释更接近真相。

其二，采用更为合理的处置效应统计衡量指标或方法。过往研究未考虑投资者交易逻辑而草率把“持亏”当作处置效应认知偏差，本书将严格控制研究变量，确保投资者交易逻辑为可控变量。在问卷研究和模拟交易实验研究部分，通过设计严格控制投资者交易逻辑；在个案研究部分将通过访谈，明晰投资者的交易逻辑。如此控制研究变量后确认“持亏”是否为处置效应所导致。

其三，试着修正并重塑处置效应定义。诸多过往研究对“售盈”的解释捉襟见肘，根据个人投资经验，难以解释的原因可能是投资者“售盈”时不存在认知偏差。但基于谨慎性考虑，研究中也未提出处置效应定义有缺陷的假设，通过设计检验“售盈”时是否存在认知偏差，决定是否修正并重塑处置效应定义。

其四，为金融心理学研究添砖加瓦。金融心理学至今无一本权威的教科书，已出版的教科书理论框架各不相同，多为研究成果的堆砌。处置效应因其重要性，在教科书中应有一席之地，但几乎所有的教科书均用前景理论解释处置效应。而本书将把处置效应研究推进一小步，希望其对处置效应产生的心理原因的解释及研究结论被教科书所采纳。

（二）研究意义

对处置效应的研究，以及对产生处置效应心理原因的探究有着理论与应用意义。理论意义主要体现在对新兴学科金融心理学未完善的理论体系进行进一步探索和补充，应用意义则主要体现在不同市场主体均可从本书的结论中萃取实践的理论依据。

1. 理论意义

首先，继续为金融心理学这一交叉学科的研究添砖加瓦。传统金融学与行为金融学长期对峙而未有定论，行为金融学由“行为”二字加“金融学”构成，“行为”取自心理学中的行为主义，它是金融心理学的理论基础。2013 年的诺奖同时颁给了观点相对立的尤金·法玛教授和罗伯特·席勒教授，他们分别代表了传统金融学观点和金融心理学观点。尤金·法玛的“有效市场假说”认为大盘不可预测，而席勒正是凭借“市场可预测理论”而获奖。从 20 世纪 80 年代开始，金融心理学学派的理论迅速成长，逐渐形成了与传统金融学对峙的态势。到了 20 世纪末，有学者说：“我预测，行为经济学在不远的将来将成为一个多余的术语，因为除了这个，还能有什么别的金融学呢？”说这句话的人正是 2017 年诺奖得主，金融心理学家理查德·塞勒教授，但两门学科至今依然对立，传统金融学并未消失。传统金融学从“应该是”的视角寻找长期均衡的规律，而金融心理学用“实际是”的视角解决当前具体的金融决策；传统金融学认为市场是不可预测、无法战胜的，而金融心理学认为市场是有规律的，战胜市场是可能的。金融心理学之所以这样认为，是因为该学科是心理学和金融学的交叉学科，而心理学认为人的行为有规律且可以预测。在如此富有争议而又对立的学科研究中，本书的研究将把处置效应研究推进一小步，为金融心理学这一交叉学科的研究添砖加瓦。

其次，从心理学角度研究金融现象，为金融现象提供更好的解释。自 Kahneman 和 Tversky 创立经济心理学派之后，越来越多的人意识到这门学科更能解释金融市场的各种现象。金融学从学科分类来说是二级学科，它的一级学科是经济学，更精确一点是应用经济学，而应用经济学的学科基础是数学。因此，金融学的研究方法与心理学大相径庭，金融学通常用数学推理，找出最优点。这与探索人的心理大不相同，心理学研究能为金融市场行为提供有力解释。但自 Kahneman 之后，能从纯粹心理学角度研究金融现象的人不多，取得建树的人就更少了，更多的研究者是纯金融学背景而研究金融心理学，在解释时就不那么权威和深刻了。没有心理学的支撑，金融市场异象很难解释，从而不敢制定相关交易策略。理查德·塞勒教授正是用“心理账户”解释了沉没成本异象而获诺奖。鉴于笔者同时具备经济学和心理学背景，本书可以从心理学角度为异象提供更为合理的解释。处置效应在逻辑上的不合理性，使得研究者们试图解释这种认知偏差，但遗憾的是未形成统一的结论，相反出现相互矛盾的解释。在最有代表性的 4 种解释中，即前景理论、心理账户理论、自我控制偏差理论、后悔厌恶理论，后两者的解释相互矛盾。本书将全面梳理和总结处置效应产生原因的各种解释，用问卷和模拟交易实验方式，严格控制研究变量，使之可重复，并最终回到真实交易中进行个案研究，对产生处置效应的原因提出有意义的见解。

最后，抓住处置效应本质，提升处置效应统计衡量指标或方法的合理性。过往对处置效应的模拟交易研究中分别采用盈亏时交易次数、交易量来衡量处置效应，并未抓住处置效应“持亏”本质。在对处置效应定义修正后，“售盈”不存在认知偏差，因此过往的衡量方法均失效。过往采用真实交易数据对处置效应的研究中，仅用交易数据统计盈利卖出比例（*Proportion of Gains Realized*，*PGR*）和亏损卖出比例（*Proportion of Losses Realized*，*PLR*），把二者的差值作为处置效应衡量指标。该统计方法的致命缺陷有二：其一，未考虑投资者买入理由，持有亏损股票未必是认知偏差，如市场中性策略中持有亏损股票完全与处置效应无关；其二，“售盈”不存在认知偏差，而 *PGR* 采用“售盈”数据计算而得，与 *PLR* 做比较而得出处置效应衡量指标前提不存在。本书摒弃和改进过往方法，抓住处置效应本质，提升了处置效应统计衡量指标或方法的合理性。

2. 应用意义

金融市场的主体有三：投资者、融资者和监管者，金融心理学的研究可以帮助市场主体采用最优策略进行决策。

首先，对于投资者而言，依据研究成果，可以制定相应的金融心理学交易策略，利用他人的认知偏差反向交易而盈利。正如诺奖得主理查德·塞勒教授依据自己的研究成果而创立了资产管理公司一样，依据本书的研究成果也可以制定相应的金融心理学交易策略。金融心理学的研究可以让投资者在充满陷阱的资本市场上盈利，选择正确的交易时机，正确地配置资产，合理地提高财富水平。华尔街曾有一个“猩猩与基金经理”的著名试验，被诸多金融心理学研究所引用，这个试验验证了长久以来一个有争论的问题——人是不是真的有智慧战胜市场。试验结果是猩猩扔飞镖选中的股票，比投资专家精心挑选的股票收益还略胜一筹。这个试验的意义在于，作为一名投资者，如果你相信传统金融学理论而不相信前沿的金融心理学理论，那你不该去买个股而应该去买大盘指数，即组合投资，方为最优策略。这个理论叫作投资组合理论，提出该理论的马科维茨还获得了 1990 年的诺奖，被人尊称为现代投资之父。金融市场是由人构成的，而人的行为是有规律的，可以预测的，因此由个体所构成的市场有规律可循，战胜市场是完全可能的。因此，本书将依据研究成果提出诸多应对处置效应的方法，个人投资者还可依据本书的研究成果，制定打败市场的交易策略。既然投资者有“持亏”倾向，趋势往下的股票会让越来越多的人处于亏损状态而不愿意卖出，而当市场盈利效应转强时，这些股票的套牢筹码密密麻麻，上涨中不断有解套盘抛出，导致上涨乏力，因此此类股票不是好的投资标的。趋势往上的股票不同，由于几乎没有套牢筹码，上涨中筹码稳定，抛压非常小，上涨动力也就非常强，此类股票为好的投资标的。下文中作为实验酬劳发放给被试的行为金融学交易策略，正是笔者利用处置效应的研究成果，叠加其他策略制定而成。

其次，对于融资者而言，诸如处置效应这样的金融心理学研究成果，可以帮助其制定更快捷高效的融资措施。按照传统金融学理论，如果融资者想要筹到更多的资金，需要依靠提升公司业绩，让公司的价值提升，增强投资者的信心，因而愿意借更多的钱给公司。然而，资本市场有更简单的方法让融资者借到钱。股票高送转是股票市场的一个特有现象，很受投资者追捧，上市公司给每个持有其股票的股东发放股票红利代替现金红利，亦称股票股利。股票股利发放的比例高，就称为高送转。投资者会被这种高送转所迷惑，产生认知偏差，感觉多得了福利，而实情是蛋糕并未做大，只是切成更小块了。所以，10 送 10 这种股票股利就是个资本游戏，让投资者手中的股票数量翻了一倍，但每股的价值降一半。然而，奇怪的是，投资者却特别喜欢这种做法，被“低股价幻觉”所蒙蔽。处置效应的研究可让融资者清晰地看出投资者认知偏差的存在，在融资中利用投资者的这种非理性可以达到不用提升业绩而多融资的目的。真正的融资市场并不是像传统金融学所描述的那样，人都是理性的，经济心理学的研究可以帮助融资者优化融资路径。融资者利用投资者“持亏”倾向优化融资路径的常用手法是配股，我国港股市场称之为供股，供股通常是赤裸裸地抢夺投资者财富。配股与送股不同，后者为公积金转股本，股东并无任何损失，财富也并未增加，而配股则需要投资者交钱，一旦投资者无钱可交，只能眼睁睁看着股权被稀释。内地市场对配股的监管较为成熟，投资者利益受到较好保护，港股市场供股通常都是赤裸裸地抢夺，融资者利用个人投资者不愿意止损心理和无钱缴款，再配合合股手法，经常将个人投资者抢夺到倾家荡产。本书无意鼓励融资者利用投资者处置效应倾向优化融资路径，仅指出处置效应研究成果可被融资者利用。

最后，对于监管者而言，诸如处置效应这样的金融心理学研究成果，可以为其监管提供理论依据。金融市场的监管和稳定关乎国家经济命运，甚至国家命运。日本因“广场协议”而失去 20 年发展，至今未翻身；2015 年股灾让我国股市失去流动性，改革开放 30 多年的成果几乎毁于一旦。金融危机背后都是人的行为，因此研究市场主体行为可以为监管层制定维护金融市场稳定与健康发展的政策提供理论依据。在位时间长达 19 年、任期跨越 6 届美国总统的美联储前主席格林斯潘，是任期最长的美联储主席。他任期时金融界流传着一句话："格林斯潘打个喷嚏，全世界股市都要抖三抖。"格林斯潘深受传统金融监管思想的影响，他长期奉行的监管原则是—"尽量不要过多插手市场，当好裁判即可"。2006 年，芝加哥大学印度裔教授 Raghu Rajan 在格林斯潘的庆功宴上对他进行了批评，声称格林斯潘长期以来信奉的利伯维尔场理念，可能会造成严重的后果。Raghu Rajan 一语成谶，2007 年金融危机爆发，他也一跃成为 21 世纪最伟大的 4 位经济学家之一。格林斯潘从来不承认金融危机跟他有关系，直到 2008 年的 10 月 24 日，格林斯潘首次在《纽约时报》上公开表态，承认自己可能犯了一个错误，认为自己可能高估了投资者的理性，低估了机构的贪婪。高估理性、低估贪婪正是金融心理学所研究和支持的理论。对于监管者来说，相信传统金融学放任自流，认为市场可以自我修复，抑或相信金融心理学所认为的市场经常会失灵，政府的积极干预是必要的，这对于整个金融市场来说，结果完全不同。处置效应的研究可让监管者清晰地看出投资者认知偏差的存在，投资者的有限理性结论可以为监管和干预市场提供理论依据，金融危机中未采取救市措施的国家最终的结局都相当凄惨。在股灾发生时，监管者可利用投资者"持亏"倾向，精确控制大盘点位，达到既保持流动性又不至于酝酿二次股灾的效果。

三、关键术语界定

任何研究对关键术语的界定都尤为重要，本书为跨学科研究，用心理学的方法研究股票交易中投资者的行为和心理。研究中涉及大量的关键术语，包括学术术语和股票交易术语，界定和解释这些术语尤为重要且必要。书中对所有相关术语会有界定和解释，此处仅界定和解释关键术语，尤其是反复出现在书中的术语。关键术语可简单分类为学术术语和股票交易术语，部分术语可同时归属于学术术语和股票交易术语，但无论归为哪类都不影响其概念的界定。

（一）学术术语

1. 经济心理学与金融心理学

经济心理学在经济学领域被称为行为经济学，是心理学与经济学交叉研究的前沿学科，用心理学研究方法研究经济问题。行为经济学研究成果丰硕，重要理论包括前景理论、心理账户理论、市场可预测理论等。凭借这些开创性理论，行为经济学研究者已 3 次荣膺诺奖（王保卫、牛振凯，2021）。行为经济学研究的重要主题包括激励、社会偏好、社会影响、启发、偏差与风险、时间和计划、个体差异等。经济心理学隶属判断与决策研究领域，时常被称为启发和偏差的研究，并已成为理解判断与决策的主要学术方法。金融学为经济学的二级学科，因此金融心理学隶属经济心理学，该学科用心理学研究方法研究金融问题，经济学领域称之为行为金融学。金融心理学被认为是经济学、金融学、判断与决策以及心理学中最活跃的领域之一，无论在学术领域还是在应用领域，它都得到了金融分析师、经济学家、决策专家和心理学家的广泛关注。金融心理学试图理解和解释诸如认知偏差等心理过程是如何影响人们在金融市场的决策行为，许多研究人员都认为，心理学和其他社会科学的研究可以对经济学领域所研究的金融市场效率、股票市场异象、市场泡沫和崩溃提供合理的解释。

2. 处置效应

处置效应最早由 Shefrin 和 Statman（1985）提出，其英文的定义为“Sell Winners Too Early and Ride Losers Too Long”，可译为“投资者过早卖出盈利股票，过长时间持有亏损股票”，过早卖出盈利股票等同于持有盈利股票时间过短。该定义在本书中需要反复出现，而表达又有些拗口，为了不反复浪费篇幅，本书表述时将其简化为“售盈持亏”的交易行为，“售盈”和“持亏”是处置效应原始定义中的两种交易行为，经常需要分开讨论，因此本书中经常用“售盈”和“持亏”两种表述方式简化处置效应的表述。但本书在研究后对处置效应的定义进行了重塑和修正。

3. 个人投资者

以自然人身份从事股票交易的投资者。个人投资者是相对于机构投资者的一个称呼，资金量通常较小，因此也被称为散户。个人投资者由于资金量较小且各自为政进行交易，无法形成合力，因此通常影响不了股票的交易价格，仅为价格的接受者。

4. 判断与决策

Carroll 和 Johnson（1990）将决策定义为一个过程，在该过程中，个人、群体或组织将决定一个选择，通过收集和评估关于备选方案的信息，最终从中选择一个或多个方案。决策在股票交易中的典型例子是投资者从众多股票列表中，选择买入、卖出或持有股票。与决策不同，判断仅涉及对备选方案特征的评估，如经纪人在给客户交易建议之前，须对股票进行评级，通常分为买入、增持、持有和卖出。虽然这说明了判断和决定之间的区别，但二者经常有交叉而导致不能准确区分，有时判断中包括了决策，同时决策中也包括了判断，而且通常没有必要区分二者的不同。因此，本书不讨论判断和决策之间的区别，而是同时关注两者，经济学上广泛地把判断与决策的研究统称为决策理论。处置效应研究隶属判断与决策领域的研究。

5. 认知偏差

认知偏差是人们在知觉自身、他人或外部环境时，常因自身或情境的原因使得知觉结果出现失真的现象。经济心理学领域已研究发现的认知偏差有过度自信、后见之明、自我归因、认知失调和确认性偏差等。

（二）交易术语

1. 动量交易

根据投资百科（Ivestopedia.com）的定义，动量交易是投资者根据最近的价格趋势强弱买卖股票的一种交易策略，投资者做多正在上涨的股票，卖空正在下跌的股票。在物理学中，动量是用物体的质量乘以它的速度来确定它在特定路径上继续运动的可能性，在金融市场，决定动量的因素包括价格变动率和交易量等。当股票以很强的动量上涨或下跌时，投资者假定股票会继续沿原有方向波动，直到动量消失，趋势反转。

2. 逆向交易

逆向交易策略亦称反转交易策略，指的是投资者认为股票涨多了将会下跌，跌多了将会上涨，因此投资者在交易时，会卖出自认为涨多了的股票，而买入自认为跌多了的股票。

3. 账面亏损与确认损失

投资者在买入股票后，若股票价格相对于买入价格下跌，就产生了账面亏损，或称账面浮亏。在未卖出股票之前，这些亏损仅存在于账面之上，未来可能会从亏损转化为盈利，也可能产生更大幅度的账面浮亏。一旦投资者在账面亏损时卖出股票，账面亏损就转化为真实的亏损，财富随之减少，卖出亏损股票的过程和结果被称为确认损失。

4. 账面盈利与确认收益

投资者在买入股票后，若股票价格相对于买入价格上涨，就产生了账面盈利，或称账面浮盈。在未卖出股票之前，这些盈利仅存在于账面之上，未来可能会从盈利转化为亏损，也可能产生更大幅度的账面浮盈。一旦投资者在账面盈利时卖出股票，账面盈利就转化为真实的盈利，财富随之增加，卖出盈利股票的过程和结果被称为确认收益。

5. 止损

止损亦称“割肉”，是指当某一投资者的亏损达到预设金额或预设比例或幅度时，或发现自己投资的逻辑错误时，及时平仓出局，以避免造成更大的亏损。止损之所以也被称作“割肉”，是因为一旦执行止损交易，损失既已确认，无法在该投资上挽回损失了，犹如从自己身上割去一块肉，非常之痛。止损的目的在于在投资失误时把损失控制在较小的范围，保住大部分本金，另寻翻身机会。止损是投资者必备技能之一，不会止损的投资者经常出现亏光本金的情形。因此基金公司通常都设有稽核监察部门，当亏损达到预设金额或幅度水平时，稽核监察部门直接止损。

6. 平仓

平仓源于商品期货交易中的术语，后用到股票交易中，是多头将所买进的股票卖出，或空头买回所卖空股票行为的统称。

7. 爆仓

爆仓是投资者在保证金交易中，杠杆比例过大，亏光本金而被强行平仓的情况。

8. 补仓

补仓是指投资者在买入股票后股价下跌产生账面亏损，为了摊低该股票的成本，再次买入一定数量该股票的交易行为。下文会详细论述补仓的种类、补仓时的参照点等。

9. 价值投资

根据投资百科的定义，价值投资指选择交易价格低于其内在价值或账面价值的股票进行投资，价值型投资者会积极寻找他们认为价值低估的股票，他们认为市场会对消息反应过度，导致股价与公司的基本面不符，这种过度反应提供了一个以折扣价买入股票从而获利的机会。沃伦·巴菲特（Warren

Buffett）是当今最知名的价值投资者，其他知名价值投资者有本杰明·格雷厄姆（Benjamin Graham，巴菲特的导师）、戴维·多德（David Dodd）、查理·芒格（Charlie Munger）等，我国的知名价值投资者有曾拍下巴菲特午餐的投资人段永平、东方港湾总经理但斌等。

10. 融资交易

根据投资百科的定义，融资交易指投资者从经纪公司借钱购买资产的交易行为，投资者需要购买一项资产时，只需先支付该资产价值的一定比例，然后从银行或经纪人那里借入其余部分，支付约定的利息。经纪人充当贷款人，投资者账户中的证券充当抵押品。融资交易的特点是，在市场上涨时由于本金加大而加快盈利速度，但在市场下跌时，本金加大反而加快了亏损速度，再加上利息支出，一不小心便倾家荡产，即爆仓。

11. 市场中性策略

根据投资百科的定义，市场中性策略指的是投资者同时构建多头和空头头寸以对冲市场风险，在市场不论上涨或者下跌的环境下均能获得稳定收益的一种投资策略。在市场中写策略的奠基人是著名数学家爱德华·索普，他曾通过21点游戏击败赌场且著书《击败庄家》，闻名于全球。他的著作《全市场高人》帮助他开启了衍生品革命，从而改变了全球证券市场。基于自身的研究成果，他于1969年推出了第一只市场中性策略对冲基金。1987年10月19日美国股灾当日，该基金的收益为正。另一位市场中性策略的代表人物为数学天才詹姆斯·西蒙斯，他曾与著名华人数学家陈省身共同创立陈—西蒙斯理论（Chern-Simons Theory）。他控股的文艺复兴科技公司旗下的大奖章基金业绩至今无人能及，1998年至2019年的21年间，扣除每年高昂的5%管理费和44%利润抽成后，该基金依旧有39%以上的年化收益率，远超著名投资人巴菲特。

四、研究框架

本书的研究拟把文章分为六章撰写。第一章为绪论，着重阐述处置效应金融心理研究的相关背景、目的和意义，并对关键术语进行界定。第二章为文献综述，对国内外研究处置效应金融心理的相关文献进行全面梳理，掌握目前学术界在该领域已经取得的成果和进展，为本书研究打下理论基础并指明方向。由于本书为交叉学科研究，对处置效应所属的研究领域和该领域的研究成果也进行一定的综述，让处置效应的研究有明晰的理论背景。第三章到第五章进行三项研究，采用不同研究方法，从不同角度研究处置效应金融心理。第三章为动量交易处置效应金融心理，探究投资者仅依靠真实股价走势图作为决策依据时，如何预测股票未来的走势，进而检验投资者是否根据预测进行交易，是否存在处置效应倾向。为探究处置效应产生的原因，设计了账户框架检验处置效应是否与买入责任有关。第四章为模拟交易处置效应金融心理，在 Shefrin 和 Statman（1985）的经典实验中，改进了设计和处置效应计算指标上的缺陷，探究处置效应产生的心理原因。第五章为处置效应金融心理个案研究，采用心理学常用的个案研究方法，研究不同交易策略投资者的处置效应金融心理。第六章为结论及建议，回顾研究过程，把结论系统性汇总，提出和汇总应对处置效应的多项措施，并对本书研究的不足做阐述，提出未来研究的方向，为后续研究者提供参考。

本书研究框架如图 1-1 所示。

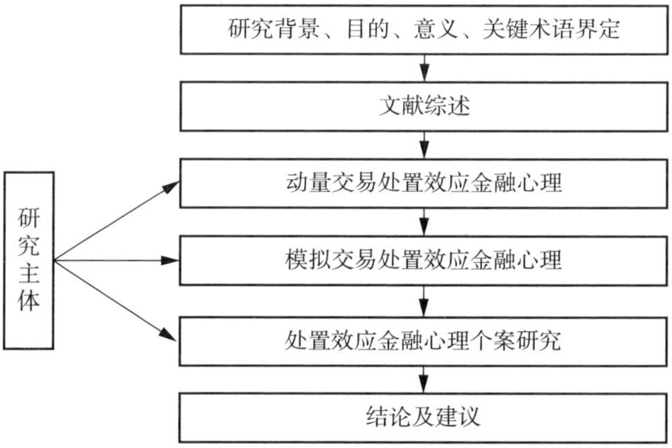

图 1-1　本书研究框架

第二章

文献综述

文献综述分三部分。第一部分简要综述处置效应研究的理论背景，清晰定位处置效应所属研究领域以及梳理该领域的研究内容、已取得的研究成果等。第二部分简要综述股票市场金融心理研究的内容及成果，让处置效应所属研究领域更下沉了一步。第三部分详细综述处置效应研究中已取得的成果和不足，过往研究中对处置效应解释的不足以及处置效应研究方法存在的严重缺陷，这也正是本书所要解决的问题。前两部分仅为研究处置效应的背景，重要性不是非常明显。对于处置效应研究的综述则须条理清晰、内容完整，本书已尽力达到此要求。三部分之间的逻辑为从大到小、从宏观到微观，并逐渐下沉。

一、理论背景综述

判断与决策研究、金融心理学研究试图利用心理学原理，将技术分析、基本面分析和人工智能技术与人类行为联系起来，研究和理解人们在股票市场上的投资行为。这些研究重点关注人如何决策，并解释为什么这样决策，金融心理学研究尤其关注投资决策。本节将简要综述判断和决策的研究、金融心理学的相关研究，重点综述投资决策领域的认知启发、认知偏差、框架效应以及前景理论。

（一）判断与决策理论综述

1. 判断与决策

人们在日常生活中时刻都要做决策：出门穿什么衣服？搭乘什么交通

工具出行？吃什么？那何谓决策？决策是行动的选择——做什么或不做什么。

通常，研究人员采用两种传统的方法来研究判断和决策：规范性和描述性。从规范性角度来看，古典经济学假设的理性人按标准化流程进行判断决策。理性人追求个人利益最大化，因此在决策时只遵循个人利益最大化这唯一原则。这种规范决策理论忽视了现实中人的有限理性、认知偏差、焦虑和失望、内部混乱以及价值观转变等。

从描述性的角度来看，人们如何做决策是决策制定的一般主题。描述性决策研究旨在发现人们是如何以及为什么做出决策的。描述性决策主要研究主题包括不确定性或风险的感知、认知偏差、内部冲突、启发或决策策略。描述性方法包括数学建模和统计分析，分析真实的决策行为。

从规范性的角度来看，将人们"应该"如何做决策和他们如何决策联系起来，通常是决策的重点。规范性决策重点关注激励人们做出优化的决策，并训练他们做出更优的决定。规范性决策可能基于某规范理论，但也可能受到描述性决策研究结果的影响，它重点关注研究的现实意义。规范性决策研究和描述性决策研究在人类判断和决策研究理论框架中均起着重要的作用，扮演重要的角色。

2. 规范性决策

17 世纪，一些数学家开始思考人在面对选择时是如何决策的。当时公认的想法是，如果有几个选择，能获得最大财富的那个选择就是最好的，但是这种观点受到了圣彼得堡悖论的挑战。圣彼得堡悖论游戏中收益的数学期望为正无穷大，依据规范性理论，可预测人们会倾家荡产来参加该游戏，但真实情况是很少人参与。由此可见，人不把财富的绝对值作为决策依据，那决策依据何在？

1738 年，数学家伯努利回答了这个问题。他认为，随着财富的增加，人们对金钱的期望效用递减，即经济学上经典的边际效用递减理论。例如，100 美元和 101 美元之间的差值是 1 美元，10 美元和 11 美元之间的差值也是 1 美元，但明显前者的 1 美元比后者的 1 美元效用小。伯努利为首次提出期望效用（Expected Utility，EU）的人，认为人依据期望效用进行决策。

决策理论在之后的 200 年间无重大突破，直到 1944 年，20 世纪最重要的数学家之一，被人们称作"计算机之父""博弈论之父"的冯·诺伊曼和经济学家摩根斯特恩正式提出期望效用理论，该理论认为人关心的不是财富的绝对值，而是财富所带来的效用。效用这个概念代替了之前财富绝对值的概念，是决策理论的重大突破，成为经济学的根基理论之一。与伯努利的模型不同，冯·诺伊曼和摩根斯特恩的理论提供了期望效用的扩展数学公式，并被认为是规范性决策的理论框架（Okabe 等，2019）。基于冯·诺伊曼和摩根斯特恩的理论，研究者们前赴后继，完善数学模型，为规范性决策模型提供证据支持。

虽然冯·诺伊曼和摩根斯特恩的期望效用理论在数学上的推理是完美的，但该理论很快受到了著名的阿莱悖论（Allias Paradox）和埃尔斯伯格悖论（Ellsberg Paradox）的挑战（Guo，2019）。阿莱悖论实验发现，人的决策并不一定按照期望效用一致进行，决策中偏好并不一致。阿莱悖论的提出促使大家思考，期望效用理论可能并不符合人的实际决策选择，该悖论是与期望效用理论有关的行为矛盾最突出的例子。这一悖论表明，尽管从冯·诺伊曼和摩根斯特恩的理论来看，不确定的前景是理性的更好选择，但大多数决策者更喜欢有风险的前景，而不是不确定的前景。

埃尔斯伯格悖论是另一个证明冯·诺伊曼和摩根斯特恩独立假设不成立的例子，即人的真实行为与假设不一致。这个悖论的实验是一系列的彩球游戏：有两个不透明的箱子，每个箱子里均有 100 个球，球的颜色是红色或黑色。第一个箱子里有 50 个红球和 50 个黑球，第二个箱子中红球和黑球的比例是未知的。你可以选择从任何一个箱子摸出一粒球，如果你摸出一个红球，你就会获得 100 美元。你会选择哪一个呢？埃尔斯伯格发现，人们强烈倾向于选择从已知不同颜色球比例的箱子中摸球，而不是红黑球比例未知的箱子。这些对理性决策模型挑战的研究表明，规范性模型用来描述人们的判断与决策行为时有缺陷，因此而激发了研究人员对描述人们决策时的真实行为与表现的兴趣。

3. 描述性决策

为了克服经济学上经济人假设的局限性，在过去的几十年里，研究人员发展出了描述性决策模型，旨在了解人们的真实判断和决策行为。Simon 教授于 1957 年提出了有限理性的概念，指的是人的知识和认知能力是有限的，人的判断和决策受这些知识和能力的限制，他建议应该通过解释真实而不是规范的决策行为来更好地理解决策（Schilirò，2018）。基于有限理性的思想，Simon 教授提出了一个“满足模型”来描述人们的决策过程。“满足模型”认为，由于决策者的有限理性，他们经常通过是否获得满足来决策，而不是通过古典经济学认为的个人利益最大化来决策。为了让自己满意，决策者先要设定一个期望水平，如果达到了期望水平，决策者就会对自己的决定感到满意；如果没有，决策者将试图改变期望水平或改变决策。Simon 教授的“满足模型”可以帮助我们理解人们在有限理性、不确定世界和真实世界中的决策行为。

许多实证研究已证实，人们在决策过程中并非按规范性决策所预设的行为进行决策。Wason（1965）在一项关于人类推理的实证研究中发现，人们在推理中存在偏见和逻辑错误，而导致推理不合理。他还强调，人们的经验，特别是最近的经验对决策会产生重大影响。Tversky（1972）提出，很多人做决策时采用排除法，而不是采用预设好的理性原则、个人利益最大化原则。Fu（2019）等研究了人们在决策时如何解读信息，发现人们在决策时经常在理性和非理性之间相互切换。McKenzie 和 Sher（2020）的研究表明，为了避免较小的损失，人们通常会进行可能导致更大损失的赌博。他们同意 Tversky 和 Kahneman（1974）提出的，人在有限经验条件下，尤其是在面对风险和不确定性时，会采用启发来做出判断，包括代表性启发、易得性启发、小数定律和锚定。

在过去的 40 多年里，很多描述性的决策模型已被研发出来，为理解人类的判断和决策做出了巨大贡献，其中最重要的描述模型之一是由 Kahneman 和 Tversky 在 20 世纪 70 年代发展起来的前景理论，Kahneman 也凭借该理论荣获 2002 年诺奖，可惜 Tversky 英年早逝，错过这份殊荣。他们使用前景的概念来描述人们在风险下的真实判断和决策。根据前景理论，前景被定义为结果的可能性，或结果的有限分布。积极前景是指在做决策时不会有任何损失，消极前景则指的是做出决策时有损失风险。前景理论把决策的选择过程分为两个阶段，即编辑阶段和评估阶段，编辑阶段是决策过程中的早期阶段，评估阶段则是一个后续阶段。在编辑阶段，决策者对前景进行初步分析和评价；在评估阶段，对编辑后的前景进行评价，选择具有较高价值的前景。

Kahneman 和 Tversky（1992）发现人们经常把参照点作为决策依据，而不是把财富作为决策依据，参照点可能会改变，从而影响人们的决策。决策参照点解释了把同一情形描述为收益，而不描述成损失，通常会导致不同的决策结果。换句话说，参照点可能随着对同一问题的描述变化而发生变化。

心理学家 Kahneman 与经济学家 Tversky 合作研究金融问题后，研究结论融合了两门学科的研究方法。在前景理论中，他们用非对称和非线性的价值函数来描述收益和损失以及损失厌恶的主观价值。前景理论假设人们面临收益和损失时的偏好是不同的，除极小概率情况外，人们通常在面对损失时风险偏爱，如赌徒总是想扳本，而面对收益时则选择风险规避。人的损失厌恶意味着，同等损失的主观价值比同等收益的主观价值更大，同等损失带来的痛苦感受大于同等收益带来的满足感受。因此，前景理论价值函数边界在第三象限（损失侧）比第一象限（收益侧）更陡峭，斜率更大。Benartzi 和 Thaler（1995）估计，损失的效用是同等收益效用的两倍，即同等损失带来的痛苦感受是同等收益带来的满足感受的两倍。损失厌恶可以解释金融学上一直未得到满意解释的“股权溢价之谜”。

前景理论作为一种描述性的理论框架，在判断与决策的研究中起着重要的作用，下文将更详细地阐述前景理论。前景理论激发了许多心理学家、经济学家以及其他研究人员更好地理解人们的决策行为，金融心理学作为金融学的前沿，正是基于前景理论并结合了经济学和心理学而产生的新学科。

（二）金融心理学研究综述

金融心理学被认为是经济学、判断与决策以及心理学中最活跃的领域之一，无论在学术领域还是应用领域，它都得到了金融分析师、经济学家、决策专家和心理学家的广泛关注。金融心理学试图理解和解释诸如认知偏差等心理过程是如何影响人们在金融市场的决策行为的，许多研究人员认为，心理学和其他社会科学的研究可以对经济学领域所研究的金融市场效率、股票市场异象、市场泡沫和崩溃提供合理的解释。

金融心理学的研究一般分为两个领域。第一个领域是对股票市场异象的研究，市场异象由人们的决策所导致，金融心理学利用对诸如认知启发、认知偏差等认知过程的研究，洞察其如何影响人们的决策。另一个领域是对决策者对待风险态度的研究，对待风险的态度能导致股票市场的波动。两个领域的研究互有交叉，导致了在理论梳理时无法将两个领域完全分开，这也可能是迄今为止国内外没有一本权威的金融心理学教材的原因之一。这些关于金融心理学中的判断和决策的研究帮助我们更好地理解人们如何以及为什么对股票市场做出预测、解释，并对市场信息做出反应。

在心理学中，认知启发是一种简单的心理规则，用于解决问题、做出判断或决策。认知偏差是一种心理扭曲或错误，通常是由认知启发而引起的。

在判断和决策的文献中记载了几种认知启发和认知偏差。

1. 认知启发

在心理学中，认知启发是一种简单的心理规则，用于解决问题、判断和决策。认知启发通常包括易得性启发、代表性启发、小数定律和锚定。对这些认知启发的探讨，有助于理解人们的投资决策。

（1）易得性启发

易得性启发指人们习惯于使用记忆中最容易获取的信息来进行判断与决策。当人们试图做出判断和决策时，经常面对大量的信息，人们倾向于使用易得性启发作为快捷方式来减少必须处理的信息量。例如，在预测未来股票价格时，一些交易员可能会将股票走势形态与容易在记忆中找到的形态进行匹配，以便对股价的走势做出判断。更常见的例子是交易员可能将股票的图形与曾经交易过的股票图形进行匹配，从而做出交易决策。心理学研究发现，事物的新近性、显著性、生动性、可想象性等影响人的记忆。

（2）代表性启发

代表性启发是一种尝试对信息进行分类的启发方法，分类是人们根据物体的特征来理解物体的一种认知过程。代表性启发指人总是倾向于根据代表性特征来冲动地做出判断。一些研究揭示了交易者对股票价格的判断可能受到代表性启发的影响。例如，一些投资人看到某位基金经理连续获得“新财富最佳分析师”（该称号现已被国家取消）称号，就立即做出判断，既然连续获得“新财富最佳分析师”称号，那他的研究报告准确率一定很高，从而做出买入决策。但要得出正确的结论，还有很多决定性的其他信息，比如他这几次成功是偶然的，不能归因于能力。如果时间放长一点，或考虑到公司、团队、工作经历等因素，这种随机性就会消失。换言之，投资者没观察到的因素太多，代表性特征的信息量不足以支撑其做出决策。再如，某公司连续3年利润翻番，但这并不意味着这家公司就是一家好公司，这家公司还有很多信息都被忽略掉了。比如，公司高管近期需要减持股票，业绩可能是刻意调整出来的，业绩不能持续等。

代表性启发产生的原因是用小样本的很少量信息来做出判断，误用了“大数定律”。“大数定律”是概率论历史上第一个极限定理，指的是当试验次数足够多的时候呈现的统计规律性（Gnedenko，2018）。代表性启发使用小样本的代表性特征做决策同样容易出现在金融市场里，比如挑选基金经理、评选分析师、预测公司盈余、预测市场、挑选股票等。

（3）小数定律

Tversky 和 Kahneman（1971）首次提出并定义了小数定律，他们用这个术语来描述人们如何夸大一个小样本的概率分布，误以为整个样本的概率分布与小样本的概率分布相似。他们在 1982 年的一项研究中表明，人们通常没有意识到，一个随机变量的样本均值的方差会随着样本容量的增大而减小。例如，在“赌徒谬误”中，如果一枚均匀硬币连续多次出现正面，那么多数赌徒相信下一次抛掷更有可能是反面。但我们都知道，下一次抛掷在统计上是完全独立的，出现正反面的概率依旧各为 50%，小数定律错在误以为小样本可以用来做统计推断。Jianhua（2016）研究发现，“赌徒谬误”也存在于预测股票价格里，随着股价持续上涨，交易员通常不太可能预测股价会继续上涨。这也是很多投资者牛市里过早卖出股票而错过巨额利润，而熊市里不会止损、持股不动而造成巨额亏损的原因之一。

（4）锚定

锚定（亦称锚）是一个过去的认知参照点，该参照点会影响人们的判断决策。诺奖得主的心理学家们早已研究证明，当人们进行定量估计时，他们的判断可能会受到先前数值参照点的影响。例如，商家把商品标成 1000 元，远不及标成 2000 元后打五折吸引消费者。股票价格的参照点可以是历史水平、期望水平、同伴决策等，例如 2007 年上证指数最高达到 6124 点，2015 年上证指数最高达到 5178 点，都成为股市投资决策中的重要参照点。2007 年由于股权分置改革催生的大牛市，上证指数从 998 点，经过 3 年的上涨，最高飙升到 6124 点。6124 点就像一种锚，被一些交易员和经纪人高度突出。Brady 和 Premti（2019）研究发现，股价巨幅波动时通常没有公开的信息，那么此时投资者利用什么信息来确定价格呢？他们发现，投资者依赖参照点和个人已掌握信息进行决策，没有信息优势的投资者锁定这些参照点，因此对事件反应不足。

2. 认知偏差

如前文所述，认知偏差包括过度自信、后见之明、自我归因、认知失调和确认性偏差等。自前景理论提出之后，追随者提出了一系列人们根据启发决策而产生的认知偏差，此处仅列举部分常见而又被广泛认可的偏差进行综述。

（1）过度自信

过度自信是由于人们高估自己的能力和认知而产生的一种认知偏差。心理学家广泛认为，过度自信大概是最经得起检验的人的认知偏差，只要是正常人，通常都过度自信。一些交易者可能认为他们有能力和认知来预测股票价格，特别是有经验的交易者和金融专业人士，但市场最后的发展结果经常让他们大吃一惊。芝加哥大学的 Barber 和 Odean（2001）在对美国一家大型券商 3.5 万名个人投资者的交易数据进行分析后发现，男性投资者通常比女性投资者更自负，平均而言，男性投资者的交易次数比女性投资者要多，但投资表现却比女性差。传统金融学中有个定理叫“无交易定理”，意思是在没有新信息的情况下，理性人对金融资产价格的判断没有分歧，既然没有分歧，就不会形成买卖交易，因此均衡的时候应该没交易量。我们实际观察到的是，市场每时每刻都有大量的成交，其原因正是投资者都过度自信。买方只相信自己的判断，认为价格低估了；卖方也只相信自己的判断，认为价格高估了，交易就此达成，交易达成实际上就是意见分歧的体现。Trejos 等（2019）研究了投资者的价格趋势识别能力，他们发现，金融专业人士比新手更自信。在金融市场上，过度自信使人忽视风险，进行过度交易。

（2）后见之明

后见之明指的是，当事情出现结果之后，人通常误以为自己早就知道结果的一种幻觉。Fischhoff（1975）发现，事件发生后，人们高估了他们预测事件的能力，就好像无论发生什么都是必然会发生的，一切都在预料之中。后见之明偏差也可以在股票市场价格预测中看到。例如，如果股市在长期上涨后开始下跌，人们可能会说“我早说会下跌的”；如果股票市场一直上涨，人们可能会说“投资要顺势而为”，好像他们真的提前知道一样。因此，人们经常在某些不确定事件的结果出现之后，觉得似乎“我早就知道是这个结果”。这种“后见之明”使人们对自己的判断能力感到自豪，在投资中，后见之明使人们在估计风险时过度乐观，从而导致投资失败。

（3）自我归因

归因指的是追溯事情产生的原因，自我归因偏差指人容易把好的结果归于自己的能力，而把坏的结果归于他人或客观原因。例如，投资者可能把成功预测归因于其高超的操盘技巧，而把投资失败归咎于其运气不好。Iqbal（2019）研究发现，交易者倾向于将成功的价格预测归因于他们的能力，即使他们的预测成功概率与那些纯粹偶然的预测相差无几。自我归因偏差会导致投资者没有找到盈利和亏损的真正原因，投资者归因于自身能力的盈利交易，很可能是因为大盘普遍上涨了，也有可能只是短期的运气而已。自我归因偏差使得投资者不知道自己为何会盈利，也不知道自己为何会亏损，下次投资时并不会变得更聪明，而会重蹈覆辙。

（4）认知失调

认知失调是指，当事情出现的结果与预想的不一致时，人感到一种不协调的痛苦，为避免这种痛苦，可能会对事实选择视而不见或故意歪曲。例如，有人花多年积蓄买了房子，就不允许别人提这个房子降价的信息。因为降价表明他的最初决策是错误的，会让他感到认知失调，非常痛苦。所以他宁愿选择不听、不看的方式来避免这种痛苦。刚刚新买车的人在购买完后会有选择性地避免阅读其他车型的广告，而仅仅关注他自己车子的广告，这也是一种人为扭曲信息的认知失调行为。投资时也是一样，买入之后，就不去看坏消息，卖出之后，就不去看好消息，因为这些不利信息都会让自己感到痛苦（Fatima，2019）。投资者常常有一种共同的特点，就是只关注自己所投资的那个资产的信息，但这并不意味着其他信息没有发生，只是投资者在人为规避而已，认知失调让投资者收集不到全面的回馈。在下文中，认知失调将被用于解释处置效应。

（5）确认性偏差

确认性偏差，指的是人一旦形成一种观念，就会从肯定自己的一面寻找证据，而不倾向于从否定自己的一面寻找证据（Agnew 等，2018）。在金融市场上，投资者买了一只股票后，通常满眼看到、满耳听到的都是支持其买入的好消息；投资者卖出一只股票后，看到的、听到的也都是支持其卖出的消息。事实的真相是，正面和反面的信息客观存在，投资者只是在有目的地选择对自己有利的信息。通常，投资者总是能找到支持其交易的信息，但这并不代表其决策就是对的。

如上所述，人们在判断决策时，经常使用认知启发，这会导致认知偏差，进而导致他们做出错误的预测和决策。在预测股票市场价格时，他们可能会表现出认知偏差，根据这些预测做出交易决策时，启发和偏差将影响他们的投资收益。金融心理学的研究已表明，这些认知启发和认知偏差会导致系统性错误和预测错误。如果我们能更好地理解交易者的认知启发和偏差，也许我们就能减少它们的负面影响，并帮助解释股票投资中为何人们大概率难以成功，即使他们是知识渊博的交易者或金融专业人士。

3. 风险、框架效应和前景理论研究综述

股票价格经常剧烈波动，波动表明股票过去的表现并不一定代表未来的表现（Schwandt，2018）。股票交易是有风险的，交易者对风险的反应是不同的。有些人回避高风险交易，但有些人则欣然接受。多年来，理性选择理论

一直被用于经济学、金融学和营销学中，从规范的角度来解释人们在风险下的判断和决策。然而，如前文所述，大量的证据表明，人的选择行为往往违背了理性假设。理性假设，即经济人假设，认为人是理性的，决策时会选择个人利益最大化的方案。但为什么许多人一起决策时无法最大化个人利益？人们如何应对股票市场的风险？Tversky 和 Kahneman（1981）实证研究了框架效应，框架效应作为前景理论的一部分，从风险与决策角度回答了上述问题。

框架效应是指由于信息的呈现方式或框架而导致的判断与决策的变化。许多早期的心理学研究都阐明了框架效应在人类感知中的作用（Korn 等，1974）。一个很好的例子是众所周知的 Muller-Lyer 错觉，如图 2-1 所示，ABD 的线段长度都一样，C 中的左右线段长度相等，但是给线段加上箭头框架后，线段的长度看起来就不一样长了。

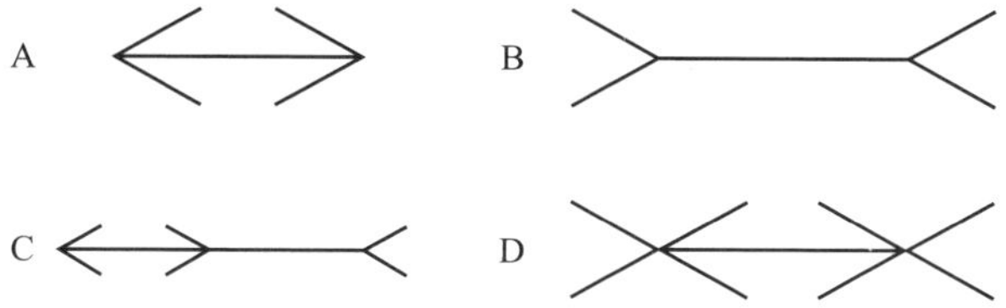

图 2-1　Muller-Lyer 错觉

在判断和决策领域，许多框架效应的例子已被研究者发现。Thaler（1980）在消费者选择领域发现框架效应的存在，消费者面对同一商品同一价格，价格作为附加费或折扣时，消费者选择不同。Fischhoff（1983）探索了个人和群体预测框架选择的不同方法。Bazerman 等（1985）观察了风险偏好在询价行为中的框架效应。Roszkowski 和 Snelbecker（1990）测量了资金管理中的风险承受框架效应。Johnson 等（1993）的研究表明，人们对保险覆盖范围的偏好可能会有所不同，这取决于保费是被设定为回扣还是免赔额。Ginyard（2001）通过对资金管理的实验研究发现了框架效应对交易者业绩的影响。Wenzel 和 Żerkowska-Balas（2019）对波兰移民实证研究证实，无论受访者的认知能力如何，敌对的移民媒体报道框架都会改变他们的态度。

一个说明框架效应的经典例子是“亚洲疾病”问题。

问题 1：想象一下，美国正在为一种罕见的亚洲疾病的暴发做准备，这种疾病预计将导致 600 人死亡，目前已制定出了两个备选方案来对抗这种疾病，假设对这些项目后果的准确科学评估为：如果采用方案 A，将有 200 人得救；如果采用方案 B，将有 1/3 的概率 600 人获救，2/3 的概率没有人获救。你喜欢这两种方案中的哪一种？Tversky 和 Kahneman 发现，在 152 名被试中，有

72% 的人选择了方案 A，表现出风险规避倾向。也就是说，人们更偏好确定性地拯救 200 人，而不偏好 1/3 的概率拯救全部 600 人，尽管有风险的 B 方案的前景（600 人 × 1/3=200 人）与 A 方案的前景具有相同的期望值。

为了解释框架效应，Tversky 和 Kahneman 用不同的框架重建了“亚洲疾病”问题，第二组被试被告知与问题 1 同样的故事，问题 2 的备选方案表述为：如果采用方案 C，将有 400 人死亡；如果采用方案 D，所有人都不死亡的概率为 1/3，600 人全死亡的概率为 2/3。你喜欢这两种方案中的哪一种？Tversky 和 Kahneman 发现，在 155 名被试中，有 72% 的人在问题 2 中选择了风险更大的方案 D。也就是说，400 人的死亡比 2/3 概率 600 人死亡更令人难以接受。Tversky 和 Kahneman 的结论是，涉及收益的选择往往是风险规避，涉及损失的选择往往是风险偏爱。实际上，问题 1 和问题 2 是一样的，A、B、C、D 的期望效用完全相同，唯一不同的是它们的框架。

框架效应在金融市场上又如何影响人的选择呢？ 1 美元的损失带来的痛苦感受比 1 美元的收益带来的快乐感受更强烈吗？问题如何影响答案？Kahneman 和 Tversky 研究了框架对人们金融行为的影响，在这项研究中，被试被要求从两种方案中选择一种。

A 方案：80% 的概率获得 4000 美元，20% 的概率一无所获；

B 方案：100% 的概率获得 3000 美元。

实验结果是，80% 的被试选择了 B 方案，安全获得 3000 美元。然而，当 Tversky 和 Kahneman 将这两种方案的表述换个框架：

C 方案：80% 的概率损失 4000 美元，20% 的概率不损失任何东西；

D 方案：100% 的概率损失 3000 美元。

他们发现，92% 的被试选择了赌博选项 C 方案。显然，框架效应说明了决策过程中损失与收益时人的主观期望效用呈不对称性，风险偏好也不同。

框架影响人们的风险偏好：风险偏爱或风险厌恶，风险厌恶亦称风险规避。风险偏爱发生在消极前景（即损失）状况下，风险厌恶发生在积极前景（即收益）状况下。为了理解框架效应如何影响决策行为，Kahneman 和 Tversky 提出了前景理论。前景理论考虑了决策的 3 个组成部分：选择过程、价值函数和权重函数。选择过程有两个阶段，早期编辑阶段和后续评估阶段。在编辑阶段，一个简化的备选方案（即前景理论中的“前景”）被提出，供评估分析使用。在评估阶段，对编辑后的前景进行比较，选择价值更高的前景。这两个阶段的选择过程可以用来描述人们在风险下的选择行为。

（1）价值函数

在前景理论中，价值函数曲线呈 S 形，横轴为客观指标，通常是货币的期望值，0 轴右侧代表正收益，左侧代表损失；纵轴为主观期望效用值。价值函数衡量的是前景结果的主观价值，其参照点是没有收益也没有损失时的主观价值 0。价值函数是一个增函数，但损失侧的斜率比收益侧大。S 形的价值函数反映了敏感性递减的心理现象，即随着收益越来越大，对收益的敏感逐渐下降，随着损失越来越大，对损失也慢慢麻木了，股市里投资者深套后，经常选择不打开账户查看收益情况，就是这种心理现象。经济学上也用“边际效用递减”理论来阐释这种心理现象。价值函数的核心包含 3 个基本假设：第一价值函数假设价值取决于相对变化或差异的评估，而不是绝对大小的评估，即主观价值取决于参照点。第二，根据价值函数的定义，其假定同等损失带来的痛苦感受大于同等收益带来的满足感受。第三，假设损失区域和收益区域的陡峭程度不同，损失区域的函数比收益区域的函数更陡峭。前景理论价值函数如图 2-2 所示。

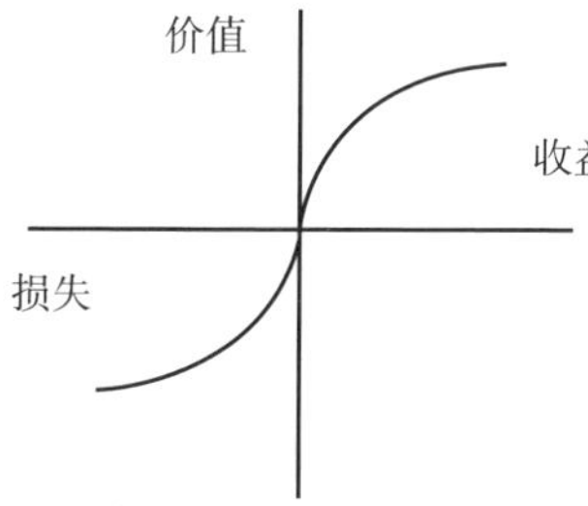

图 2-2　前景理论价值函数

（2）决策权重函数

决策权重函数，亦称权重函数，是指将事件的数学概率映射到决策权重中的函数。根据前景理论，权重函数不是概率的线性映射。例如，对于 0.001% 与 0.002% 这样非常小的概率差别，人们决策时并不是很敏感，因为人们会把这类概率事件视为不可能的事件，直接将事件发生的概率视为 0。此外，对于像 0.999% 这样的极高概率，人们会将这种概率事件视为必然发生的事件，直接将概率视为 100%。如图 2-3 所示，虚线为客观概率，实线为决策权重，即决策时的主观概率，人们倾向于高估低概率事件，低估高概率事件。

综上所述，前景理论的假设解释了人们在风险下如何做决策，尤其是其不对称的 S 形价值函数意味着，同等损失大于同等收益对决策者的影响，即损失厌恶。在股票市场研究中，人们在收益或损失情况下对待风险的态度、做出决策的方式可以用前景理论来完美解释。

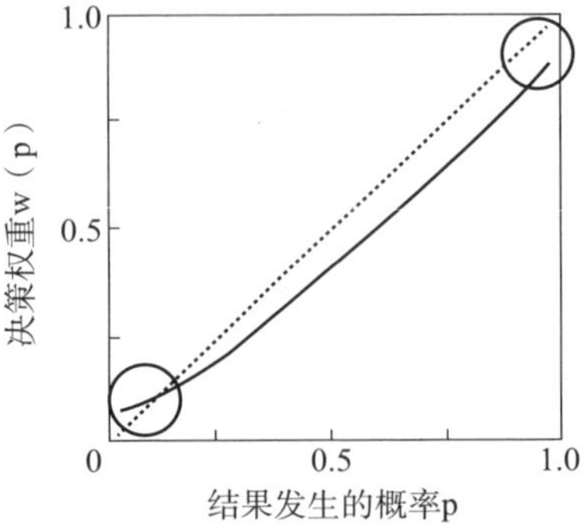

图 2-3　前景理论决策权重函数

4. 前景理论对投资决策的启示

前景理论作为金融心理学领域第一个获奖的理论，逐渐成为金融心理学的一个理论框架，越来越受到研究者的欢迎。前景理论完美解释了股票市场中的许多异象，其中最常见的有禀赋效应、沉没成本效应、赌场钱效应、心理账户、短视损失厌恶和“股权溢价之谜”，将在下文详细综述。

（1）禀赋效应

人们一旦拥有某物品，就会赋予该物品额外的价值，禀赋效应也就产生了。在禀赋效应下，人们放弃这些已经拥有的物品所要求的补偿，远大于他们愿意为得到它们而付出的代价。Thaler（1980）教授最早发现了禀赋效应，他运用前景理论中的损失厌恶概念来解释禀赋效应中支付意愿和接受意愿的区别。Kahneman 等（1991）在一项模拟交易实验中研究了禀赋效应对人们交易行为的影响，他们以经济学选修课程的本科生为被试，让他们参与了一系列的市场交易，一些扮演卖方的角色，一些扮演买方的角色。研究发现，平均来说，卖家的要价是买家出价的两倍。卖方不愿意以低于他们要求的价格出售，买方也不愿以高于他们的报价买进。在第二项研究中，被试被随机分为 3 组：卖方、买方和选择者，这些选择者被要求在卖方和买方价格之间选择一个价格范围来购买或出售。研究发现，选择者的行为更像买家而不是卖家。Gine 和 Goldberg（2018）研究发现，投资者买入某只股票后，该股票下跌导致亏损，如果有人提出协议转让接盘，卖家仍然会要求比现价高很多的价格，即使他知道自己持有该股票继续亏损的可能性很大。因此我们的投资先贤们总是建议初入股市的人，“买入要谨慎，卖出要果断”。

（2）沉没成本效应

如果一项投资开始陷入困境，持续亏损，你会坚持下去吗？也许你觉得你的投资太多了，不能放弃，该情形是一个很好的沉没成本效应的例子。沉没成本效应指的是，一旦人们在某个项目上进行了金钱、精力或时间的投资，就更倾向于继续努力投资而不是放弃该项目（Olivola，2018）。尽管先前的投资在客观上不应影响当前的决策，但它却促使人们在大概率失败的项目上继续下去。一些研究表明，许多决策者关注沉没成本，不愿削减损失，这些决策者认为，他们必须继续追加投资力求盈利，以弥补之前的损失。沉没成本效应在熊市中尤为明显，很多投资者在下跌过程中一直补仓而不是止损出局，导致亏损越来越多，一亏到底，如果通过融资交易进行补仓，更容易倾家荡产。有趣的是，如果是别人的账户里有同一只股票，这些不放弃的投资者会建议别人立刻止损出局。

（3）赌场钱效应

当人们用多余的钱或不是自己的钱进行投资时，可能会冒更大的风险，这种风险偏爱被称为赌场钱效应（Yen，2018）。赌场为了吸引客人，有时会给新来的客人发些筹码，罕有赌客会马上把筹码换成真钱离开。如果玩老虎机突然中奖，机器吐出很多筹码，绝大多数中奖者会选择继续赌，直到把所有赌场钱全部挥霍完。如果这些筹码是通过辛苦工作挣来的血汗钱，人们通常不会选择如此挥霍，对待赌场钱时，人的损失厌恶会大大减弱。Thaler 和 Johnson（1990）在他们的实验中检验了个人行为如何受到先前得失的影响，他们发现，一开始就损失会增加风险厌恶，减少冒险行为，而如果一开始就盈利，人们更倾向于偏爱风险，他们就此提出赌场钱效应。Ackert 等（2006）对赌场钱效应做了进一步研究，观察人们被赋予不同数额赌场钱时的风险偏好，其结论是，投资者的出价和预测受到交易前所提供的资金金额的影响。在股市投资中，损失厌恶使熊市跌得再低，投资者也不敢进场，所以熊市通常会超跌。但是在牛市中，不少投资者赚了很多赌场钱，通常不会轻易离场，最终的结局是多数投资者未能套现离场以守住牛市中的盈利，在漫漫熊途中把盈利消耗殆尽并开始亏损。2007 年牛市中很多投资者乐观地高呼“10000 点指日可待”，市场泡沫就是这样形成的，结果上证指数在 6124 点戛然而止，14 年过去了其仍旧是中国股市的最高点。

（4）心理账户

Thaler 教授凭借心理账户理论荣获 2017 年诺奖，这一概念最早由他提出，最初使用“Psychic Accounting System”，用于解释个体在消费决策时为什么会受到沉没成本效应的影响。之后 Tversky 和 Kahneman 分别用“Psychological Account”和“Mental Account”来表述心理账户的含义，他们举例说明，根据钱的来源和用途，人们倾向于把钱分成几个心理账户，如儿童教育账户、购车账户等。Thaler（1985）用“Mental Account”正式提出心理账户理论，并系统地分析了心理账户现象，以及心理账户如何导致个体决策时违背最简单的经济规律。在做经济决策时，这种心理账户系统常常遵循一种与经济学的运算规律相矛盾的潜在心理运算规则，其心理记账方式与经济学和数学的运算方式都不相同。因此经常以非预期的方式影响着决策，使个体的决策违背最简单的理性经济法则。Merkle 等（2021）使用心理账户的概念来描述人们如何倾向于分解和评估他们的财务，如工资、投资和未来收入。根据心理账户的概念，人们分配在一个心理账户中的 1 美元的价值可能与分配在其他心理账户中的 1 美元的价值不同。

心理账户会给投资者的决策带来问题。首先，心理账户导致人们缺乏长远眼光，不能全局看问题，因损失厌恶而使投资过分保守；其次，总组合对于投资者来说并不是最优的；最后，由于对每个账户单独核算，风险容忍度不同。例如对股票的风险容忍度高，对教育储备金的风险容忍度低，这也会让投资者对每个账户单独决策，导致操作失误，更进一步偏离最优总组合的目标。心理账户理论用于解释处置效应，将在下文进行综述。

（5）短视损失厌恶和“股权溢价之谜”

所谓“股权溢价之谜”（Equity Premium Puzzle），最早由芝加哥大学教授罗杰·伊博森（Roger Ibbotson）于 1976 年提出，伊博森计算了美国从 1925 年末开始到 1976 年 1 美元的不同资产，比如股权类资产、债权类资产的收益率情况，发现股权类资产的年化收益率高达 12%，远远高于其他资产和传统资产定价模型所得到的结果，传统金融学理论无法解释该溢价，所以被称为“股权溢价之谜”。“股权溢价之谜”不是美国市场特有的现象，许多国家，例如英国、德国、意大利、法国等也都有类似的结论，这是一个普遍的规律，中国也不例外。

Bemarzti 和 Thaler（1995）将损失厌恶和心理账户结合起来，创造了一个名为“短视损失厌恶”的概念来解释“股权溢价之谜”。他们认为，交易员在评估投资机会时往往很短视，尤其是损失厌恶的交易员更为如此，这种短视损失厌恶让决策者拒绝从长远的角度接受投资的机会。既然股权资产是一种特别适合配置的资产已经不是秘密了，那么理论上，投资者应该非常愿意投资股票才是。但事实并非如此，这又引发出另一个谜团——“股票非参与之谜”。在美国，只有不足 50% 的家庭拥有股票，在其他一些国家，家庭的股票拥有率更低，这被称为“股票非参与之谜”，短视损失厌恶可解释该谜团。前景理论和狭隘框架可解释投资者常常感受不到股票的高溢价，投资者受狭隘框架影响过于频繁地清点他们的资产，股票的涨跌波动又较其他资产更大，前景理论预期投资者对于下跌所造的损失特别敏感，因此会对股权资产要求更高的溢价。Guillemette 等（2019）利用其独有的调查资料研究发现，较长的投资期限（6~10 年或 11 年以上）与投资期限不到 2 年的情况相比，可降低出现短视损失厌恶的可能性，管理较大资产规模的投资者比管理较小资产规模的投资者更不容易出现短视损失厌恶。

综上所述，无数研究表明，前景理论是解释许多观察到的投资决策行为的有用工具。前景理论是一个重要的理论框架，它鼓励更多的心理学家和经济学家关注投资决策领域的行为异常。

二、股票市场金融心理研究综述

股票大盘到底是否有规律可循，是否可预测，是传统金融学与行为金融学争论的焦点之一。2013 年的诺奖同时颁给了 3 个人，尤金·法玛（Eugene F. Fama）、皮特·汉森（Lars P. Hanseny）和罗伯特·席勒（Robert J. Shiller）。多人共享一个奖项并不意外，但意外的是尤金·法玛与罗伯特·席勒的获奖理论观点完全对立但二人却共享同一奖项。二人的研究同为大盘是否具有可预测性，分别代表观点完全对立的传统金融学和金融心理学。尤金·法玛代表的传统金融学认为大盘不可预测，股票市场的运动很可能是随机的；但罗伯特·席勒代表的金融心理学则认为大盘可预测。金融心理学的研究者做出了许多努力来理解股票市场的行为，从不同的角度进行了深入探索。这些研究的主题包括股票价格的变化、交易者的认知偏差和认知启发、新闻和谣言对股市的影响等对市场行为的影响，本节简要综述这些研究主题。

（一）股票价格随机波动理论

股票价格随机波动理论假设股票价格从某一天到下一天的变化类似于随机波动，无任何规律可循。因此，过去的股价走势不能用来预测未来的市场走势。尤金·法玛用随机波动理论解释了股票价格的波动，他提供了实证证据来支持随机波动理论的两个基本假设：其一，价格波动服从某种概率分布，如正态分布；其二，连续的价格变化是独立的。金融研究人员通常假定股票价格波动分布一般服从高斯分布，即正态分布。但尤金·法玛对股票价格波动服从正态分布的假设提出了质疑，为了检验随机波动理论的有效性，尤金·法玛采用了序列相关模型、运行分析和滤波技术，他的结论是，随机波动理论似乎是对股市波动的充分描述。

虽然尤金·法玛认为随机波动理论可以解释股票价格的波动，但他并不否认股票价格的波动可能受到心理、经济和政治因素的影响，这些因素在随机波动理论中被认为是随机噪声。许多投资者似乎把他们在股票市场上的交易行为建立在对经济和政治形势的评估之上，他们认为股票价格的变化取决于影响公司前景的经济和政治因素。例如，无论是经济新闻还是政治新闻，都在股票交易中扮演着重要的角色，一些投资者可能对新闻更敏感，将其视为买入或卖出股票的最重要信号。一些经验丰富的技术分析师或许能够利用他们的统计能力，提高对股价变化短期预测的准确性。

（二）基于股票价格非随机波动的启发交易

相对于随机波动理论，Kumar 和 Dhar（2001）在股票非随机波动领域进行了研究，他们研究了股票价格趋势对交易行为的影响，其结论是，交易员的行为可能受到他们对未来股价看法的驱动，而这些看法可能受到过去股价走势的影响。他们认为，交易员在股市交易行为中受到了不同的启发，研究考虑了两种主要的启发：动量法和逆向法。动量法交易者预期价格会持续上涨，因此他们在股票上涨时买进，在股票下跌时卖出；逆向法交易者预期价格要反转，因此他们在股票下跌时买进，在股票上涨时卖出。Tversky 和 Kahneman（1971）研究发现，动量法和逆向法是投资者在短期交易中最常用的两种策略，他们认为交易的认知偏差可能源于代表性启发，人们根据过去最具代表性价值的证据来预测未来。Barber 和 Odean（1999）发现交易者过度自信可能导致持续的动量模式，在牛市中，交易员可能会把他们的成功归因于自己的预测能力，而不是整体市场的上涨，从而加剧了他们的过度自信。Yu 等（2019）在中国市场检验了这两种交易法，发现逆向法的交易回报远大于动量法，创业板的反转效应最强，但消失的速度也最快。

在 Kumar 和 Dhar 的研究中，他们想确认动量法交易者与逆向法交易者之间是否存在潜在差异。他们挑选了 4 万多名拥有美国三大交易所（即纽约证券交易所、美国证券交易所和纳斯达克交易所）交易会员资格的交易员，根据他们的交易行为和业绩将其分为 4 组：动量法买入组、动量法卖出组、逆向法买入组、逆向法卖出组。研究结果显示，逆向法交易者比动量法交易者更老练。例如，逆向买进的交易者更可能在最近的低价附近买进，逆向卖出的交易者更可能在最近的高价附近卖出，他们更可能在相对低位买到股票并在相对高位卖出股票。相反，动量法交易者未表现出这种交易行为特征。通过分析交易者的投资组合特征，Kumar 和 Dhar 发现逆向法交易者和动量法交易者对市场特征有不同的感知，与动量法交易者相比，逆向法交易者的投资组合周转率更低，持有股票的时间更长。

Kumar 和 Dhar 也研究了参照点和处置效应对逆向法交易者和动量法交易者的影响。股票交易的参照点可以是当前价，也可以是当天、当月或当年的最高价、最低价。在买卖股票时，交易者可能会使用一个或多个过去或现在的价格作为交易参照点。他们发现，逆向法交易者可能比动量法交易者对这些参照点更敏感，逆向法交易者更可能在较低的价格买入，在交易期间以较高价卖出。另外，动量法交易者预期过去的价格趋势会继续，这样短期的价格高点和低点不会影响他们的交易行为。Kumar 和 Dhar 在他们的研究中还检验了处置效应，发现处置效应在预期价格趋势会反转的逆向法交易者中更强，在预期价格趋势延续的动量法交易者中更弱。

很多研究人员在不同国家股票市场实证研究过动量交易策略与逆向交易策略，发现加入更多参数或因子后，两种策略都是能长期盈利的交易策略。

美国历史上最伟大的股票市场投机大师利弗莫尔用的正是动量交易法，他的方法并非如 Kumar 和 Dhar 所说“动量交易法无参照点”，相反，他有严格的参照点，股票价格运行箱体的最高价和最低价为利弗莫尔做多和做空的开仓点，其理论依据是股价突破箱体最高价后，所有人均处于盈利状态，卖出意愿非常弱，因此股价将继续上涨，他称之为股价沿最小阻力线运动。

（三）新闻对股票市场的影响

股票价格反映了诸多因素对市场的影响，如经济报告、政治新闻和技术分析等。Zielonka（2004）研究了金融专业人士如何使用这些真实的市场变量来预测股票价格。40 名金融专业人士应邀参加了他的研究，他要求被试填写一份 60 个项目的调查问卷，这 60 个项目均摘自一份金融报纸。问卷中的项目分为三类，经济新闻、政治新闻和技术分析，被试被要求使用问卷来估计这些项目对股票价格的影响。在该研究中，新闻被分为四类：国内外证券市场投资增长；资金撤离国内外证券市场；不利的经济新闻、金融新闻、政治新闻以及糟糕的股市技术图形；有利的经济新闻、金融新闻、政治新闻以及积极的股市技术图形。大多数被试认为技术分析和新闻是预测股价变化的有效手段，并认为它们具有预测价值。

为什么受过良好教育的金融专业人士会利用经济新闻、政治新闻和技术分析来预测股价的变化？Zielonka给出了3个解释，首先，这些金融专业人士被教导相信，经济新闻、政治新闻和技术分析能够提升股价预测的准确性；其次，根据认知失调理论，专业人士会努力保持一致的态度、信念和行为，如果金融专业人士认为其有能力预测股票价格，即使股票价格是随机的，专业人士仍然认为股票价格是可以预测的；最后，专业人士的认知偏差可能会影响他们的判断。

后续的诸多研究表明新闻对股票市场会造成巨大影响，我们朴素的直觉也能发现其影响，例如“9·11”袭击事件的新闻、雷曼兄弟破产的新闻、中美经贸摩擦的新闻，都对全世界股市造成巨震。因此，作为主流前沿交易策略的因子交易策略把新闻当作重要因子，交易策略都基于诸多关于新闻对股市影响的实证研究而构建完成。

（四）谣言对股票市场的影响

谣言与新闻不同，通常未经证实且带着各种可疑点。即便如此，它仍可能对股票市场产生巨大影响。“Buy on the Rumor，Sell on the News”是华尔街的一句著名流行格言，指的是谣言起的时候，市场对股价上涨还有预期，因此股价还会上涨，而一旦新闻出了，那就是利好兑现，须当作利空处理，因此要卖出兑现利润。谣言长期以来一直与股价变化有关，通常是通过引入不确定性而影响股价。谣言对股价的影响原因可以从各种认知倾向中找到，例如，人们会认为谣言代表着一定的因果关系，因此比那些非因果关系的信息更具有信息预测效度。为了检验谣言对市场的影响，DiFonzo和Bordia（1997）研究了谣言和股价预测之间的关系，被试参与一场长达60个交易日的计算机模拟股票交易游戏，他们分别看到真实的新闻以及已散布或未散布的谣言，价格变化序列从一家真实公司的历史价格数据得到。被试声称谣言的来源是不可信的，他们的交易不受谣言的影响，然而实验的结果是他们把谣言当作新闻来进行预测。DiFonzo和Bordia得出结论，尽管谣言的可信度不如新闻，但如果在谣言中嵌入相同的因果信息，其对股票价格的预测效果与新闻相似。

诸多研究都在检验谣言在不同国家对股票价格预测的影响，得出的结论都是谣言对股价预测的影响巨大，因此全球的市场监管机构和证券交易所如何监管谣言，确保投资者以公平和有效的方式进行交易又成了另外一个研究主题。我国资本市场里也有不法分子利用股票交流平台散布谣言进行交易获利。

（五）损失厌恶对股票市场的影响

正如经济新闻、政治新闻和谣言影响股价一样，交易者的损失厌恶倾向也会影响股价。前文已提过损失厌恶，它描述了为什么交易员不喜欢在股票亏损时卖出，而宁愿冒着股价进一步下跌的风险持有股票。Coval 和 Shumway（2005）研究了损失厌恶行为对股票价格的影响，他们的研究对象为芝加哥期货交易所（CBOT）的金融专业人士，这些专家是全职经纪人，他们的生计完全依赖于他们的交易能力。为了研究损失厌恶的因与果，Coval 和 Shumway 分别在同一交易日上午和下午做了实验，以确定上午盈利的交易员在下午交易时，风险偏好是增加还是减少。该研究有两个主要发现：第一，他们发现交易员在交易中表现出了损失厌恶情绪，如果他们上午交易失败，他们会更加厌恶损失，下午更有可能承担额外的损失风险；第二，交易员的损失厌恶情绪影响了股票价格，因为他们交易失败的结果是不得不以更高的价格买进或以更低的价格卖出。研究人员认为，损失厌恶行为有助于解释股票价格的波动。

Coval 和 Shumway（2005）的研究虽然有突出的发现，但也有一些缺陷。例如，研究对象为专业股票经纪人，他们的损失厌恶心理可能与一般交易者不同，经纪人用别人的钱进行交易，他可能与同事共同承担风险，而个人交易者是唯一对自己的股票交易负有全部责任的人，必须独自承担所有风险。此外，在 Coval 和 Shumway 的研究中，损失厌恶行为跨度太短，只在一天的交易中衡量，而不是在一周、一个月或一年的交易中，金融专业人士通常关注市场中的长期投资。因此，这种短线交易员的行为可能无法推广到专业人士的长期投资行为上，股神巴菲特的长期价值投资方式，可能导致其行为完全不具有损失厌恶的特征。

（六）过度自信对股票市场的影响

过度自信会影响股票的交易、波动性和价格变化。Barber 等（2019）将市场交易者分为三类：价格接受者、内部人员和做市商。价格接受者是为了卖出股票而不得不接受市场价格的交易者，他们无法以高于市价的价格出售股票；内部人员是公司的董事或高级管理人员，他们可以接触到公司的内部信息；做市商是维持股票报价，在市场能自动撮合时暂时退出的经纪人（我国市场暂无做市商制度，监管层正考虑引入）。他们研究发现，这三类交易员都对股票信息的价值表现出过度自信，他们相信自己的信息比公司的真实信息更为精确，他们认为自己的交易能力高于一般交易者的能力，表现出过度乐观和自信。

在预测股价时，金融专业人士是否比新手更过于自信？ Glaser 等（2003）在股票趋势预测的实验中研究了金融专业人士的过度自信，31 名在银行工作多年的金融专业人士与64名银行和金融专业的本科生参与了实验。实验发现，金融专业人士和新手在预测股票走势时都表现得过度自信，金融专业人士比新手表现出更多的过度自信，但其预测的准确率并不总是比新手更高。

过度自信对资本市场的影响研究一直持续着，Yang 等（2018）把中国股市的历次大跌归结于投资者的过度自信。Liu 和 Tan（2019）研究了过度自信与预测准确率的关系，发现过度自信和预测准确率之间呈负相关关系。Bhagwat 等（2019）研究了过度自信的性别差异，在剔除研究样本女性偏多、女性处理信息的先天能力、女性利用最新信息的能力、女性优越的选股能力和幸存者偏差之后，发现女性的预测比男性更准确，学习速度更快，而男性表现出更强的过度自信。更为有趣的发现是，当女性对市场进行更乐观的估计时，市场也做出了积极的反应。

（七）聪明地交易与努力地交易

在股票市场研究中，研究人员发现，使用交易策略可以提高预测股票价格的准确率并改善交易业绩。Earley 等（1989）通过实验研究检验了运用交易策略来预测股票价格的效果。他们将被试分为 3 组：无策略组、搜索限制组和搜索训练组。无策略组为对照组；搜索限制组可以从常见的和成功的策略中选择策略，以他们希望的任何方式来预测股票价格；研究人员对搜索训练组的被试进行了逐步训练，让他们制定自己的策略来预测股票价格。94 名本科生参与了 Earley 等的研究，被要求扮演股票经纪人而不是个人投资者角色，对公司的股票价格做出判断。Earley 等发现使用策略和预测表现之间有很强的正相关关系，使用策略的被试比不使用策略的被试表现得更好。他们还发现，接受了搜索训练的被试比搜索限制组的被试更准确地预测了股票价格。Earley 等的研究是一个很好的例子，帮助我们更好地理解使用策略对预测股价表现的影响。

既然交易策略是有用的，那聪明地交易比努力地交易重要得多，努力地交易会带来巨额交易成本，蚕食利润。短期频繁交易的投资者通常很难获利，以我国股市为例，每交易一次投资者须支付印花税、交易佣金以及各种费用，这些费用每年累计可能超过 20%，而全世界最顶尖的基金经理的投资绩效也很难超过指数基金每年约 10% 的收益。

在发现交易策略有用之后，研究者和实践家们试图总结出所有的盈利策略，找出策略背后的原因并践行投资。当前主流的因子投资法正是顺着这个思路，从诺奖得主尤金·法玛教授提出的三因子（即市场因子、规模因子和价值因子）模型开始，继续探索能盈利的因子（Suroso 等，2018）。目前已发现的有效盈利因子有规模因子、价值因子、低波动因子、红利因子、质量因子和动量因子。在资产投资组合方面，已被反复实践证明能长期稳定获利的最经典的组合有永久组合、全天候组合和斯文森组合。对这些投资组合模型，在综述处置效应是否为认知偏差部分会有更为详细的阐述。

（八）具有更大预测价值的信息

Białaszek 等（2018）研究了认知偏差对股票价格预测的影响，他们共检验了 2 种认知偏差："赌徒谬误"和忽视均值回归。"赌徒谬误"经常发生在赌场里，如果黑色长时间没有出现，轮盘玩家倾向于相信黑色将会在下一次出现，或者相信下一次出现的概率很大。在股票市场上，"赌徒谬误"表现在对趋势逆转的预测上，如果一只股票长期上涨，交易者更有可能相信它将很快开始下跌（Szymanek 和 Zielonka，2017）。均值回归是一种统计现象，通常最低值之后会出现较高的值，最高值后会出现较低的值，偏离均值时会有向均值回归的过程。然而，包括专家在内的大多数交易者并不知道股票市场均值回归的原理，早在 20 世纪 70 年代尤金·法玛教授就提出有效市场理论，该理论让他荣获2013年诺奖，其核心观点就是股票大盘指数长期会均值回归。我们通常可以用大盘指数的 250 日均线（年线）或平均市盈率作为长期均值回归的参照点，但使用大盘均值回归结论制定交易策略却存在诸多问题，比如均值回归的时长无法准确计算。

Białaszek 等（2018）邀请了 24 名金融专业人士参与研究，研究人员向他们出示了一份包含 24 个股票信息问题的问卷，并要求他们对股票信息在预测股价方面的重要性进行评级，股票信息越重要，预测价值越高。他们研究发现，不同的股票信息对于预测股票价格具有不同的价值，且信息的预测价值越大，就越容易产生认知偏差。当然，在他们的研究中，只有金融专业人士参与调查，且多数问题是关于技术分析的问题，这些专业人士比一般交易者更熟悉技术分析的信息。他们的研究没有考虑金融专业人士和普通交易员之间的区别，结论有一定瑕疵。

（九）股价走势图与股票交易

虽然有效市场理论认为股票价格的运动是随机的，但股价走势图在投资者预测和投资股票时都扮演着重要的角色。当前我国投资者无论用移动客户端或 PC 终端打开股票软件查看行情时，先看到的都是某只股票的走势图。有效市场理论认为过去的股价对未来没有任何预测作用，虽然价格没有记忆，但交易者却有记忆。股价走势图如何影响交易者的交易行为？Mussweiler 和 Schneller（2003）研究了描述过去价格的股价走势图对交易者买卖股票决策的影响。他们在实验中使用了两张股价走势图，第一张图是先涨后跌，第二张图是先跌后涨。102 名工商管理或经济专业的学生参加了这个实验，他们都至少有一年的投资经验。研究发现，被试预测第一张走势图（先涨后跌）中的股票会比第二张走势图（先跌后涨）中的股票未来涨幅更大。当被试看到第一张股价走势图时，他们更倾向于买入股票而不是卖出股票，看到第二张股价走势图时则倾向于反向操作。研究还发现，如果被试看到更多诸如公司简介、新闻、财务报告和竞争对手等的信息后，股价走势图对被试的交易行为的影响会降低。之后他们用来自德国银行的 30 名员工（专业金融人士）进行测试，得出同样的结论。他们的研究有几个局限性，首先，股价走势图太少，两张图实在不足以代表市场里各种股票的复杂走势；其次，股价走势图只展示年周期的图表，而实战中月、周、日周期，甚至以分钟为周期的图表，都是投资者常用的图表；最后，他们没有将金融专业人士的交易行为与学生进行比较。尽管有这些局限性，但瑕不掩瑜。

Velay 和 Daniel（2018）检验了经典的股价图形“旗形”和“双底”（亦称 W 底）在真实投资中的有效性，结论是这些图形能改善投资收益，并建议交易模型中应该考虑加入图形因子。他们的研究有一定的缺陷，他们仅把两只股票作为研究样本，显然样本太少。当然，如果只想交易这两只股票，研究的意义还是值得肯定的。根据笔者多年的投资经验，中国股市的股票具有“股性”，像人的性格一样，每只股票都不一样。经典的图形对有些股票非常有用，如深圳的“老八股”，在里面操盘的主力都是同一批人，股价走势异常相似，拉升或打压几乎都同时进行，碰到成交量突然放大，大概率形成短期高点。

这些研究的结论类似于提出的三因子模型中的动量因子，短期股价有继续原来趋势的动量，这也为追涨杀跌交易方法提供了理论依据。当然，尤金·法玛教授强调了股票市场长期反转现象的存在，即前文所述的均值回归。

股票市场金融心理研究远不止以上几点，本书挑选了一些笔者认为最重要的进行综述，在此做一个总结。随机波动理论假设股票价格变化是随机的，因此投资者不可能预测价格走势。然而，这一理论也接受了股票价格变化受心理因素的影响，如认知启发和认知偏差，研究人员从不同的角度研究了心理因素对股票价格预测和股票交易的影响。

第一，股票价格趋势已被证明会影响交易者的交易行为。交易员通常会把认知启发（如代表性启发、可得性启发、小数定律和锚定）应用到他们的交易判断与决策中。

第二，对自己的股价判断和交易决策，交易员通常表现出过度自信。金融专业人士在股票市场有更多的经验，但他们仍然表现出对交易过程的过度自信。心理学家揭示，人的过度自信与信息积累有关，这些专业人士可能正是基于自己丰富的信息积累和经验才导致过度自信。过度自信能放大市场的成交量、提高市场的流动性，所以，过度自信对于市场来说是有益处的。但在金融市场上，过度自信使人忽视风险，进行过度交易。

第三，风险影响交易者对投资的判断与决策。在从事短期交易时，金融专业人士容易出现损失厌恶情绪。

第四，使用策略可以提高股票价格预测的准确性，尤其是对于通过学习获得策略的交易者来说更是如此。从交易者的角度来看，股票信息可能对股票价格有不同的预测价值。然而，具有较高预测价值的股票信息几乎总是与认知偏差相关。新闻和谣言会影响人们的交易行为，聪明的投资者根据朴素的经验制定了“利空出尽是利好，利好出尽是利空”的投资策略。

第五，作为预测股票趋势的工具，股价走势图被广泛使用，并被认为是分析市场价格变化的有效工具。对股价走势图的研究表明，其的确会影响人们的交易行为。

三、处置效应金融心理研究综述

处置效应指的是投资者有过早地出售获利的投资，而过长时间持有亏损的投资的倾向，即“售盈持亏”倾向。这种投资者倾向于尽快锁定利润，但延迟确认损失的认知偏差，是投资过程中最主要的认知偏差之一。处置效应最早由 Shefrin 和 Statman（1985）提出，之后为许多著名研究者所接受。投资者易于出现这种认知偏差的原因至今不确定，可能与他们在投资过程中的习惯决策有关。但“售盈持亏”现象最早并非由 Shefrin 和 Statman 发现，

Constantinide（1984）给出了这种现象的一些模拟模型案例，提出了在存在交易成本的情况下最大化收益的策略。他指出，当交易成本（此处指资本利得税）不存在时，确认损失没有问题，但美国的市场存在资本利得税，为了合理避税和减少税收损失，最佳的确认损失时点为每年 12 月。12 月是投资者出售亏损资产可抵扣税金的最后申报期限，这时出售将大大减少投资者的纳税金额。Shefrin 和 Statman 正式把投资者倾向于“售盈持亏”的现象定义为处置效应，他们提出的处置效应理论可以应用于真实的资本市场，实验或数学推理的研究可能与真实资本市场相去甚远，他们提出了一个框架来表达在真实金融市场中投资者的决策行为。他们发现，尽管处置效应存在于真实的市场决策中，但该决策行为与新古典经济学中的“理性人”假设相悖。作者观察到，前景理论和心理账户可共同解释处置效应产生的原因，其基本理念是，投资者会将不同的投资决策放入不同的心理账户，而前景理论中的风险偏好不对称在每个心理账户中均发生作用。

在研究处置效应之初，3 位先驱对解释处置效应的产生原因产生了分歧，到底是税收原因还是其他心理原因，至今仍无定论，探索清楚处置效应产生的心理原因也是本研究的目的。接下来将对 3 位先驱之后有代表性的处置效应研究和有代表性的解释处置效应产生原因的研究进行系统性梳理，并归纳总结，指出研究中的不足，为本研究做充分准备。

（一）处置效应研究综述

1. 国外处置效应研究综述

Odean（1998）通过对 1987 年至 1993 年一家美国大型券商的 1 万个真实交易账户交易数据进行分析来检验处置效应认知偏差，他是使用美国市场个人投资者真实交易记录数据来解释处置效应的先驱。他采用 *PGR* 和 *PLR* 两个指标来衡量处置效应，若 *PGR* 大于 *PLR* 达到统计显著水平，则说明投资者更愿意在盈利时卖出股票，在亏损时持有股票，处置效应倾向明显。但他只考虑了投资者一次全部卖出单只股票的情形，忽略了一些投资者只卖出部分单只股票仓位，动态再平衡的策略。他还发现，*PGR* 与 *PLR* 的比值从年初到年末会逐步下降，从 1.21 降至 0.85，其解释是投资者在 12 月持有股票的税收损失引发了抛售。*PGR* 与 *PLR* 的计算公式如下，这也是多数后继研究者采用真实账户检验处置效应的方法。

$$PGR = \frac{确认盈利}{确认盈利 + 账面盈利}$$

$$PLR = \frac{确认亏损}{确认亏损 + 账面亏损}$$

Odean 通过比较，计算了账面盈利（Paper Gains）和账面亏损（Paper Losses）。如果当天的最高价格和最低价格都高于其平均买入价格，则记为账面盈利；如果当天的最高价格和最低价格都低于其平均买入价格，则记为账面亏损。确认盈利（Realized Gains）和确认亏损（Realized Losses）分别指以高于买入价卖出股票和以低于买入价卖出股票。他的结论是，投资者在亏损时卖出的比例远小于盈利时卖出的比例，投资者把成本价作为投资决策最重要的参照点。Lakonishok 和 Smidt（1986）是为数不多否认处置效应并非一种认知偏差的学者，他们认为投资者“售盈持亏”是为了再平衡投资组合，再考虑美国投资者 12 月出售股票所需缴纳的税款，处置效应对个人投资者反而是非常有利的，持有亏损的股票减少了缴税额度。

Kaustia（2004）研究了 1980 年至 1996 年 17 年间美国首次公开募股（Initial Public Offering，IPO）的交易量。他从 IPO 交易量的角度检验了处置效应的存在，论述了参照点在研究股票市场 IPO 交易时的重要性。Kaustia 认为上市以来的总收益（股息、资本收益和股票拆分）是一个重要的参照价格，若以 IPO 的发行价为参照点，当初始收益率为负的 IPO 超过发行价时，交易量显著增加，处置效应显著。研究指出，参照点价格不一定是 IPO 的发行价，若 IPO 股票上市后股价直接下跌，之后一旦股价微涨而至发行价之上时，投资者往往会立即抛售股票，以避免股价进一步下跌带来的损失。但不幸的是，若价格低于发行价而不反弹，那么投资者就面临着两难选择，因为他们已经亏损，虽然将来可能上涨盈利，但也可能面临更大的亏损。投资者通常利用止损来避免陷入这种两难境地，即当股价低于发行价一定比例时不计成本卖出。因为参与 IPO 的大多为机构投资者，他们能严格止损，这可能就是机构投资者收益通常高于个人投资者的原因之一。从交易量角度来看，当 IPO 价格高于发行价时，交易量增加；当股票的市场价格首次跌破发行价时，交易量也会增加。

Chen 等（2007）完成了一项有趣的研究，比较了中美两国投资者的各种投资认知偏差，除处置效应之外其余的认知偏差两国投资者表现各不相同，但处置效应在中美投资者身上均表现出来。处置效应倾向在个人投资者身上表现得比机构投资者更明显，中国投资者比美国投资者更容易受到处置效应的影响。总而言之，中国等新兴资本市场国家的投资者比美国等发达国家的投资者认知偏差更为明显。

Goetzmann 和 Massa（2008）研究了处置效应对资产的收益、风险和波动的影响，笔者认为结论非常有趣，当投资者表现出处置效应倾向时，股票的收益、交易量和波动率都会下降。Barberis 和 Xiong（2009）使用 *PGR–PLR* 比来预测处置效应仅在某些情况下存在，在交易期限很短或风险收益回报非常高时，处置效应就消失了。笔者认为，产生处置效应的另外一个原因是效用，投资者会将收益和损失的效用进行比较，且他们更喜欢收益的效用而不是损失的效用。投资者的均值回归信念是产生处置效应的主要原因，即投资者坚信下跌的股票迟早会涨回来。如果 *PGR* 和 *PLR* 之差为正值，则表明存在处置效应。处置效应会引起动量效应和其他认知偏差，如过度自信等。Hur 等（2010）指出，股票市场的非理性是由投资者存在诸多认知偏差所导致，而不仅仅是由投资者的风险偏好所致，个人投资者参与程度较高的股票更有动量，即上涨或下跌时更容易偏离均值。他们还认为，处置效应反作用于股票市场，他们用其来解释股票市场的异动，这种解释基于前景理论和心理账户理论。股票市场中存在越多的个人投资者，投资者的处置效应越明显，股票估值也就变得越难。Linnainmaa（2010）提出解决处置效应的方法——限价单。限价单是指投资者在交易股票（买入或卖出）时，提前设定好交易价格，一旦交易对手在未来某个时点接受该报价，交易就会达成。Kaustia（2010）发现，前景理论可用于预测处置效应，虽然有一定条件限制。当股票经过上涨或下跌，股价重新回到买入价格的时候，投资者卖出股票的可能性最大；当价格相对于购买价格上升或下降时，即投资者已实现浮盈或浮亏时，出售股票的意愿下降。当实现浮盈比例在 0 到 30%时，投资者更愿意持有股票而不是抛售股票。Kaustia 不同意用均值回归理论来解释处置效应，他认为当账面发生浮亏时，无论股票成色如何，投资者的卖出意愿都大大减弱。

Cekauskas 等（2011）计算每种证券的 *PGR–PLR* 比率，合并后检验两个比率之间是否存在显著差异，若 *PGR* 比率超过 *PLR* 比率，则表明存在处置效应，该统计方法假定了每个账户和每笔交易的独立性。他们还计算了每个投资者的 *PLR* 比率和 *PGR* 比率，汇总这些值后，比较这些值以检验处置效应是否存在，该方法不假定每个账户和每笔交易的独立性。两种检验方法均发现处置效应的存在。

Kaustia（2011）发现，处置效应还可能影响市场交易量，进而对市场走势产生影响，助推价格的上涨或下降。如果投资者非理性地卖出股票并不得不缴纳资本利得税，纳税金额可能会让投资者损失大部分资产。他还总结了在不同类型的投资者中，处置效应所产生的原因，并进一步分析处置效应对交易量、资产定价、房地产市场和福利等的影响。Cici（2012）采用 *PGR-PLR* 比率来研究共同基金经理受处置效应的影响程度，发现 *PGR-PLR* 比率越高的共同基金，即处置效应倾向越明显的共同基金，其收益率反而越高，这可能是其分散投资且投资优质企业所致，优质企业股票的最终价格会向价值靠近。Jiao（2017）研究发现，股票市场的均值回归是产生处置效应的原因。他还指出，有数种理论试图借助新古典经济学的理性投资决策理论来解释处置效应，处置效应还可以通过前景理论的损失厌恶以及盈利与亏损区域的不对称风险偏好来解释。

Woo 和 Pollack（2014）用传统金融学数理统计的方法找到另一种发现处置效应的方法，并定义该方法为资本利得过剩。他们指出，处置效应可能是股票动量的一个原因，即当前偏离价值的股价将继续存在于市场中。处置效应实际上是心理账户和前景理论的结果，它意味着投资者根据股票的平均预期价格来衡量收益和损失。资本利得过剩是指当前价格与投资者预期的平均价格之间的差额，预期平均价格是股票当前价格的函数，而这个平均价格是购买开始时所持证券价格的加权平均数。Frino 等（2015）研究了多元文化背景及种族如何影响投资者的交易行为。这里的多元文化背景被定义为中国投资者在澳大利亚股票市场进行投资。他们发现，处置效应多存在于女性投资者、投资组合单一的老年人投资者、垃圾股投资者等人群中。Aren 等（2016）对已公开发表关于机构投资者研究的期刊论文进行总结分析，结论是处置效应的重要决定因素是投资者的经验和过度自信。整体而言，机构投资者较不容易受到处置效应的影响。

Richards 等（2011）发现止损可以用来降低处置效应的影响，具体执行时有两种方式，一种是普通止损，另一种是跟踪止损。所谓跟踪止损，指的是投资者不断跟踪已盈利股票上涨时的价格，记录它的最高点，如果价格从这个峰值回落达到投资者预先设定的比例（如 5% 或 10%），卖出指令被触发。普通止损降低了投资者亏损时不愿出售股票的意愿，而跟踪止损则可防止投资者过早出售盈利的股票。投资者知识和投资经验的积累，也弱化了处置效应。

Toma（2015）也发现，投资者投资单只股票时易于产生处置效应，而采取组合方式投资时，处置效应大幅减弱，心理账户理论和前景理论可以叠加以便解释处置效应。Bodnaruk 和 Simonov（2015）通过比较 *PGRit* 和 *PLRit*

之间的差异，来检验处置效应倾向是否在共同基金经理中存在。*PGRit* 是指已实现正收益并卖出的股票与账面盈利股票总数的比值。*PLRit* 是指已亏损并卖出的股票与账面亏损股票总数的比值。这里的盈利或亏损并非把买入价作为参照点，而是与诺奖得主尤金·法玛等创造的 Fama-French 世界指数进行比较。如果股票的回报高于该指数，则视为盈利股票；如果股票的回报低于该指数，则被视为亏损股票。基金经理的投资表现通常会与某大盘指数作对比，这也是全世界投资界默认的规则。Li 等（2016）发现，除了认知偏差，影响基金投资者处置效应的另一个重要因素是社会规范。个人与社会之间的纽带对投资者有持久的影响，因为他们受到更高绩效激励。投资者对基金业绩敏感性的提高最终使其抛售亏损基金并持有盈利基金。投资者之所以会出现较低的基金业绩敏感度，是因为他们不会把心思花在业绩不佳的基金上，而是专注于寻找更多有潜力的基金。社会信任是一个有趣的现象，从该角度研究处置效应大有益处。社会信任度的提高对共同基金的规模提高影响巨大，1%的信任度提高可产生最高 59% 的规模。另一个有趣的结论是，如果给移民到其他国家的人带来了某种社会信任，就足以引起处置效应，基于不同文化背景的偏见可能会对盈利和亏损的态度产生影响。处置效应在个人投资者中比在机构投资者中更为明显，特定国家的社会规范标准影响投资者的交易行为。

Surya 等（2017）借助调节聚焦理论解释了处置效应，该理论将投资者分为预防组和促进组，从人类动机角度解释了处置效应。笔者也认为，从前景理论的角度来解释处置效应更为合理。

2. 国内处置效应研究综述

处置效应作为影响投资收益的重要“元凶”之一，国内研究者们也争相进行研究。原因很简单，研究清楚处置效应产生的原因后可制定相关措施来应对，以降低投资者赔钱的概率，进而增加收益。当然，并非每个研究者都是为了金钱而进行科研，但行为金融学的研究者们都会利用自己最新的研究成果假期去华尔街博个头彩，这也是美国传统金融学教授很难在资本市场盈利，而行为金融学教授却能拥有自己的对冲基金，赚得盆满钵满的原因。很多行为金融学教授研究出能实战的成果后，转行做了基金经理，原因很简单，能赚取更多的财富。遗憾的是，国内对于处置效应的研究在方法和解释方面都没有超越国外研究而形成质的突破。但用国外的方法研究国内的样本也是很有意义的，这里简单综述下一些有代表性的研究。

研究者们通常采用模拟交易和真实交易两种方法来研究处置效应。至今引用率最高的通过模拟交易方式研究处置效应的论文由 Weber 和 Camerer（1998）完成，该论文也是截至目前研究处置效应引用率最高的论文。孙建军等（2007）采用 Weber 和 Camerer 的方法并进行简化，以中国样本为研究对象，得出了相同的结论，投资者存在处置效应认知偏差。被试性别、专业、受教育程度与入市时间对处置效应倾向无显著影响，但入市资金量超过 5% 对处置效应倾向有显著影响。该论文发表在中国心理学顶级期刊《心理科学》上，这也是罕有发表于该期刊的经济心理学主题研究论文。李学峰等（2011）通过改变股票收益率大于无风险收益率的概率，分析了市场环境因素对处置效应的影响，得出牛市中不会出现处置效应，在熊市中则可能出现处置效应的结论。该文实际上不是模拟交易实验方式的研究，而是调整参数，通过数学推理来分析处置效应。由于采用模拟交易实验方式研究需要大量的资源投入，尤其是需要大额的经费支持，因此研究者们不太愿意采用这种方式。本书将克服资源的障碍，其中一项研究采用模拟交易实验方式来进行。

与模拟交易实验方式研究相比，采用纯数理统计和数学推理的方式所需的资源就少得多了，这种研究方法也是经济学领域最常见的研究方法。经济类的研究通常使用统计局、行业协会、交易所等所发布的数据，这些数据的获取通常是免费的。即便是收费数据，由于学者们多就职于学校和政府机关所辖研究机构，所在单位也会购买这些收费数据，而不用研究者从自己的科研经费中支出。因此，我们要向那些为了保证数据的可靠性，花费大量资源亲自采集数据的研究者致敬。

至今引用率最高的采用真实交易数据研究处置效应的论文由 Odean（1998）完成。赵学军等（2001）也参照 Odean 的研究方法，分析了国内某券商一个大型营业部约 1 万名投资者的交易账户，结论是投资者存在处置效应认知偏差，即投资者过长时间持有亏损股票，而过早卖出盈利股票。该研究的样本数量和 Odean 所用样本数量相等，但时间跨度远小于 Odean 的研究，但考虑到 2001 年时我国的股票市场仅有 11 年的历史，并且在严格监管之下，获得这些数据进行研究实属不易。该论文也发表于金融学顶级期刊《金融研究》之上。

在研究样本方面，研究者们对个人投资者和机构投资者的处置效应认知偏差进行了研究。对个人投资者的研究居多，可能是取样方便的缘故。对机构投资者的研究取样相对困难，截至目前仅有两篇论文，分别由杜微微（2011）和张月芳（2019）完成，两篇均为学位论文。

就研究对象而言，国内研究者们研究检验了股票投资者、基金投资者、

IPO 投资者等的处置效应认知偏差。如陆蓉等（2007）在国内经济学顶级学术期刊《经济研究》上发表了一项重要研究：投资者在赎回基金时的一个异常现象，即处置效应在基金市场的体现。经过大样本的检验发现，在基金业绩提高，也就是投资者处于盈利状态时，投资者不仅没有如理论预期的那样追加资金，反而赎回了；而在基金业绩较差时，却并没有赎回。基金管理者了解投资者有这种非理性心理，就会去迎合这种心理。一种常见的现象就是，基金管理者没有将心思全花在提高业绩、帮用户赚钱上，但却对能有效提升基金规模的事情乐此不疲。由于这些研究标的并未比国外研究有更多创新，此处就不一一列举了。

国内对资本市场的研究始终未能超越西方，毕竟资本市场对于我们而言也是舶来品，游戏规则为西方所创造。因此，中国也未能产生诸如巴菲特、索普等有独立投资体系和投资哲学大师，自然也暂未产生能流传后世的投资著作。目前国内的投资方法多借鉴西方的投资理论体系，如巴菲特的价值投资、索普的量化体系等。学术界虽未有创新的投资方法著作问世，但民间却曾出现过一位投资者，在网络上发表系列文章教人炒股，并把他的理论定义为“缠中说禅”，亦称“缠论”。有人把他的 108 篇教人炒股的文章整理成册并印刷出版，在第 13 篇中对处置效应有过这样的描述：“投资市场中一个最坏的毛病就是根据盈亏进出，而盈亏不是先验的，是根据当下的走势当下决定的，是被动的，根据盈亏进出，就是根据被动的因素进出……”他虽然没有提出处置效应这个词，但此处表述之意正是对处置效应这种认知偏差的抨击。

在中国知网（CNKI）上以“处置效应”为篇名搜索，可以得到如表 2-1 所示的结果。在学科分类里，心理类文章仅有 2 篇，占比为 1.56%，因此本书将从心理学视角研究处置效应，略微弥补这一领域研究的空缺。

表 2-1　我国处置效应研究文献数量及学科分类

分类	数量（篇）	占比（%）	分类	数量（篇）	占比（%）
金融	85	66.41%	数学	2	1.56%
数量经济	36	28.13%	心理	2	1.56%
统计	3	2.34%	合计	128	100%

3. 处置效应研究综述小结

自 Shefrin 和 Statman 提出处置效应概念以来，研究者们对该认知偏差进行了大量研究。很多研究者怀疑投资者根本不存在这种认知偏差，其只是统计学假象或特定市场出现的不具代表性现象，然而他们检验后的结果再一次证实了处置效应认知偏差的广泛存在。研究的路径相似：怀疑处置效应的存在，找到特定领域的研究对象进行数据采集，用特定的数理统计和分析方法分析数据，得到基本相同的结论，对产生处置效应的原因进行解释。在整个研究路径里，除结论基本相同外，其余部分却存在很大差异。本书研究的重点是解释产生处置效应的心理原因，因此会单独对该内容进行综述，而关于处置效应的其他研究在本小节进行简要的总结。

第一，研究者们通常采用模拟交易和真实交易两种方法来研究处置效应。前者的先驱和代表人物是 Weber 和 Camerer（1998），后者的先驱和代表人物是 Odean（1998）。模拟交易方法的研究比真实交易方法的研究少得多，其原因可能有二：首先，模拟实验方式研究需要大量的资源投入来采集数据，而真实交易的交易数据可以从交易所或证券公司直接获取；其次，想要在资本市场投资盈利，需要的是实战而不是纯理论。但模拟实验研究的优势在于可以严格控制实验条件，可重复性极强。这 3 位先驱的方法几乎被复制到世界各国，后继研究者们使用这两种方法以本国样本进行研究，结论都相差无几。因此，这 3 位学者的论文也成为处置效应研究引用率最高的论文。我国学者也分别采用这两种方法进行研究，得出与先驱相同的结论。

第二，研究对象为不同类别的投资者。投资者类型可以简单分为机构投资者与个人投资者，也有部分学者研究了属于个人投资者的家庭投资者。研究个人投资者的文献要远多于研究机构投资者的文献，其原因可能是研究个人投资者时的取样难度远小于研究机构投资者，另外机构投资者的数量也远少于个人投资者，虽然他们管理的资金规模远大于个人投资者。研究结果表明，机构投资者和个人投资者身上均存在处置效应倾向，但个人投资者的处置效应倾向更为明显。

第三，研究者们依据不同的投资标的研究处置效应。最常见的投资标的为股票，参与人数也最多，研究者们还研究了共同基金、IPO 投资中投资者的处置效应倾向。研究结论是，无论是机构投资者还是个人投资者，股票投资时处置效应倾向最明显。对于基金投资而言，其实包含了两个投资主体——基金经理和购买基金的投资者。基金经理把募集到的投资者的资金投资于其他产品，基金经理本身也是投资者，更准确地说是机构投资者，正如前文所说，机构投资者也表现出处置效应倾向。对于购买基金的投资者来说，处置效应有减弱现象，陆蓉等（2007）甚至发现了基金投资者表现出逆处置效应。所谓逆处置效应，指的是投资者过短时间出售亏损资产，而过长时间持有盈利资产。对于 IPO 的投资，个人投资者无法参与，因此都是机构投资者行为，处置效应倾向也很明显。

第四，人口统计学变量与处置效应。对于股票投资来说，人口统计学变量通常包括投资者老练程度、所采用交易策略、性别、年龄和经验等。研究的一般结论是，投资者的这些特征差异对处置效应有显著影响。例如，Feng 和 Seasholes（2005）研究了投资者的老练程度和交易经验与处置效应之间的关系，并发现这些变量影响投资收益。Da Costa 等（2008）发现，投资者的性别会影响处置效应，男性投资者和女性投资者会为自己的投资设置不同参照点，当然，这是基于前景理论的解释。虽然研究者们得出了人口统计学变量会影响处置效应的结论，但笔者认为其中可能存在幸存者偏差问题，那些发现人口统计学变量不影响处置效应的研究，可能无法获得出版机会，而我们无法统计这部分论文的占比。从笔者朴素的投资经验和投资直觉分析，处置效应是人类共同拥有的一种认知偏差，人口统计学变量的影响极小。

第五，心理学变量与处置效应之间的相关研究。心理学热衷于研究变量之间的关系，有些研究者也研究处置效应与心理学变量之间的关系。如 Li 等（2016）发现共同基金经理之间的社会信任水平有助于降低处置效应，心理和人口统计学变量对逆处置效应的发生有一定的影响。Richards 等（2011）甚至提出，可以通过社会信任来解决处置效应认知偏差。

第六，对处置效应产生原因的解释。研究者们无论如何改变研究样本和研究方法，其结论都是处置效应是存在的。因此，他们必须对产生处置效应的原因进行解释。遗憾的是，目前没有一种解释能完全令人信服，前景理论对处置效应的解释被广泛接受，但依然存在缺陷。对处置效应的解释是本书研究的重点，因此会单独综述过往研究对处置效应产生原因的解释。

（二）处置效应产生原因的研究综述

对于处置效应的研究，研究者们的研究路径几乎都是，第一步检验研究对象是否存在处置效应倾向，第二步先对产生处置效应的原因进行解释，然后提出应对措施。完成第一步后，结论都基本一样，那就是处置效应的确存在，仅极少数情况下不存在。在对处置效应的产生原因进行解释时，却种类繁多，无法统一，甚至解释之间相互矛盾。有些研究使用完善理论如心理账户、前景理论进行解释，有些研究提出全新的解释。遗憾的是没有一个研究者进行全面总结与分析，下面将对处置效应产生原因的解释进行全面梳理、总结与分析，力图做到不遗漏。

1. 前景理论

根据前景理论，投资者的决策取决于参照点，股票交易中投资者会依据参照点来评估自己处于盈利区域或亏损区域，在盈利区域与亏损区域投资者的风险偏好不同。投资者在盈利区域厌恶风险，在亏损区域偏爱风险。投资者的这种心理特征使他们倾向于过早卖出盈利股票，而过长时间持有亏损股票。投资者面临股票亏损时有两种选择，要么迅速止损出局，接受损失，要么继续持有，将来有可能挽回损失，也可能遭受更大损失。根据前景理论，当投资者处于亏损区域时，他们愿意承担更大的风险，因而不会立即止损，幻想着将来股价一定能涨回来。

前景理论的价值函数呈 S 形，在盈利区域是凹形的，在损失区域是凸形的，表明投资者对收益和损失的边际敏感度逐渐降低。换言之，随着股票盈利的逐渐增加，投资者会对逐渐增加的财富越来越不敏感，随着股票损失越来越大，投资者对亏损也会逐渐麻木。

Odean（1998）发现投资者不存在再平衡投资组合的倾向，而是用前景理论解释了处置效应。所谓投资组合再平衡，指的是在投资之初设定好各项资产在组合里的比例，当组合里某项资产上涨时，由于其市值的增加，在整个组合里所占的权重大于其初始所占权重，因此要卖出部分该项资产而买入下跌资产，让组合里的各项资产占比重新回到初始设定水平。当投资者有再平衡投资组合倾向时，就会卖出盈利资产去平衡亏损资产，这正好是处置效应现象，但 Odean 发现投资者不存在这种倾向。投资组合动态再平衡在真实市场中尤为常见，因此有理由怀疑 Odean 检验样本的有限性。Jiao（2017）在解释处置效应时把重点放在投资者在盈利区域风险厌恶，希望落袋为安，在损失区域风险偏爱，希望放手一搏，用前景理论解释处置效应产生的原因。

简言之，研究人员用前景理论解释处置效应。用前景理论解释处置效应产生的原因非常合理，但是用现象解释现象，没有解决为何投资者在盈利区域与损失区域的风险偏好不同。有学者对该解释方法提出疑问，认为前景理论既然肯定了人有风险厌恶倾向，那为何还会去买入股票这种高风险投资品种？因此前景理论无法解释处置效应（Hens 和 Vlcek，2011），但这并不妨碍前景理论的伟大，心理学史上的前辈们发现了很多人的心理特征，虽然解释时存在争议，但不妨碍其发现的伟大。

2. 心理账户理论

Thaler（1985）用“Mental Account”正式提出心理账户理论，系统地分析了心理账户现象，以及心理账户如何导致个体违背最简单的经济规律。在做经济决策时，这种心理账户系统常常遵循一种与经济学的运算规律相矛盾的潜在心理运算规则，其心理记账方式与经济学和数学的运算方式都不相同。因此经常以非预期的方式影响决策，使个体的决策违背最简单的理性经济法则。Merkle 等（2021）使用心理账户的概念来描述人们如何倾向于分解和评估自己的财务情况，如工资、投资和未来收入。Thaler 把心理账户视为一种认知偏差，会给投资者的决策带来问题，首先，心理账户导致人们缺乏长远眼光，不能全局看问题，因厌恶损失而使投资过分保守；其次，总组合对于投资者来说并不是最优的；最后，由于对每个账户单独核算，风险容忍度不同，例如对股票的风险容忍度高，对教育储备金风险容忍度低，这也会让投资者对每个账户单独决策，导致决策错误，更进一步偏离最优总组合的目标。

根据心理账户理论，投资者的每笔投资都放入不同的心理账户，每个账户之间相互独立，互不影响。当投资者卖出某个心理账户中的股票，也就意味着关闭这个账户。当投资者卖出盈利股票时，收益确认，关闭账户，投资者没有任何心理障碍。当投资者卖出亏损股票时，也意味着关闭了账户，接受确定的损失。理性的投资者不愿意关闭亏损的账户，因为他们不愿意接受确定的损失。Merkle 等（2021）把确认损失或收益直接描述为关闭心理账户，把处置效应描述为“确认效应”，用数学推理方式建模推导何时会产生他们描述的所谓“确认效应”。Grinblatt 和 Han（2005）受心理账户理论激励而进行了一项研究，检验处置效应与股票价格动量之间的关系。

简言之，心理账户用以解释处置效应时，意味着投资者把盈利与亏损的股票放入不同的心理账户，投资者不会轻易关闭亏损账户。该解释方法的问题在于，未解释投资者为何不想关闭亏损账户，也就是投资者为什么长期持亏，不愿意接受确定性损失。

3. 后悔厌恶理论

Shefrin 和 Statman 提出了处置效应概念，在对处置效应产生原因进行解释时，他们使用后悔厌恶概念。后悔厌恶，亦称后悔规避，指投资者通常不愿卖出亏损的股票，其原因是卖出亏损股票会引发负面情绪。卖出盈利股票恰好相反，能引发正面愉悦情绪。这种情绪不仅与金钱的得失有关，即卖出盈利股票赚到金钱和卖出亏损股票失去金钱，而且与投资股票的成功或失败带来的情绪有关。当投资者知道所选择的股票表现不如未选择的股票时，就会产生后悔情绪。相反，当投资者知道所选择的股票表现优于未选择的股票时，就会产生自豪感。投资者总是希望寻求到自豪，避免后悔，因此就产生了“售盈持亏”的处置效应倾向。这种后悔情绪和自豪情绪不但与确认亏损或盈利有关，即已卖出股票，无论盈利或亏损都已确认，还与账面亏损或账面盈利有关，即未卖出股票，但能看出账面盈利或亏损。造成后悔的原因不仅在于已确认的亏损，还在于失去了买入更好股票的投资机会。Tenberge（2009）也对此做了研究，发现在亏损区域，后悔厌恶与处置效应正相关，而在盈利区域，后悔厌恶与处置效应负相关。

简言之，投资者倾向于“售盈持亏”，持亏虽然已让投资者产生负面情绪，但如果卖出，损失确认，会产生更强烈的负面情绪。投资者为了规避这种负面情绪的产生，选择长时间持亏。

4. 自豪寻求理论

Shefrin 和 Statman 在对处置效应产生原因进行解释时，不但提出了后悔厌恶概念，还提出了自豪寻求概念。他们指出，当投资者设法从投资中获利时，除获得金钱形式的利润外，总会有一些隐藏的自豪感。换言之，当投资者投资盈利后，自豪感也随之产生。投资者的自豪感不但来自账面盈利，在卖出确认股票并收益后，自豪感会更强。这种自豪感会产生于以下 3 种情形：

第一种情形是当投资者卖出盈利股票，确认收益后，感觉非常成功，获得自豪感。这种情形通常发生在初入市的投资者身上，他们不清楚股市整体的涨跌幅度，其他股票的涨跌幅度，没有参照点，因而只要赚钱就开心。

第二种情形是投资者有参照点，其自豪感由参照点决定，为第一种情形的延续。在第一种情形中，当投资者卖出股票后，该股票继续上涨，投资者的自豪感会因此而减弱，因为他感觉自己对该股票未来的走势判断错误。如果该股票下跌，其自豪感比第一种情形还要强，因为他感觉判断对了股票未来的走势。

第三种情形为投资者持有股票未卖出，未确认收益的情形，同样发生在投资者有参照点的情况下。当投资者持有某只盈利股票，但发现同期的大盘指数比自己的股票涨幅要大时，自豪感就因此而打折。如果投资者的股票涨幅远远超过大盘或其他个股，其自豪感因此而加强。

诸多学者在研究中描述过自豪寻求，用自豪寻求来解释处置效应。

简言之，投资者之所以有售盈倾向，是因为其售盈后能寻求到自豪情绪，而且越早卖出盈利股票越早体验到自豪情绪。

5. 止损

一些研究者用止损来解释处置效应。他们认为投资者产生处置效应的原因是不会止损或没有止损机制。当给予投资者止损的选择时，投资者会延迟出售盈利股票。Fischbacher 等（2017）采用了模拟实验研究方式，在自动止损时，投资者的处置效应倾向显著减弱，当仅给予投资者止损提醒时，处置效应并未减弱。

简言之，这些研究者认为投资者有处置效应倾向的原因是没有止损机制或不会止损，这种把应对处置效应的方法当作处置效应产生的原因的观点显然不合理。

6. 自我控制偏差理论

Shefrin 和 Statman 的成功之处在于，他们不仅提出了处置效应概念，还提出了多种解释处置效应产生原因的方法。自我控制偏差现已被称作现时偏差，指的是相对于远期而言，人会赋予近期的收益和成本更大的权重。投资者股票发生亏损后，通常已证明初始的买入决策是错误的，而此时最优的策略是止损。投资者之所以不止损，是因为其自我控制能力差。人经常会处于理性与原始、情感、短视冲突的状态，自我控制能力强的人会用理性压倒原始、情感和短视冲突。成功的投资者通常有很强的自我控制能力，在亏损达到预设幅度时，无条件止损，极端情况下直接关闭账户。

用自我控制偏差解释处置效应的问题在于，处置效应倾向是复杂的心理活动，很多投资者并未意识到需要止损，即便意识到了，在此之前还经历了复杂的心理活动，那才是产生处置效应的原因。

7. 12 月效应

12 月效应指的是美国投资者为了避税而产生的一种 12 月集中抛售股票的现象。美国的资本市场存在资本利得税，为了合理地避税和减少税收损失，最佳确认损失时点为每年 12 月。12 月是投资者出售亏损资产可抵扣税金的最后申报期限，这时出售股票将大大减少投资者的纳税金额。诸多研究者对 12 月效应做过研究，发现处置效应在 12 月之前逐渐减弱，其原因是投资者为了减少纳税义务而集中抛售股票，12 月达到峰值。

12 月效应是美国资本市场特有的现象，所以用来解释处置效应失之偏颇。首先，研究已表明，全世界各种投资者都表现出处置效应倾向。其次，12 月效应只是处置效应减弱的一个现象，并非产生处置效应的原因。

8. 过度自信

在解释处置效应产生原因时，很多研究者相信过度自信偏差是产生处置效应的原因。诸多学者做过关于过度自信与处置效应、成交量等的研究。过度自信的投资者认为，当他们买入的股票开始下跌，出现账面亏损时，他们有着强烈的信心认为该股票未来会上涨回来，因此账面亏损只是短期的。既然未来还能涨回来实现盈利，那就没必要在亏损时卖出股票确认损失。Chu等（2012）检验了过度自信对投资行为的影响，指出过度自信的投资者往往交易活跃从而导致交易量放大，表现出更强的处置效应倾向。他们不同意过往研究中处置效应由损失规避和缺乏自我控制所导致，而认为处置效应是由“自豪”和“羞耻”等情绪引起的，这些情绪在过度自信的人身上表现得更明显。因此，他们的研究是 Shefrin 和 Statman 研究的延续，用过度自信来解释后悔厌恶和自豪寻求。过度自信的投资者往往会过早卖出盈利股票确认收益，从而感到自豪，并长时间持有亏损股票，因为确认损失会带来羞耻感、后悔感。

用过度自信来解释处置效应有可取之处，但作为一个有多年投资经验的个人投资者，笔者对处置效应体会深刻，在亏损过程中，过度自信确实存在，但随着亏损幅度的变化，过度自信会逐渐减小甚至完全消失。

9. 均值回归

所谓均值回归，指的是投资者相信投资收益将集中在一定的平均值附近。因此，当投资者买入股票后，若股票价格上涨带来盈利，投资者担心这些盈利将来可能会回归到均值，因此卖出股票；若股票下跌导致账面亏损，投资者会认为将来股票必然上涨，这些亏损将来会回归到均值，因此而持有亏损股票。诸多学者对均值回归做过研究，用以解释处置效应。Jiao（2017）通过实验方法研究了前景理论、均值回归信念与处置效应的关系。研究发现，61% 的被试有非常明显的处置效应倾向。他用风险偏好和均值回归信念来解释被试的卖出决定，发现仅均值回归信念就能解释被试之间 17% 的差异，前景理论和人口统计学变量与处置效应并无关系。

根据朴素的投资经验，投资者确实存在均值回归信念。但是否能用于解释处置效应还有待商榷，随着时间的推移，投资者的亏损幅度越来越大，这种信念可能会彻底消失。

10. 嵌陷

嵌陷（entrapment）是一种决策心理，指人们在决策时，如果之前已经投入较多资本，那么在继续追加投入和果断放弃之间，会倾向于追加投入。Zuchel（2001）认为过往对处置效应产生原因的解释，如均值回归信念、前景理论、后悔厌恶等，都未能充分捕捉到处置效应的本质，或得不到实证支持。他发现心理学关于认知失调的一些研究与处置效应非常接近，可以从动机角度对处置效应进行解释，其中的心理过程有自我辩护、嵌陷、承诺升级等。投资者买入的股票下跌后，让其陷入两难境地，即继续持有甚至追加买入，还是止损出局。Zuchel 认为，亏损的结果已证明他们最初的买入决定是错误的，投资者之所以长时间持有亏损的股票，是因为他们不愿承认自己的错误。一直持有亏损股票意味着未确认损失，这可以证明他们最初的买入决定以及账面的浮亏并无不妥之处，至少暂时如此。根据自我辩护假说，认知失调引起的不适会让投资者产生将最初决策合理化的愿望，这样做可以维护自我积极形象。合理化自己过去错误的方法之一是产生新的认知，如“我的股票会涨回去的”或“亏钱只是暂时的”。

用嵌陷来解释处置效应可能是最接近真相的解释，但是 2006 年以后就罕有研究者用嵌陷解释处置效应了。原因可能是，研究处置效应的学者多来自经济学学科，这种纯粹的心理学概念令他们一头雾水。毫无疑问，处置效应是一个复杂的心理过程，该心理过程也是本书研究的重点，并期望谨慎地给出最接近真相的解释。

11. 社会信任

用社会信任解释处置效应产生的原因时，主要针对机构投资者而言，尤其是共同基金经理，此类研究较为少见。Li 和 Heimer（2016）得出了完全相反的结论，前者认为通过增加对基金经理的信任，将减缓基金经理的处置效应倾向，后者的结论与之相反。

此类研究针对机构投资者，而且社会信任与处置效应仅为相关关系，且为弱相关，并非处置效应产生的原因。再者，二位研究者的结论截然相反，更无法令人信服社会信任是处置效应产生的原因。

（三）处置效应研究存在的问题

随着研究人员对处置效应的深入研究，或多或少推动了处置效应研究的发展。但近年却没有取得突破性的进展，在解释处置效应产生原因时，早期的研究可能已经非常接近真相，而后来者可能离真相越来越远。现将过往处置效应研究中存在的问题梳理如下。

1.“持亏”一定是认知偏差吗

处置效应的定义中包含“售盈”和“持亏”两部分，笔者在前文已谨慎地猜测“售盈”行为根本不存在认知偏差。“持亏”行为一定是认知偏差吗？过往研究者们都带着歧视的眼光看待“持亏”行为，原因是他们锚定了“持亏”一定会导致投资损失，Odean（1998）用真实交易数据证实了这一点。然而这些研究者可能没有几位真正交易过股票，交易经验丰富者可能更罕有，因此他们忽略了一个严重的问题——投资者的买入理由和交易策略。在有些交易策略中，“持亏”行为并非一种偏差，相反是投资者交易过程中的一个环节，甚至会带来盈利。在未明晰投资者的交易策略之前就贸然把“持亏”行为锚定为认知偏差，研究结论可能失之偏颇。在诸多研究中，仅发现一篇文献与笔者的猜想相符，Lakonishok 和 Smidt（1986）的研究发现，处置效应并非一种认知偏差，投资者“售盈持亏”是为了再平衡投资组合，再考虑美国资本市场的 12 月效应，处置效应对个人投资者反而是非常有利的，持有亏损的股票减少了缴税额度。接下来本小节对主流的交易策略进行总结，并辨析采用这些策略交易时，“持亏”行为是不是一种认知偏差，“售盈”行为也会略做论述。

（1）价值投资策略

价值投资的代表人物是人们熟知的沃伦·巴菲特，他师从投资大师本杰明·格雷厄姆，一生践行老师所授的价值投资策略。巴菲特的投资成功案例非常多，诸如可口可乐、华盛顿邮报、美国运通等，都为他带来了巨额财富。巴菲特热衷于慈善，每年会拍卖慈善午餐，竞拍成功者可与他共进一次午餐，大师在午餐中传授投资哲学，所得款项用于慈善。我国投资者段永平、赵丹阳等，都曾花费数百万美元成功拍得该午餐，终身受益。

所谓价值投资，指在股票低估时买入股票，并持有到股票回归其应有价值后卖出。何谓低估？这需要一套包含众多财务指标的完整的估值体系，如市盈率、市净率、现金流折现等。巴菲特与搭档查理·芒格相遇之前采用静态估值方法，即用过去的财务报表数据对公司估值。二人相遇之后，又加入了动态估值方法，即关注公司的增长，一些目前略高估的股票，由于其高成长性，下一年可能变低估。关于价值投资的细节，此处不再做赘述。

采用价值投资策略，虽然买入股票时其处于低估状态，但并非说该股票会立即上涨。如果股票上涨，一直处于盈利状态，价值投资者通常会在股价上升到与其价值相匹配时卖出。盈利时的持有时间长短由股票估值回到非低估水平的时长所决定。如果买入后股票下跌，投资者依然会持有，甚至会加仓买入，股票的下跌并不表明价值投资者失败了，价值投资者并不在意短期的涨跌，他们在等待股价回到非低估水平。因此，股价短期的涨跌、账面的盈利或亏损，并不会对价值投资者的心态造成影响。当然，如巴菲特一样真正的价值投资者甚少，伪价值投资者随处可见。真正的价值投资者在发生亏损且发现投资逻辑已不在，又无新逻辑支持时，会严格止损卖出，保住本金，并寻求下一个低估的标的。伪价值投资者在发生亏损且发现投资逻辑已不在，又无新逻辑支持时，通常会无视处境，幻想着股价将来会涨回来，这也正是处置效应认知偏差。

处置效应的原始定义分为两部分，过短“售盈”与过长“持亏”。价值投资者并未过短售盈，他们“售盈”前的时间长短由股票价值是否回归到非低估水平决定。价值投资者持有亏损股票的时间同样由股票价值是否回归到非低估水平决定。因此，真正践行价值投资策略的投资者并不存在处置效应认知偏差。以巴菲特为例，他持有亏损股票的时间越长，他最终的盈利可能越大，因为他可以在股票下跌过程中以更低价格买入更多股票。巴菲特曾说过：“别人恐惧的时候我贪婪”，他要表达的是在股价下跌且过度反应时，他可以买入更多的廉价筹码，长时间持亏，等待股票的价值回归。

可见，价值投资者的“持亏”行为不一定是认知偏差，而是一种交易策略。对于巴菲特这样真正的价值投资者来说，过长时间“持亏”不但不是认知偏差，相反能给投资者带来更多的收益。随着我国资本市场的成熟，也有越来越多的价值投资挖掘者低估的股票，这些投资者的“持亏”行为并非认知偏差。在处置效应研究中若采用大样本并明晰投资者是否为真正的价值投资者，需要大额的科研经费支持。

（2）动量交易策略

动量交易策略指的是投资者认为股价会延续当前的上涨或下跌趋势，因此在股票上涨时买入更多的股票，而在股票下跌时卖出股票，甚至卖空股票。

动量交易是能非常快速赚钱的一种投资策略，一旦趋势形成，短期能快速盈利。但动量交易风险也非常大，若市场没有按预期方向运行而投资者又不选择及时止损，非常容易破产。美国历史上最伟大的投机大师利弗莫尔，曾富可敌国，又 3 次破产，最终饮弹自尽，令人扼腕叹息。

采用动量交易策略时，持有盈利资产的时间长短取决于趋势何时反转。

持有亏损资产的时间应非常短，因为一旦发生亏损，已证明投资逻辑错误，必须迅速止损出局。动量交易策略与价值投资策略不同，采用价值投资策略发生亏损时，若投资逻辑依然存在，投资者的“持亏”是等待价值回归，并不是认知偏差；而采用动量交易策略时，一旦产生亏损，说明初始对动量方向判断错误，“持亏”行为通常是认知偏差，应坚持动量交易策略严格止损。动量交易者多采用杠杆交易，因此一旦动量方向判断错误时没有严格止损非常容易破产。

总之，动量交易投资者若表现出“持亏”行为，表明投资者在错误判断动量方向后不愿意止损出局，那一定是认知偏差。

（3）市场中性策略

市场中性策略是一种对冲交易策略，是经济心理学研究成果应用于实战投资的一种典型策略。市场中性策略假设大多数投资者会有认知偏差，会造成市场价格的短期扭曲从而产生套利机会，与多数投资者反向交易即可获利，但需要有对冲交易以规避大盘风险。下面以小盘股策略为例来介绍对冲交易是如何进行的，小盘股策略是利用规模因子构建的行为交易策略，规模因子也是因子模型中最早发现的因子之一。有聪明的投资者发现，长期而言小盘股的表现总是比大盘股的表现要好。如不进行对冲，那买入小盘股就可以了。这样交易的问题在于，如果大盘下跌，小盘股虽然跌得比大盘股少，但投资同样出现了亏损。如何才能通过上述异象赚钱呢？答案就是对冲。我们可以先把所有股票按流通盘大小分为 10 等份，做多流通盘最小的那 10% 的股票，同时卖空流通盘最大的那 10% 的股票。这样对冲之后，若大盘上涨，那做多小盘股部分盈利，做空大盘股部分亏损，但由于小盘股表现优于大盘股，做多小盘股的盈利大于做空大盘股的亏损，账户整体盈利了。若大盘下跌，那做多小盘的股部分亏损，做空大盘的股部分盈利，但由于小盘股表现优于大盘股，做空大盘股的盈利会大于做多小盘股的亏损，账户整体还是盈利了。对冲交易策略就是这么神奇，只要发现机会，无论市场涨跌都能赚钱。它是套利策略的升级，可以规避大盘风险。

使用市场中性策略的代表人物有爱德华·索普和詹姆斯·西蒙斯，二人都是数学天才，同样有大学教授的职业经历。索普更为吸引人眼球的成就是发现了“21 点”赌博游戏中击败赌场庄家的策略，他也因此被赌场列入黑名单而禁入。击败赌场功成名就后，他把研究成果应用于管理对冲基金，在基金解散时个人拥有 10 亿美元。1987 年美股股灾当日，索普的基金并未受损，反而盈利了，对冲策略在股灾中的优越性可见一斑。西蒙斯的文艺复兴科技公司旗下的大奖章基金年化收益率远超巴菲特，只是基金规模稍小，因为他们只管理公司内部员工的钱。

采用市场中性策略交易时，投资者持有盈利股票与亏损股票的时间完全相等。再以小盘股策略为例，无论市场涨跌，做多小盘股的同时做空大盘股，意味着一定同时持有盈利股和亏损股，且持有时间相同。随着股票的涨跌，一定时间后大盘股和小盘股的流通盘排序会发生改变，因此该策略的投资者会定期平仓，重新按流通盘大小排序后做空最小流通盘的 10% 股票和做空最大盘的 10% 股票。因此，在未平仓之前，市场中性策略投资者都是同时持有盈利资产和亏损资产，如果需要平仓，必须同时平仓对冲组合。投资者的亏损部分只是为了对冲大盘风险，平仓时投资者不会有任何心理负担。因此，对于市场中性策略投资者而言，“持亏”行为不可能是认知偏差，他们只会看整体的收益，而不会盯住单个资产的盈利或亏损，伪市场中性策略投资者另论。

（4）内幕交易策略

内幕交易是指内幕人员或其他获取内幕信息的人员以获取利益或减少损失为目的，自己或建议他人泄露内幕信息，以使他人利用该信息进行证券交易的活动。各国证监会对上市公司的信息披露都有严格的监管，合法交易的投资者只能看到公开市场信息，并依据这些信息进行交易。内幕信息包括大股东、监管部门、关联方等掌握的非公开信息，如大股东在策划公司重组、财政部要降低证券交易印花税、某大学教授作为研发团队而知道某上市制药公司新药研发失败等。这些消息在未公开之前都是内幕消息，若有投资者能通过特殊渠道提前获取这些内幕信息，将赚取巨额财富。内幕交易的手段远非此处描述的那么简单，很多内幕交易者可以制造内幕消息，操控股价。

内幕交易属于违法行为，但每天都有投资者游走于法律边缘赚取巨额利润，这里仅以中美两国各一名内幕交易者为例，解释内幕交易的一些手法。美国最著名的内幕交易者之一是史蒂文·科恩，他控股的 SAC 资本利用内幕消息，提前知道爱尔兰制药公司宜兰和美国制药公司惠氏在研发一种叫“Bapi”的治疗老年痴呆症的新药，他提前买入股票后利用自己的影响力不断宣扬这两家公司新药研制的美好远景，吸引其他投资者跟风抬高股价。之后他利用内幕信息，从大学教授吉尔曼博士处提前知道新药研发失败，在其他投资者未得知该消息之前平仓了所有股票。美国证监会历时 7 年，在科恩身边安插卧底调查此案件，最后以科恩缴纳 18 亿美元和解，和解费在他 100 多亿美元资产中不足挂齿。我国资本市场上因操纵股价而锒铛入狱的徐翔，早年利用资金优势进行短线交易操纵股价，但随着资金量越来越大，短线交易已无法容纳下他的大资金。之后他联合上市公司一起操纵股价，操作过的股票有大恒科技、宁波中百、东方金钰、文峰股份、富丽宗族、长航油运等。其操作手法是提前大量买入公司股票，之后联合上市公司发布利好消息，甚至是假利好消息，利用这些利好消息把股价拉升后卖出获利，普通投资者通常相信公司公开发布的利好消息，在消息发布后买入，正好为徐翔接盘，买在高点，长期亏损。

内幕交易者持有盈利股票的时间由股价是否操纵完成决定，和处置效应中所描述的过早卖出盈利股票无关。内幕交易者持有亏损股票时，他们知道这是短时的，为的是买入更多的股票，“持亏”行为通常不是认知偏差。当然，内幕交易者通过内幕交易未能盈利反而亏损的情形也经常出现。发生此种情形时，水平高的内幕交易者通常会立刻卖出股票，利用内幕消息交易或操纵其他股票。有些水平低的内幕交易者，可能会在利用内幕交易亏损后继续持有股票，那他们的“持亏”行为就是认知偏差了。目前我国监管层打击内幕交易越来越严格，媒体时常爆出某些人利用内幕信息交易股票出现亏损，最终还被证监会罚款和行政处罚的新闻。总之，内幕交易者的“持亏”行为通常不是认知偏差。

（5）组合投资策略

组合投资策略指的是投资时买入多种资产，形成组合，股票投资者使用组合投资策略时，则买入多只股票形成组合。组合投资策略基于这样的理论，无论哪类资产，股票、债券、黄金、石油、房产等，在历史上总有表现很好的阶段，也有表现很差的阶段。既然市场难以预测，那就组合投资。组合投资可以分散风险，但其目的不是分散风险，而是获取回报。单个资产的波动会非常大，研究表明，波动对收益的影响高达 90%，换言之，波动小的投资长期收益更高，组合投资正好解决了单个资产的波动性问题。

组合投资如此有用，前辈大师们已研究出能稳定盈利的成果，这里介绍 3 种最知名的投资组合：永久组合、全天候组合、斯文森组合。永久组合的发明者为 Harry Browne（1987），组合由 25% 的股票、25% 的国债、25% 的现金和 25% 的黄金组成，在 1973 年到 2017 年 45 年的时间里，平均年化回报为 8.15%，最大回撤为 12.42%，表现非常优异。全天候组合由桥水基金的创始人 Ray Dalio 发明，组合由 18% 的美国大盘股、3% 的美国小盘股、6% 的其他发达国家股票、3% 的新兴市场国家股票、15% 的十年期美国债券、40% 的三十年期美国债券、7.5% 的大宗商品、7.5% 的黄金组成。该组合在 1973

年到 2017 年 45 年的时间里，平均年化回报为 9.5%，最大回撤为 14.59%，表现也非常优异。毫无疑问，这么复杂的组合不适合个人投资者，该组合适合资金容量非常大的基金，桥水基金也是迄今管理规模最大的基金。斯文森组合由耶鲁大学捐赠基金的掌门人 David Swensen 发明，投资组合包括 20% 的美国大盘股、20% 的其他发达国家股票、10% 的新兴市场国家股票、15% 的三十年期美国债券、15% 的通胀保护券、20% 的房地产信托基金。该组合在 1973 年到 2017 年 45 年的时间里，平均年化回报为 10.16%，最大回撤为 41.6%，表现也非常优异，但回撤过大。斯文森组合主要用于管理美国大学的捐赠基金。

组合投资策略确实存在长期持有亏损资产的现象，但投资者关注的是组合的整体收益，不会把注意力放在单个亏损资产上，亏损资产属于投资计划的一部分，并不会对投资者造成心理冲击。组合投资卖出资产通常有两种方式，第一种方式为卖出所有资产，关闭组合，“售盈”时长和“持亏”时长相等。第二种方式被称为动态再平衡，以永久组合为例，组合中有 4 种资产：股票、国债、现金和黄金，如果黄金上涨了，由于其市值增加，在组合中的占比就超过了 25%，为了让黄金的占比依然保持为 25%，必须卖出部分黄金，买入其他下跌的资产，让组合重新回到各项资产各占 25% 的初始状态。可见，无论是关闭组合还是动态再平衡，组合投资策略中“售盈”行为和“持亏”行为都不是认知偏差。

（6）小结

交易策略种类远非以上阐述的这些，本小节仅总结了主流的交易策略。若把采用这些策略的投资者汇总，已覆盖了绝大多数投资者。投资者若严格执行交易计划，经过以上分析可以发现，当投资者采用价值投资策略、市场中性策略、内幕交易策略和组合投资策略时，其可能会过长持有亏损资产，但“持亏”行为是他们投资计划的一部分，并不是认知偏差。当投资者采用动量交易策略时，一旦策略失败而继续持有，那“持亏”行为是认知偏差。

以上讨论都基于投资者严格执行投资策略的情况，而真实市场中的投资者，尤其是个人投资者，经常在股票走势不按自己预期运行，且没有新的逻辑支持继续持有股票时，选择长期持有亏损股票，那就是认知偏差。在对冲交易中，投资者几乎不可能不执行交易计划，因为做多与做空同时进行，在他们心里并不认为上涨的资产是好资产，同样不会认为下跌的资产是坏资产，两者同时存在于组合里方能对冲大盘风险。使用对冲交易策略的投资者多为机构投资者和投资能力相当强的个人投资者。组合投资策略与之类似，不再做分析。当投资者采用价值投资策略和内幕交易策略失败时，很有可能长期持有亏损股票。总之，投资者的“持亏”行为不一定是认知偏差，研究时须先明晰投资者的交易逻辑。对各种交易策略投资者的“持亏”行为是否为认知偏差的总结如表 2-2 所示。

表 2-2 不同交易策略投资者的“持亏”行为是否为认知偏差

序号	交易策略	“售盈”可能性	“持亏”可能性	“持亏”是否为认知偏差
1	价值投资	极小	中等	不一定
2	动量交易	极大	极大	是
3	内幕交易	极小	中等	不一定
4	市场中性	不可能	不可能	否
5	组合投资	极小	极大	否

过往的文献在研究处置效应时，罕有先界定投资者的投资策略和买入理由的，采用真实交易数据研究的文献尤为如此。在对真实交易数据进行分析的研究中，研究人员通常从交易所或证券公司获取投资者交易记录，虽然数据量很大，但通过这些交易记录无法判定投资者所采用的策略，虽然从数据分析中发现了处置效应现象，尤其是“持亏”现象，但直接将其界定为认知偏差是不妥的。假使多数投资者都使用对冲交易策略，那无论“售盈”还是“持亏”都是对冲的一部分，根本不是认知偏差。在通过实验方式进行研究的文献中，也罕有研究人员区分投资者的交易策略，但此类研究中可以通过实验设计控制投资者的交易逻辑，而且通常投资者只能采用动量交易策略。过往采用真实交易数据的研究中罕有先界定投资者的投资策略的原因可能有二：其一，大多数研究人员无交易经验，他们可能并不知道真实市场的这些交易策略；其二，使用真实交易数据分析时几乎不可能确定每个投资者的交易策略，更精确一点说是买入与卖出的理由。本书将尽力弥补这一缺陷，在模拟交易实验部分检验投资者在发现自己买入逻辑消失后是否表现出“持亏”行为，在个案研究部分检验采用不同策略的投资者是否都存在处置效应倾向。

2. 处置效应的产生原因如此之多

前文已综述了过往研究中所提出的处置效应解释方法，一共 11 种之多，分别是前景理论、心理账户理论、后悔厌恶理论、自豪寻求理论、止损、自我控制偏差理论、12 月效应、过度自信、均值回归、嵌陷和社会信任。学者们相互争论，至今仍无定论，而且将来研究中还可能产生新的解释方法。面对如此争论不休的局面，有必要对这些解释方法进行总结、归类，提出解释方法研究的不足，同时也为本书的研究打开空间。

首先，处置效应作为一种资本市场中普遍存在于投资者身上的行为倾向，至今无学者推翻其存在，最深的研究也只提出“持亏”行为可能不是认知偏差。本书也无意、不可能推翻其存在，通过朴素的交易经验也可以了解到，处置效应现象的确是一种广泛存在的认知偏差。投资者盈利和亏损后应该经历着一个复杂的心理过程，不同的研究者可能只抓住了其中一部分或者其中一阶段的心理，因此本书最终也不会对处置效应的产生原因简单粗暴地下一个定论，而是谨慎地努力去接近真相。

其次，过往研究多集中在“持亏”部分的研究上，却无人提出“售盈”行为可能不存在认知偏差。处置效应其实分两部分，过短持有盈利资产和过长持有亏损资产。这里的“过短”与“过长”，是“售盈”与“持亏”的时长相互比较得出的。在股票交易中，如果没有比较，我们则无法判断持股多长时间最优。研究者们多把关注点放在“持亏”上，可能本身就是研究中的认知偏差。他们可能会认为，赚钱后无须进行深入研究。亏钱了则不一样，需要研究为什么亏钱，是否能找到应对方法把亏损变为盈利。当然，最可能的原因是在对“售盈”解释时捉襟见肘而不敢贸然提出“售盈”行为不存在认知偏差，本书将对此进行检验。

再次，现有解释方法相互矛盾，提出者质疑他人方法的正确性。互相质疑非常合理，否则也推动不了学术的进步，更不能证明自己的结论的正确性。即使是经济心理学领域最著名的前景理论，在解释处置效应时也遭到质疑，一些学者认为前景理论无法解释处置效应，因为前景理论无法解释投资者的建仓心理。他们的意思是，既然前景理论的结论是人有损失厌恶心理，那资本市场向来都是高风险的，为何投资者还要去投资高风险产品？

最后，有必要对杂乱的解释方法进行归类。社会信任、12 月效应这两种解释方法，都是对特殊投资领域或地域进行研究进时而产生的，不具有普遍性。止损只是一种方法，并非心理特征。前景理论所描述的是一种心理现象，未解释清楚产生这种心理现象的原因，而心理账户理论可部分解释产生前景理论中所描述行为的原因。后悔厌恶与自豪寻求是配对出现的解释方法，同为 Shefrin 和 Statman 提出，分别解释“持亏”和“售盈”行为。表 2–3 对解释处置效应产生原因的方法进行了归纳整理。

表 2-3 过往研究中解释处置效应产生原因总结

序号	产生原因	解释类型	普遍性	问题
1	前景理论	现象、心理	普遍	未能说明为何产生此心理
2	心理账户理论	现象、心理	普遍	未能说明为何产生此心理
3	后悔厌恶理论	心理	普遍	无
4	自豪寻求理论	心理	普遍	无
5	止损	交易方法	普遍	是交易方法，非心理
6	自我控制偏差理论	心理	普遍	无
7	12 月效应	特殊地域	个例	美国特例
8	过度自信	心理	普遍	无
9	均值回归	信念	普遍	无
10	嵌陷	心理	普遍	无
11	社会信任	特殊标的	个例	仅解释基金投资

总之，研究者们前赴后继，探索处置效应产生的原因，可能每个人只是盲人摸象，仅摸到了大象的一部分。投资者在投资中亏损时，随着时间的推移和亏损幅度的加大或减小，经历的心理过程都是不一样的。在个案研究部分，本书将通过研究投资者真实交易过程并访谈其心路历程，探索清楚其“持亏”心理。

3. 处置效应研究中的其他问题

上文已总结了过往处置效应研究中的两个大问题：首先，未考虑投资者交易逻辑而把“售盈持亏”定性为认知偏差，即未考虑投资者的买入理由和投资策略。其次，处置效应产生原因的解释无法统一。处置效应研究中还存在一些其他现象或问题，在此略做总结。

（1）研究人员多具有经济学背景，罕有心理学背景

在本书写作过程中，发现心理学背景研究人员研究该领域的文献非常之少，给研究带来困难的同时也留足了研究的空间。研究处置效应，乃至研究金融心理学的研究人员，多具有经济学背景，具有心理学背景的少之又少。原因可能是同时具备两个专业背景知识的人甚少，经济学的研究方法与其他学科有所不同，更注重通过数学推理寻找最优解决方案。笔者本科为经济学专业，主修国际经济与贸易，硕士为管理学专业，主修人力资源管理，博士

为心理学专业，主修心理分析。因此正好同时具备心理学与经济学专业背景，可以从心理学角度研究金融市场上的处置效应现象。

（2）心理学视角和经济学视角研究处置效应有差异

在心理学领域，处置效应属于判断与决策所研究的范畴，而在经济学领域，处置效应属于经济学二级学科——金融学所研究的范畴。虽然两门学科研究处置效应的目的均为探索上述现象背后的真相，但在细节方面仍然有所差别。经济学研究更注重规范研究，所谓规范，是指最终形成标准化数学模型，而该数学模型可能部分是现象的模型，部分是解释的模型。如果研究发现某现象普遍存在，即使在解释方面没有做到尽善尽美，依然可以使用该研究结论。正因如此，过往对处置效应产生原因的解释多出自经济学研究者之手，数学建模的多样性，导致解释时无法达成共识。心理学研究则更注重实证，探求现象背后人们的心理。处置效应中描述的“售盈持亏”行为，投资者在其中可能经历了一个复杂的心理过程，非单一解释所能完成，完成处置效应复杂心理过程的解释也是本书的研究目的之一。

（3）具有金融学背景的研究人员更具优势

金融学是经济学的二级学科，金融学的研究成果可以直接应用于资本市场投资获利，人对财富的欲望亘古未变。以尤金·法玛教授为代表的传统金融学家认为市场是有效的，因此交易是无法获利的。以罗伯特·席勒教授为代表的行为金融学家认为市场非理性，因此可以利用他人的认知偏差反向交易盈利。真实的市场当然是后者所描述的那样，若资本市场没有交易，那失去了流动性功能而无法进行融资的资本市场，也就不会存在。因此，金融心理学的研究成果可以直接用于资本市场投资获利，但制定策略需要专业知识，这对于金融学专业的研究人员来说是基本技能，而对于心理学专业的研究人员来说，那是另外一项需要花费无数时间和精力学习的技能。即使心理学研究人员已经探索清楚处置效应产生的复杂心理原因，可能也无法用研究成果进行投资获利，这也可能是只有为数不多的心理学研究者研究处置效应的原因。

（4）经济心理学教科书中对处置效应侧重现象描述

以“行为经济学”“行为金融学”为书名的著作通常为教科书，经济心理学在经济学领域被称为行为经济学，以“经济心理学”为书名的著作却可能是畅销书（窦东徽、于泳红，2018），可能因为后者的取名方式更生活化，但内容都大同小异，均为直觉、风险感知、随机性和控制幻觉、过度自信和后悔、从众和羊群效应、幸福与效用、前景理论、框架效应、禀赋效应、心理账户等内容的堆砌。迄今为止，经济心理学经历了约40年的发展，遗憾的是，经济心理学缺乏一本权威的教材。其中的原因颇多，首先，经济心理学是心理学与经济学相结合的新兴学科，研究领域还可以无限深入，暂时形成不了标准而权威的教材。其次，心理学与经济学对心理现象的研究有过多交叉处，在理论框架内无法准确归位。但目前国外的经济心理学教材基本包括了已有研究的成果，只是框架有所差别，而国内的经济心理学教材均为翻译教材，内容比国外教材少许多，翻译时有断章取义之嫌。最后，经济心理学最权威的专家可能没有把精力放在编写教材上。大学里的金融学教授转做投资实务的，一般都是顶尖金融心理学家，而传统金融学家多做研究而少做实务并非传统金融学家清高看淡财富，而是他们的研究成果不一定能用于投资实战并获利。行为金融学家则不然，他们的研究多集中于微观层面，可以依据研究成果制定交易策略，投资获利。行为经济学的先驱人物理查德·塞勒教授拥有自己的共同基金，Kahneman 为该共同基金的顾问，二人都依据研究成果从资本市场赚取了大量财富。由于经济心理学的教科书多为研究成果的堆砌而无清晰理论脉络，因此处置效应在其中也仅做现象描述，只能用前景理论对其进行简要解释（杨晓兰、张雪芳，2019）。

（5）未有研究者提出“售盈”行为可能不存在认知偏差

笔者谨慎地猜测“售盈”时可能不存在认知偏差。此猜测一旦成立，就意味着处置效应的定义需要修正和重塑，将推翻过往的诸多研究。因此笔者只是谨慎地猜测，甚至不作为假设提出，但会在之后的研究中进行检验。

第三章

动量交易处置效应金融心理

从本章开始，接下来三章是本书研究的主体部分，一共用三项研究和数项子研究来探索个人投资者在股票交易时的处置效应金融心理。本章研究的目的是检验被试仅把股价走势图作为决策依据时的预测行为和交易行为，预测部分检验被试采用动量交易策略或逆向交易策略，交易部分检验被试是否存在“售盈持亏”的处置效应倾向，并设计替他人决策框架，检验改变框架后处置效应是否减弱或消失。价值投资策略、市场中性策略、内幕交易策略、组合投资策略等难以通过模拟交易方式完成。为了检验处置效应的存在性，本章研究将通过问卷方式严格控制投资者买入理由或投资逻辑，精确控制投资者仅能把股价图表作为决策依据。如此设计后，投资者无法用价值投资、对冲交易等策略交易股票，可选择的策略只可能是动量交易策略或逆向交易策略。

一、引言

本章的目的并非探究两种交易模式孰优孰劣，而是要探索投资者仅把股价图表作为决策依据时的预测和交易行为。预测部分研究的真实目的是控制投资者只能采取动量交易策略，但需要检验控制方法是否有效。只有在投资者采用动量交易策略进行交易时，即预测趋势将线性延续，才能检验被试的交易选择是否与预测一致，从而观察其是否存在“售盈持亏”倾向。

二、研究方法

（一）研究材料背景介绍

由于本书采用的是跨学科交叉研究，与传统心理学的研究方法有所不同，需要把与研究相关的背景知识介绍清楚。本小节将对研究材料进行简要介绍。

1. 股价走势图

什么是股价走势图？股价走势图是信息的可视化显示，用图形方式来展示股票数据。股价走势图可用于预测股票可能的移动方向，因为其提供了关于未来股票价格的线索（Lin，2018）。股价走势图通常被认为是最有效描述、探索和总结股票数据的展示模式，因为它使得我们仅用眼睛就能够发现股票的趋势和模式。在互联网高度发达的今天，股票投资已变得非常方便，投资者可以随时随地获取实时的股票数据。这些数据多用股价走势图来展示，这些走势图提供了股票交易的历史数据，包括历史股价的趋势、成交量、相比前一交易日的涨幅等。股价走势图的直观展示模式不仅给投资者带来了方便，很多投资者甚至认为走势图是做出投资判断与决策的重要分析工具。

世界各国的股价走势图展示方式有所差别，但几乎所有的股价走势图都呈现了时间（横轴）和股票交易价格（纵轴）之间的关系，提供了股票价格随时间变化的信息。股价走势图中的数据包括股票代码和名称、图的类型（如 K 线图、美国线图、收盘线图、均线图等）、过去的价格（分钟、小时、日、周、月、季、年等）、成交量和辅助分析指标。如图 3-1 所示，左上角显示的是股票名称“杭州银行”。纵轴表示股票的价格，我们可以看到杭州银行过去几个月内股价的波动范围是 7.92～9.41 元。横轴表示时间的周期有分钟、小时、日、周、月、季、年等。图形的上半部框内呈现的是股票的 K 线图和均线图，可以看出杭州银行的股价呈上升趋势。关于 K 线图与均线图，下文会进行更为详细的介绍。时间和价格联合构建而成的 K 线图可分为分钟线图、小时线图、日线图、周线图、月线图、季线图、年线图等，图 3-1 为以日为周期的日线图。美国的投资者多使用长周期的 K 线图（周线、月线、年线等），我国投资者用日线图较多，原因是美国股市为成熟市场，波动小，太短的周期看不出股价变化，而我国的股票市场迄今仅有 30 多年历史，投机氛围浓厚，价格波动较大。图形中间框的区域（VOL）显示的是成交量，柱体越高，表示成交量越大。图形底部框区域（MACD）显示的是辅助分析预测股票趋势指标，有很多经典的指标可以切换使用。通过横轴和纵轴数值的交叉，就可以确定具体时点的股票数据，包括价格、成交量、均价等。

K 线图是最为常见的股价走势图，下文中若无周期指定，默认为日 K 线图。本章中所用图均来自通达信 PC 版，投资者在查看股价走势图时可用移动端的手机、平板电脑等，若需要查看更为详细的股票信息，则需利用 PC 端进行查看，因为 PC 端展示的信息量更大，更利于投资者对股票的分析。

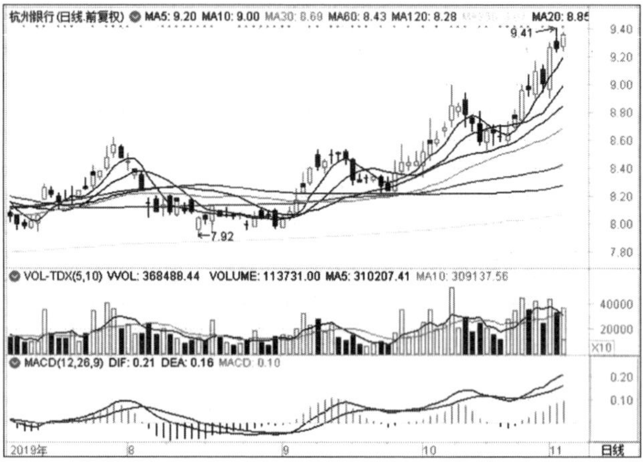

图 3-1　典型股价走势图示例（杭州银行）

2. 股价走势图显示模式

几乎所有的股价走势图都是由时间维度和价格维度构建而成。我国的股票软件通常默认显示 K 线与均线混合的走势图，而有些股票投资高手只看光秃秃的 K 线图，收盘线图则更容易看出股价运行趋势。本书将采用我国投资者最常使用 3 种图表（即 K 线与均线混合图、K 线图、收盘线图）进行研究，由于股票软件默认展示的是 K 线与均线混合图，因此单独的 K 线图和收盘线图在本书研究中仅作为干扰项。

K 线图不仅能准确反映股价趋势，还能反映股价在单个周期内的变化情况。K 线结构分为三部分：上影线、柱体和下影线，柱体的上下沿分别代表开盘价和收盘价，上影线的最高点表示最高价，下影线最低点表示最低价。红色 K 线的柱体下沿代表开盘价，上沿代表收盘价，表示该周期内股价上涨；蓝色 K 线则恰好相反，柱体上沿代表开盘价，下沿代表收盘价，表示该周期内股价下跌。

均线亦称移动平均线，指把连续一段时间内的股票收盘价算术平均后得出的一根平滑曲线，例如 5 日均线（用 MA5 表示）表示的是过去 5 个交易日股票收盘价算术平均后得出的一根平滑曲线。常见的均线有 MA5、MA10、MA30、MA120、MA250，分别表示 5 日均线、10 日均线、30 日均线、120 日均线、

250 日均线。由于一周只有 5 个交易日，所以 MA5 表述的其实是周均线，一年约 250 个交易日，半年约 120 个交易日，所以 MA250、MA120 分别表示年均线和半年均线。

收盘线是指以每日收盘价格为点连成的一条线，收盘线就是收盘的价格。

可见，K 线图比收盘线图给出了更多的股票价格信息，而移动平均线的实质是一个辅助分析指标，辅助投资者判断股价未来走势。至于何种走势图最利于分析判断未来走势，则见仁见智。给出更多信息未必对判断未来走势有更多的帮助，也可能变成投资者分析判断中的噪声，一些高明的投资者仅使用光秃秃的 K 线来判断股票未来的走势，甚至根据分时图手绘 K 线，找到主力资金操盘的密码。

图 3-2、图 3-3、图 3-4 分别显示股票杭州银行 2019 年 7 月 9 日至 11 月 5 日的以日为周期的 K 线与均线混合图、K 线图、收盘线图。直观上看，3 张图展示的趋势相同，但细节上有所差别。为了避免因股价走势图显示模式的不同对被试的预测和交易产生影响，下文研究中仅作为干扰项的图表显示模式不同，避免产生走势图框架效应。

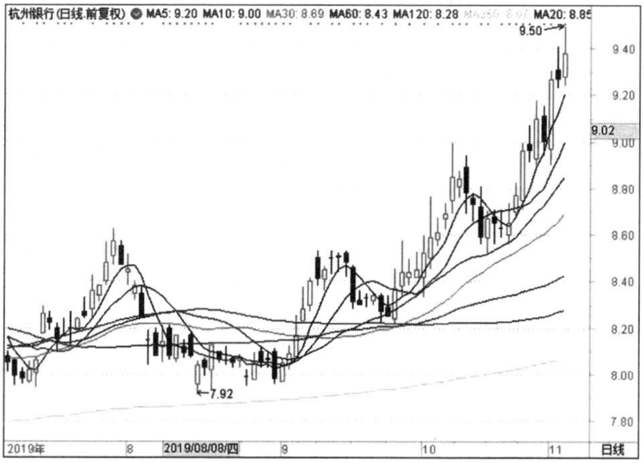

图 3-2　K 线与均线混合图示例（杭州银行）

3. 股价走势图运行趋势

由于股价走势图提供了对过去价格的可视化展示，它允许投资者用肉眼直观查看历史趋势。根据技术分析，价格趋势代表股票价格在一定时期内的总体走势。许多交易者倾向于把价格趋势作为他们交易的主要考虑因素。最常见的股价运行趋势分为上涨、下跌、平衡。真实的股票价格趋势相当复杂，本书还同时采用先涨后跌和先跌后涨走势图，在研究设计部分会展示本书中所使用的走势图。

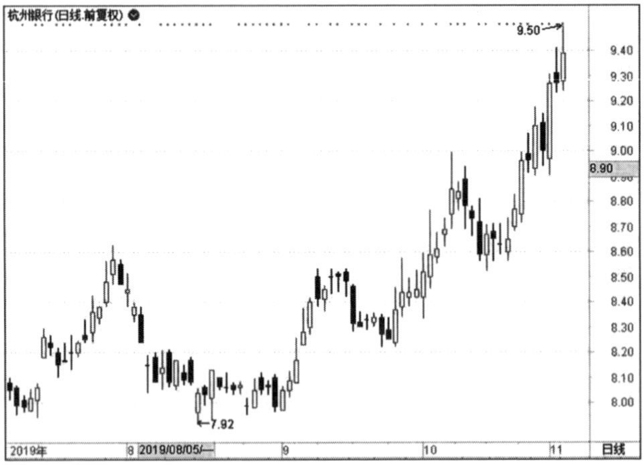

图 3-3　K 线图示例（杭州银行）

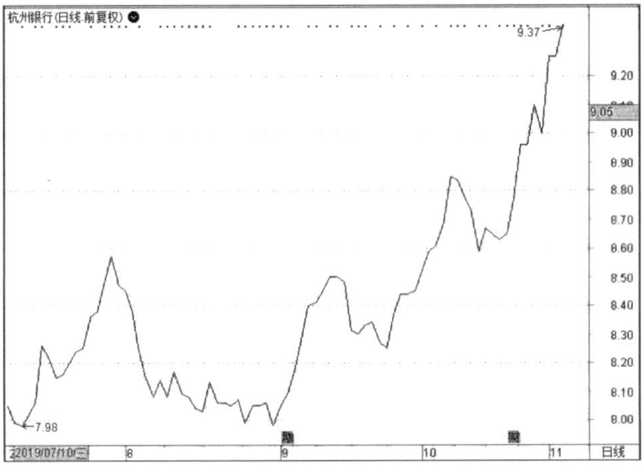

图 3-4　收盘线图示例（杭州银行）

4. 股价走势图时间周期

股价走势图可以通过不同时间周期来显示，常见的周期有分钟、小时、日、周、月、季、年等。不同周期的走势图用于判断不同周期的走势，投资者使用不同周期的走势图决定其交易周期的级别。例如，某投资者判断月线周期的走势图趋势往上，那他可能会持有该股票数月，但月线包含了约 22 个周期的日线，这 22 个日线周期内股价可能经历了复杂的变化，而不是一直往上，只是最终的结果是往上的。短周期走势图一般用于买卖频繁的交易，如期货交易，长周期走势图多用于判断长期趋势，股票软件默认走势图的显示周期是日周期。打开任何国家的年线图，趋势都是往上的，这也是投资指数基金的收益通常超过 80% 专业基金经理投资收益的原因。同一股票的不同周期走势图在趋势方向上可能差异巨大，甚至出现各周期走势图趋势相反的情形。经验丰富的投资者通常会从较大周期的走势图开始查看，再逐步查看较小周期的走势图，用较大周期走势图确认方向，用较小周期走势图寻找买点。例如，投资者先看月线图，确认趋势往上，可以买入，之后看周线图，确认趋势也往上，最后从日线图中逢下跌买入。

（二）研究设计

1. 研究材料之股价走势图

研究向被试展示 10 张真实的股价走势图，所选股票为中储股份、紫金矿业、中国平安、亿纬锂能、口子窖、台海核电（现称融发核电）、绿地控股、立讯精密。中储股份在其中最为特别，采用了不同的走势图显示模式重复使用，共出现 3 次。这样设计的目的有二：其一，中储股份的趋势不明朗，作为干扰项出现，避免被试发现真正使用的走势图的趋势均较为明显，发现实验的真实目的，如此设计可做到“双盲”中被试一方较“盲”；其二，中储股份完成干扰被试任务后，依旧收集统计被试对中储股份的预测和交易数据，该数据用于检验框架效应。

这 10 张真实的股价走势图包含了 5 种明显的趋势，分别是上涨、下跌、先跌后涨、先涨后跌、平衡。立讯精密股价走势图趋势为上涨，台海核电股价走势图趋势为下跌，紫金矿业、口子窖股价走势图趋势为先跌后涨，亿纬锂能、绿地控股股价走势图趋势为先涨后跌，中国平安股价走势图趋势为平衡。这样设计的目的是尽量与真实市场接近，在真实市场中，短期上涨与下跌的股票比较少，所以实验中，上涨、下跌走势图各用了一张。多数股票都是先涨后跌、先跌后涨、平衡或趋势完全不明，所以先涨后跌、先跌后涨各用了 2 张股价走势图，而平衡走势图对研究处置效应无益，因为平衡时难以产生盈利或亏损，所以只用了 1 张走势图。中储股份的趋势不是很明显，上文已说明中储股份股价走势图的作用，在真实交易中，趋势不明朗的股票居多。10 张股价走势图的趋势和显示模式如表 3-1 和图 3-5 至图 3-9 所示。

表 3-1　实验所用个股材料

序号	股票名称	股票代码	趋势	图表模式
1	中储股份	600787	不明显	K 线
2	紫金矿业	601899	先跌后涨	K 线 + 均线
3	中国平安	601318	平衡	K 线 + 均线
4	亿纬锂能	300014	先涨后跌	K 线 + 均线
5	口子窖	603589	先跌后涨	K 线 + 均线
6	台海核电	002366	下跌	K 线 + 均线
7	中储股份	600787	不明显	收盘线
8	绿地控股	600606	先涨后跌	K 线 + 均线
9	立讯精密	002475	上涨	K 线 + 均线
10	中储股份	600787	不明显	K 线 + 均线

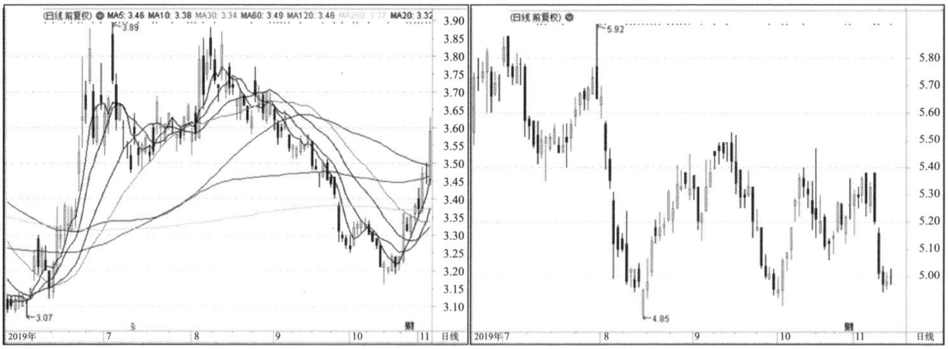

图 3-5　先跌后涨趋势（紫金矿业）与趋势不明（中储股份）走势图

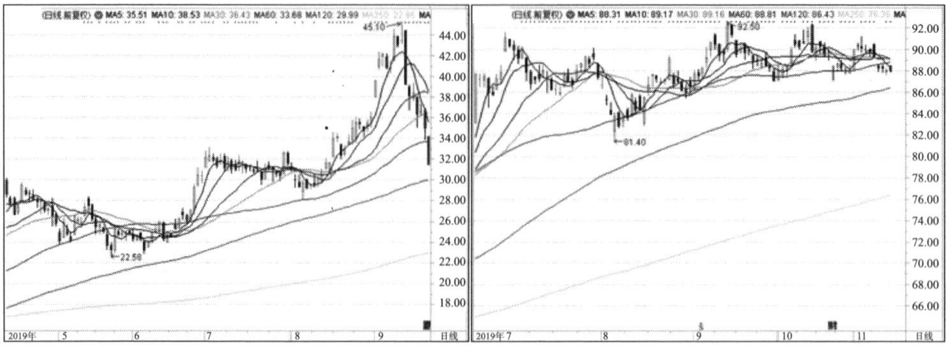

图 3-6　先涨后跌趋势（亿纬锂能）与平衡趋势（中国平安）走势图

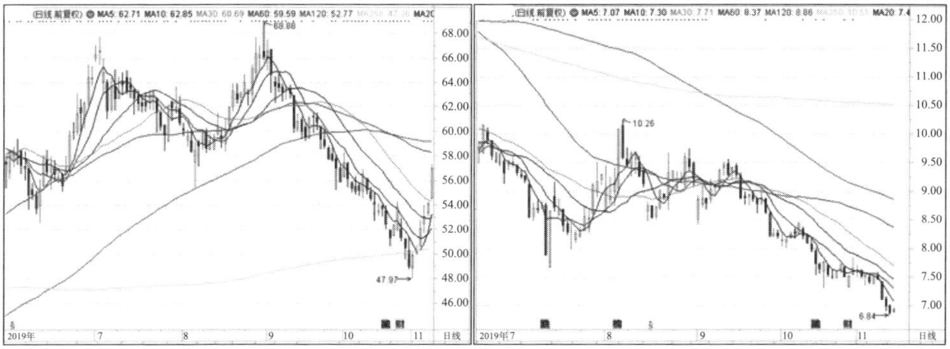

图 3-7 先跌后涨趋势（口子窖）与下跌趋势（台海核电）走势图

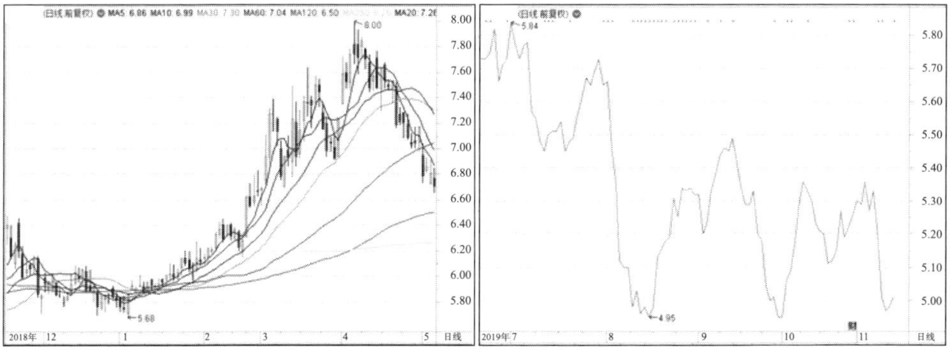

图 3-8 先涨后跌趋势（绿地控股）与趋势不明（中储股份）走势图

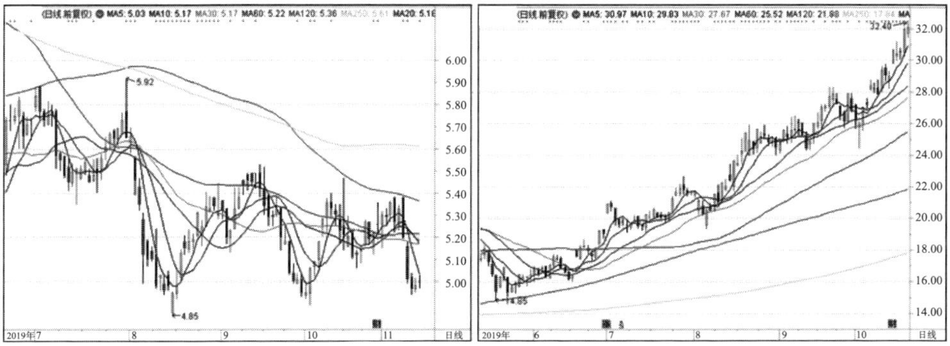

图 3-9 趋势不明（中储股份）与上涨趋势（立讯精密）走势图

为了节省版面，每两张走势图横向合成展示，实际研究中向被试展示时每张走势图独立展示。

2. 对价格和价格区间的预测

本章研究的目的是检验在仅把图作为决策依据时，投资者是否采用动量交易策略，进而检验投资者是否根据预测进行交易选择，是否存在“售盈持亏”的处置效应倾向。检验投资者是否采用动量交易策略的方法是让他们看完不同趋势的走势图后，对未来 5 天价格和价格区间进行预测。

在被试看完每张股价走势图后，要求其对股价未来的走势做出预测。走势图的显示模式有所不同，有 K 线图、K 线与均线混合图、收盘线图。每张股价走势图的下方有一个区域，要求被试在此区域记录下其对未来 5 天价格的预测。

对未来的价格做出精确预测是一件非常困难的事，但预测未来价格区间相对容易。例如，被试可能会预测招商银行的次日股票价格为 38.5 元，但他很难确信该预测的准确性。因此研究会要求被试预测一个价格区间，但这个区间也不能太大，比如招商银行未来 5 天的价格最大不可能到 100 元，最小也不可能到 0 元，因为我国股市交易规则中有涨跌停板制度限制（例如股票单日的价格涨跌幅度不能超过 10%）。而且，预测这么大的区间没有任何意义。因此，研究会要求被试记录下有 95%信心的价格将落入的区间。例如，若其有 95% 的信心，次日招商银行的价格将落入 39.1 元至 38.2 元，则将该价格区间记录下来。对于上一步被试预测的未来 5 天的 5 个价格，都不必是所预测价格区间的平均值，而应该是预测价格区间内最好的单一预测。

由于股票交易涉及太多的细节和交易知识，因此还需要给被试做示范，确保其在实验开始之前对规则已理解透彻。

3. 模拟交易

在被试完成对价格和价格区间的预测后，需要检验被试在仅把趋势图作为决策依据时进行模拟交易是否存在处置效应倾向。

研究的主要目的是探索处置效应产生的心理原因，在过往研究的基础上，创新地设计出让被试操作交易他人账户而不用负责的实验，检验处置效应是否因框架的改变而减弱或消失，如此设计可检验处置效应是否与买入责任有关，有助于解释处置效应产生的心理原因。Kahneman 与 Tversky 提出框架效应时常使用此类设计，下文中所使用的“框架”一词均为“框架效应”之“框架”。

在模拟交易部分，所有被试看到的股价趋势图都一样，但他们被分成两组，分别操作自己的账户进行模拟交易和操作他人的账户进行模拟交易。操作自己账户交易的问卷描述为：“假设您几天前买入该股 100 万元……”操作他人账户交易的问卷描述为：“假设您是一名证券公司员工，现公司需要员工帮忙打理一批客户的股票账户，交易盈亏不用您负责，请您按照您认为的最优策略进行交易。您打开账户，发现该账户几天前买入该股 100 万元……”这样设计的优点是初始“责任”归属明确，操作自己账户交易时，强调的是投资者本人几日前买入了该股票，那后期交易所需承担的初始买入“责任”归属其本人；而操作他人账户交易时，后期交易无须承担初始买入“责任”，理论上被试会按最优的方式进行交易。需要强调的是，根据我国法律，没有资质而代人理财属于违法行为，而实验仅为模拟研究，并未违反任何法律。

处置效应描述的是交易者存在“售盈持亏”的认知偏差现象，因此笔者对账户的初始盈亏直接进行了限定，描述为“……目前亏损 *a*（即 *a* 万元），在观察完股价趋势图后，您决定卖出股票还是持有股票？若您决定卖出股票，必须一次性全部卖出”。省略号部分内容为上一段论述中操作本人账户交易和他人账户交易的两种不同的问卷模式。投资者可以选择卖出股票或持有股票，但必须全仓交易，这样设计是为了严格控制实验条件，避免投资者有补仓倾向或加仓倾向，导致参照点的改变。

对于先跌后涨和先涨后跌走势的 4 只股票（紫金矿业、口子窖、亿纬锂能和绿地控股），笔者预设的盈亏比例为 5%，也就是盈利或亏损 5 万元，详情见表 3-2。之所以这样设计，是因为先跌后涨和先涨后跌的股价走势图在可视图内波动幅度都不是非常大，但问卷中限定了该股票是“几天前”买入的，如果盈亏比例设置太大或太小，与常识相悖。

对于上涨和下跌走势的两只股票（立讯精密和台海核电），笔者预设的盈亏比例为 20%，也就是盈利或亏损 20 万元，详情见表 3-2。之所以这样设计，是因为上涨和下跌的股价走势图在可视图内波动幅度比较大，但问卷中限定了该股票是“几天前”买入的，如果盈亏比例设置太小，与常识相悖。

对于平衡走势的中国平安和趋势不明的干扰项中储股份，笔者预设的盈亏比例为 0，也就是目前股票处于盈亏平衡，详情见表 3-2。这两只股票都不是用来检验处置效应的，所以无须做复杂的设计。

表 3-2　实验所用股票及账户初始盈亏状态

序号	股票名称	股票代码	趋势	盈亏比例	盈亏金额
1	中储股份	600787	不明显	持平	0 万元
2	紫金矿业	601899	先跌后涨	亏损 5%	-5 万元
3	中国平安	601318	平衡	持平	0 万元
4	亿纬锂能	300014	先涨后跌	亏损 5%	-5 万元

续表

序号	股票名称	股票代码	趋势	盈亏比例	盈亏金额
5	口子窖	603589	先跌后涨	盈利 5%	5 万元
6	台海核电	002366	下跌	亏损 20%	−20 万元
7	中储股份	600787	不明显	持平	0 万元
8	绿地控股	600606	先涨后跌	盈利 5%	5 万元
9	立讯精密	002475	上涨	盈利 20%	20 万元
10	中储股份	600787	不明显	持平	0 万元

4. 数据处理方法和指标

本章研究投资者的交易选择行为，属于金融领域，但所用研究方法是心理学领域的研究方法，笔者采用了能够反映有心理现象意义的特征指标进行数据处理。

（1）标准差衡量预测的波动性

标准差（*SD*），衡量被试对未来 5 天股票价格预测的波动性的大小。如果被试预测未来 5 天某股票的价格均为 23 元，那么该预测的标准差是 0.0。如果被试预测未来 5 天某股票的价格分别为 23 元、27 元、34 元、20 元和 41 元，那么该预测的标准差就会相对较大。标准差计算公式为：

$$SD=\sqrt{\frac{\left(P_{d1}-\overline{P}\right)^2+\left(P_{d2}-\overline{P}\right)^2+\left(P_{d3}-\overline{P}\right)^2+\left(P_{d4}-\overline{P}\right)^2+\left(P_{d5}-\overline{P}\right)^2}{4}}$$

其中 P_{d1}、P_{d2}、P_{d3}、P_{d4}、P_{d5} 分别表示被试对股票未来 5 天的预测价格，$\overline{P}$ 表示未来 5 天预测价格的平均值。众所周知，标准差的计算公式有两个：总体标准差和样本标准差。若根据总体标准差计算，根号内的分母值为 5；若根据样本标准差计算，根号内的分母值为 4，即“5−1”。由于研究仅比较各走势图趋势，预测价格序列标准差的大小，因此采用何种计算方法并无差别，最终使用了 EXCEL 软件函数 STDEVP 进行标准差批量处理，因此此例中根号内的分母为 4。计算出结果后，标准差越大，说明其预测越符合动量交易策略；标准差越小，说明其预测越不符合动量交易策略。如果其依据动量交易策略进行预测，即趋势延续，那被试根据上涨、下跌走势图预测时，价格序列标准差会较大；被试根据先涨后跌、先跌后涨走势图预测时，由于上述走势不如上涨走势图、下跌走势图那么明显，价格序列标准差会较小；而被试根据平衡走势图预测时，由于上涨、下跌方向不明，那价格序列标准差会相对较小。由此总结出假设 3-1。

假设 3-1：被试根据上涨、下跌走势图预测的价格序列标准差最大，根据先涨后跌、先跌后涨走势图预测的价格序列标准差次之，而根据平衡走势图预测的价格序列标准差最小。

但标准差的大小只能衡量预测的波动性，无法衡量预测的线性，例如，某只上涨趋势的股票，其收盘价 23 元，而被试预测未来 5 天该股票的价格均为 23 元，虽然 $SD=0$，非常小，但是该预测价格序列并未呈上涨趋势。因此，还需要其他指标共同判断投资者预测的价格序列是否属于动量交易策略。

（2）相关系数衡量预测的线性

相关系数（r）用来衡量被试对未来 5 天股票价格的预测是否线性相关，通过相关系数检验其预测是否符合动量交易策略。例如，被试预测某股票未来 5 天的价格依次为 5 元、7 元、9 元、11 元和 13 元，则相关系数 $r=1.0$，表明被试预测该股票未来呈上升趋势；同理，如果被试预测某股票未来 5 天的价格依次为 31 元、27 元、23 元、19 元和 15 元，则相关系数 $r=-1.0$，表明被试预测该股票未来呈下降趋势；如果被试预测某股票未来 5 天的价格依次为 4 元、6 元、2 元、3 元和 5 元，表明被试预测该股票未来无明显的趋势。在计算预测的 5 天价格序列的相关系数时，研究采用 EXCEL 软件的函数 CORREL，批量处理序列的相关系数时该函数比 SPSS 软件处理更加简便。

如果被试依据动量交易策略进行预测，即趋势延续，那被试根据上涨、下跌走势图预测时，价格序列相关系数将分别为正数和负数，且相关系数值较大；被试根据先跌后涨、先涨后跌走势图预测时，价格序列相关系数将分别为正数和负数，但由于走势不如上涨、下跌走势图那么明显，价格序列标的相关系数会相对较小；而被试根据平衡走势图预测时，由于上涨下跌方向不明，价格序列的相关系数值会比较小。由此总结出假设 3-2。

假设 3-2：被试根据上涨、先跌后涨走势图预测的价格序列呈正相关关系，且上涨走势图对应的相关系数大于先跌后涨走势图对应的相关系数；被试根据下跌、先涨后跌走势图预测的价格序列呈负相关关系，且下跌走势图对应的相关系数大于先涨后跌走势图对应的相关系数；被试根据平衡走势图预测的价格序列呈弱相关关系，且相关系数最小。相关系数大小关系为上涨、下跌走势最大，先涨后跌、先跌后涨走势次之，平衡走势最小。

上涨走势图将让被试产生正相关的预测；下降走势图将让被试产生负相关的预测；先涨后跌走势图将让被试产生负相关的预测，但相关系数远小于根据下跌走势图所做预测；先跌后涨走势图将让被试产生正相关的预测，但相关系数远小于根据上涨走势图所做预测；平衡走势图将让被试产生弱相关的预测。

（3）主观置信区间衡量预测信心

主观置信区间衡量指标 *SCI*，衡量被试对未来 5 天股票价格的预测是否随时间推移而信心减弱。研究除了要求被试预测未来 5 天的股票价格，还要求被试给出 5 天中的每一天的价格区间。对价格的预测多数人无法确信其精确性，但被试可以有信心地预测价格区间，研究要求被试写下他们有 95% 的把握实际价格会落入区间的最高价和最低价。为了能量化衡量投资者信心的变化情况，用区间最高价减去区间最低价，再除以预测价格，得到主观置信区间衡量指标 *SCI*。

$$SCI = \frac{P_H - P_L}{P} \times 100$$

其中 P_H 表示预测区间最高价，P_L 表示预测区间最低价，P 表示预测价格，之所以乘以 100，是因为该比值远小于 1，乘以 100 易于观察比较。预测区间的大小只是一个绝对值，无法进行横向比较，不同股票的价格差异很大，区间值差异也很大。因此把 *SCI* 标准化为预测区间与预测价格之间的比例关系，并放大 100 倍，从而解决了无法横向比较的问题。例如，被试对股票 A 的价格预测为 10 元，预测的置信区间为 9.9 元至 10.1 元，那最高价与最低价的价格差为 0.2 元，因此 *SCI*=0.2/10=0.002。该被试对股票 B 的价格预测为 100 元，区间为 99 元至 101 元，那最高价与最低价的价格差为 2 元，因此 *SCI*=2/100=0.002。可见，虽然该人对两只股票预测的置信区间大小不同，但信心是一样的。如果仅用置信区间的绝对值做比较，0.2 元远小于 2 元，那结论是该被试对股票 A 的预测信心强，出现明显谬误。

人有模糊规避的心理（Berger 和 Eeckhoudt，2021），我们对越远时点的预测信心越弱，体现在主观置信区间（*SCI*）指标上为该值随着时点距我们越来越远而逐渐增大（表示信心逐渐下降）。正如气象学家对天气预测那样，他们对最近几天的天气预测比较有信心，而随着时点越来越远，信心越来越弱，因而他们通常不会给出一年后的气象预测，当然这种过于远期的预测也没太大意义。主观预测信心倾向于随着更多获得可凭借的信息而增加（Oskamp，1965），当被试做第一天的预测时，可以凭借的信息量还很大，而在做接下来几天的预测时，可凭借的信息越来越少，因此笔者预测被试对未来 5 天价格区间预测的信心会逐步下降，体现在主观置信区间指标上为 *SCI* 的数值越来越大。由此提出假设 3-3。

假设 3-3：被试对未来 5 天价格区间预测的信心会逐步下降，体现在主观置信区间指标 *SCI* 上为该值逐渐增大，最后一天达到最大。

（4）模拟交易衡量指标

模拟交易部分的数据处理方法借鉴 Tversky 和 Kahneman（1990）在经济心理学研究中的方法，即统计被试选择卖出和持有的人数及占比，观察被试在盈利和亏损时的交易行为是否与预测行为一致，进而观察改变框架后交易行为是否发生显著变化。由于本书研究的目的之一是探索处置效应产生的心理原因，因此对处置效应的存在性毋庸置疑，不提出处置效应存在的假设，仅在完成实验数据收集整理后顺带检验。

Tversky 和 Kahneman 及他们的追随者研究出一系列人在决策时的认知偏差，如框架效应、现时偏差、易得性偏差等。所使用的研究方法多为设计不同框架，统计被试选择的占比来检验偏差是否存在。例如，著名的“亚洲疾病”研究，让被试在“200 人肯定获救”与“1/3 概率 600 人全部获救且 2/3 概率无人获救”之间选择，把框架改为“400 人确定死亡”与“1/3 概率无人死亡且 2/3 概率 600 人全部死亡”再让另一批被试选择，统计选择的占比是否发生显著变化。

本章研究设计中预设了 3 种亏损状态，分别是下跌走势图对应亏损 20%，先涨后跌走势图对应亏损 5%，先跌后涨走势图对应亏损 5%，重点观察在亏损状态下，投资者是否因为账户框架的改变而改变交易决策。由于操作自己账户进行交易时买入责任在自己，而操作他人账户交易时买入责任不在自己，因此笔者预测被试在股票处于亏损状态时，账户框架对其交易选择影响显著。由此提出假设 3-4。

假设 3-4：当股票处于亏损状态时，账户框架对被试交易选择有显著影响。

本章研究设计中同时预设了 3 种盈利状态，分别是上涨走势图对应盈利 20%，先涨后跌走势图对应盈利 5%，先跌后涨走势图对应盈利 5%。根据笔者 25 年的投资经验，投资者在卖出盈利状态股票时，会比较轻松和惬意，脑海中思考最多的是是否过早卖出。由于卖出盈利股票时投资者不会去思考买入责任问题，因此笔者预测被试在股票处于盈利状态时，账户框架对其交易选择影响不显著。由此提出假设 3-5。

假设 3-5：当股票处于盈利状态时，账户框架对被试交易选择无显著影响。

（三）研究对象

本章的研究对象为深圳大学有股票交易经验的学生，采用公开招募并提供酬劳的方式。笔者作为深圳大学的一名老师，这样取样的原因主要是取样难度较低，且需要的经费较少。把学生作为研究对象当然会存在一些问题，笔者会在讨论部分进行详细分析，第四章研究将把非学生投资者作为研究对象。

实验对象采用发布广告形式公开招募，条件为校内大学生，有股票交易经验，性别不限，学历不限（本科、硕士研究生和博士研究生），专业不限等，实验结束可向每名实验对象提供 100 元人民币作为酬劳。

由于经费有限，初始打算招募 100 名被试，一共需要经费 1 万元人民币。但报名踊跃，不忍打击学生参与的积极性，且更大的样本对研究的深入有帮助，最终一共招募到 220 名学生，依然按每人 100 元酬劳发放，一共用去 2.2 万元人民币。

（四）实验流程

实验在深圳大学汇文楼某阶梯教室进行，该教室能容纳约 500 人，为模拟法庭之用。

在实验正式进行之前，笔者已提前一周雇用了 10 名学生作为助手，并进行了严格培训，确保他们清楚实验的目的和全部流程。他们的工作内容有如下几点：第一，负责现场指导未理解清楚实验细节的被试；第二，收发实验材料，包括知情同意书、问卷等；第三，协助处理现场突发情况；第四，发放被试酬劳；第五，实验结束协助整理实验数据。

为了确保每名被试面对完全相同的实验环境，所有被试同时、同地进行实验。教室黑板两侧各有一块大的投影屏幕，坐在教室任何位置的被试均能清晰地看到屏幕，教室前侧有一台电脑，电脑显示屏的信息能直接投影到屏幕上。

在被试到达教室之前，实验助手已在 300 个座位前的桌上放置好 300 份完整的实验材料，包括知情同意书、指引、走势图相关示例及说明、股票预测及交易问卷，操作本人账户交易和操作他人账户交易的材料各 150 份。由于实验流程相对比较复杂，为了确保每位被试都完全理解实验中的任务，笔者把所有研究材料投影到屏幕上，并在实验进行中同步讲解与指导。为了确保实验数据的有效性，被试在任何环节可随时进行提问，并在实验前告知被试，无效问卷不发放酬劳。

被试到达教室随机坐定后，按以下流程进行：

第一步，请被试签署“知情同意书”。在该过程中，知情同意书被投影于屏幕上，笔者同步进行讲解。签署完毕后实验助手收回“知情同意书”，不同意的被试可离开，但实验中没有被试离开。

第二步，请被试查看“指引”。指引上还有一份简单的人口统计学变量问卷要求被试填写，内容包括姓名、性别、专业、股市经验等。“指引”上明确了被试需要根据股价走势图预测股票未来 5 天的价格和有 95%把握的股价区间。指引上还明确了被试在看完每一张走势图后需要进行模拟交易，强调模拟交易分为操作本人账户交易与操作他人账户交易。

第三步，请被试查看“相关走势图示例及说明”并对被试进行简单培训，确保其理解股价走势图的信息。股价走势图虽然是最常见的分析股票走势的工具之一，但未必每位被试都完全理解其相关知识，因此为了严格控制实验条件，现场向被试展示并解释了 K 线、均线、收盘线、时间轴、股价的含义，进一步讲解了 K 线中的阳线、阴线、上影线、下影线、最高价、最低价等的定义。

第四步，请被试根据 10 张股价走势图进行价格预测和交易。被试在此步骤的工作一共有三项：根据走势图对该股票未来 5 天的价格进行预测；写下有 95% 信心的股价区间；进行模拟交易。对于每一张走势图，所有被试都同步进行预测和交易。例如，在被试查看第一张走势图并进行预测之前，笔者会在屏幕上投影该走势图，被试有任何疑问都可现场提问或找身边的实验助手解决。展示第一张走势图时被试对实验规则不甚理解，花费较长时间进行了解释，从开始展示走势图到最后一名被试完成作答共花了约 10 分钟，之后每张走势图用时 3 分钟。

第五步，感谢被试参与实验并请其有序离开。被试离开后，实验助手回收所有实验材料。被试的酬劳由实验助手通过微信转账支付，转账依据为实验记录表上的姓名，该姓名用以确认被试是否到场参加实验。

（五）研究假设小结

研究假设已在前文提出，但散落于分析之中，在此进行汇总。

假设 3-1：被试根据上涨、下跌走势图预测的价格序列标准差最大，根据先涨后跌、先跌后涨走势图预测的价格序列标准差次之，而根据平衡走势图预测的价格序列标准差最小。

假设 3-2：被试根据上涨、先跌后涨走势图预测的价格序列呈正相关关系，且上涨走势图对应的相关系数大于先跌后涨走势图对应的相关系数；被试根据下跌、先涨后跌走势图预测的价格序列呈负相关关系，且下跌走势图对应的相关系数大于先涨后跌走势图对应的相关系数；被试根据平衡走势图预测的价格序列呈弱相关关系，且相关系数最小。相关系数大小的排序为上涨、下跌走势最大，先涨后跌、先跌后涨走势次之，平衡走势最小。

假设 3-3：被试对未来 5 天价格区间预测的信心会逐步下降，体现在主观置信区间指标 *SCI* 上为该值逐渐增大，最后一天达到最大。

假设 3-4：当股票处于亏损状态时，账户框架对被试交易选择有显著影响。

假设 3-5：当股票处于盈利状态时，账户框架对被试交易选择无显著影响。

三、实验结果

实验共收到 220 份被试作答问卷，其中操作本人账户的交易问卷有 130 份，操作他人账户的交易问卷有 90 份，二者数量有差别的原因是被试入场时，可在桌上有研究材料的任何位置随意入座，为了让其保持平静心情而不影响实验结果，220 人坐在 300 个座位，两种框架的问卷数量因此不相等。可能由于酬劳还比较可观以及学生通常遵守规则的原因，220 份预测与交易问卷均有效。

（一）研究数据整理

由于本研究是跨学科研究，在数据整理的过程中，发现与传统心理学研究中的数据整理方法有差别，需要新的思考与探索。实验中一共使用 10 张股价走势图，被试需要对每张走势图进行 5 天的价格预测，以及 5 天的价格区间预测，最后进行模拟交易，因此 220 份问卷得到的价格预测、价格区间预测、模拟交易数据数量分别为：

价格预测数据数量 =220 × 10 × 5=11000（个）

价格区间预测数据数量 =220 × 10 × 5 × 2=22000（个）

模拟交易数据数量 =220 × 10=2200（个）

这些数据与一般问卷的记点数据有所不同，价格包括了整数部分与小数部分，在把数据录入 EXCEL 和 SPSS 时花费了大量的时间。之所以分别录入两个软件，是因为部分数据需要二次加工处理，如置信区间指标 *SCI* 需要用公式进行批量计算，笔者更习惯使用 EXCEL 软件中的函数。人口统计学变量的录入与普通问卷无异，包括了性别、股市经验和专业。其中由于专业太分散，部分专业只有数人，会严重影响研究结论，而且专业对处置效应的影响也不是本书研究的重点，所以把专业合并为人文社科与自然科学，也就是俗称的文科与理科。按我国的法律规定，年满 18 岁才能开户投资股票，因此学生的股市经验都普遍较少。因此研究把学生的股市经验分为中等（大于 1 年）和较少（小于 1 年），超过 1 年的股市经验也只能勉强算中等，只有超过 5 年的股市经验才能勉强算丰富，这样的投资者大概率经历了牛熊周期，只有经历了牛熊周期的投资者才可能找到稳定的盈利模式，反之不成立。被试的性别、股市经验、专业以及是否操作本人账户交易的人数细分统计如表 3-3 所示，表中的百分比为人数占比。

表 3-3 被试的人数细分统计

单位：人

账户	性别		股市经验		专业	
	男	女	中等	较少	人文社科	自然科学
本人账户	102	28	73	57	93	37
占比（N=130）	78.46%	21.54%	56.15%	43.85%	71.54%	28.46%
他人账户	71	19	54	36	65	25
占比（N=90）	78.89%	21.11%	60.00%	40.00%	72.22%	27.78%
合计	173	47	127	93	158	62
总占比	78.64%	21.36%	57.73%	42.27%	71.82%	28.18%

从表 3-3 中可以看出，研究的被试多数为男性，股市经验中等，来自人文社科专业。由于招募被试为随机招募，所以这些数据在一定程度上代表了大学生投资者的性别比例、股市经验比例、专业比例。

（二）预测的波动性结果

正如研究方法部分所述，本书用标准差来衡量被试对未来 5 天股票价格预测的波动性大小，标准差越大，说明其预测越符合动量交易策略；标准差越小，说明其预测越不符合动量交易策略。

EXCEL 软件的 STDEVP 函数能直接对标准差进行计算，本书采用前文介绍的标准差计算公式进行批量计算。计算出标准差后，再对 220 名被试的预测标准差进行算术平均，所得结果如表 3-4 所示。

表 3-4 预测价格序列标准差

序号	股票名称	趋势	样本量（N）	平均值	标准差（SD）
1	中储股份	不明显	220	5.16	0.11
2	紫金矿业	先跌后涨	220	3.63	0.08
3	中国平安	平衡	220	88.69	1.09
4	亿纬锂能	先涨后跌	220	32.12	1.23
5	口子窖	先跌后涨	220	58.28	1.88
6	台海核电	下跌	220	7.10	0.34
7	中储股份	不明显	220	5.21	0.10
8	绿地控股	先涨后跌	220	6.70	0.16
9	立讯精密	上涨	220	31.86	1.39
10	中储股份	不明显	220	5.14	0.12

本书提出的假设 3-1 为被试根据上涨、下跌走势图预测的价格序列标准差最大，根据先涨后跌、先跌后涨走势图预测的价格序列标准差次之，而根据平衡走势图预测的价格序列标准差最小。表 3-4 中的标准差大小与假设完全相悖，根据上涨、下跌走势图所预测的价格序列标准差分别为 1.39、0.34，不但不是最大，而且二者差距很大。标准差最大值 1.88 为根据先跌后涨走势图所预测的价格序列，而标准差最小值 0.08 也为根据先跌后涨走势图所预测的价格序列，虽然不是根据同一张走势图预测的结果，但走势图趋势一样，结果在两个极端，与假设 3-1 相去甚远。

此时若贸然否定假设并依据该结果进行讨论，不是严谨的学术态度。与假设完全相悖的结果，让笔者有理由怀疑数据处理方法有不妥之处，因此，应该重新检查数据处理过程，如果反复核验过后依旧是同样的结果，应该依据该结果进行讨论，如果数据处理有问题，应该及时纠正错误。

沿着这一思路，笔者发现问题出在每只股票的价格不一样，高价股对应的标准差都比较大，低价股对应的标准差都比较小。换言之，由于基准价格不同，即使被试预测了相同趋势和相等股价变动比例，最终的标准差也不同。举例说明：

假设股票 A 的初始价格为 100 元，被试预测未来 5 天的价格依次为 105 元、110 元、115 元、120 元、125 元，则该序列的标准差为：

$$\sqrt{\frac{(105-115)^2+(110-115)^2+(115-115)^2+(120-115)^2+(125-115)^2}{4}}=7.07$$

假设股票B的初始价格为10元，被试预测未来5天的价格依次为10.5元、11元、11.5元、12元、12.5元，则该序列的标准差为：

$$\sqrt{\frac{(10.5-11.5)^2+(11-11.5)^2+(11.5-11.5)^2+(12-11.5)^2+(12.5-11.5)^2}{4}}=0.707$$

可见，被试预测股票A与股票B的趋势和变动幅度完全相同，但由于股票A的初始价格是股票B初始价格的10倍，最终导致标准差也是10倍。因此，笔者把被试预测的5天价格平均值都调整到以100为基准，重新计算标准差。新的标准差计算公式为：

$$新标准差=原标准差\times\frac{100}{原平均值}$$

根据该公式，标准化价格预测平均值后的标准差计算结果如表3-5所示。

表3-5　标准化价格预测平均值后的标准差

序号	股票名称	趋势	样本量（*N*）	平均值	标准差（*SD*）
1	中储股份	不明显	220	100	2.13
2	紫金矿业	先跌后涨	220	100	2.33
3	中国平安	平衡	220	100	1.23
4	亿纬锂能	先涨后跌	220	100	3.83
5	口子窖	先跌后涨	220	100	3.22
6	台海核电	下跌	220	100	4.80
7	中储股份	不明显	220	100	1.98
8	绿地控股	先涨后跌	220	100	2.44
9	立讯精密	上涨	220	100	4.35
10	中储股份	不明显	220	100	2.24

标准化平均值后，被试根据上涨、下跌走势图所预测的价格序列标准差分别为4.35、4.80，为最大的两个值。被试根据两张先跌后涨走势图所预测的价格序列标准差分别为2.33、3.22，被试根据两张先涨后跌走势图所预测的价格序列标准差分别为3.83、2.44，这4个值均小于上涨和下跌走势图对应的标

准差。被试根据平衡走势图所预测的价格序列标准差为1.23，在所有值里最小。假设3-1得到支持。

作为干扰项的中储股份，根据K线、收盘线、K线与均线混合预测的价格序列标准差分别为2.13、1.98、2.24，数值差别不大，从预测的波动性而言，3种股价走势图显示模式并未让被试产生明显的框架效应。

另外，对于上涨与下跌趋势的股价走势图来说，用t检验发现性别、专业、股市经验对预测的波动性的影响并不构成显著差异。男性预测的标准差略大于女性，人文社科专业的学生预测的标准差略大于自然科学学生，股市经验丰富的被试预测的标准差略小于股市经验少的被试，但都不构成显著差异。

（三）预测的线性结果

正如研究用方法部分所述，本书用被试对未来5天股价的预测值之间的相关系数（r）来检验其预测是否呈线性，从而判断其是否符合动量交易策略。本书使用EXCEL软件中的函数CORREL来批量计算被试预测的5天价格序列的相关系数r，然后对r进行算术平均，得到表3-6的结果。

表3-6　预测价格序列相关系数

序号	股票名称	趋势	样本量（N）	相关系数（r）	r最大值	r最小值
1	中储股份	不明显	220	0.08	1	−1
2	紫金矿业	先跌后涨	220	0.56	1	−0.60
3	中国平安	平衡	220	0.14	1	−1
4	亿纬锂能	先涨后跌	220	−0.62	0.81	−1
5	口子窖	先跌后涨	220	0.61	1	−0.57
6	台海核电	下跌	220	−0.88	0.33	−1
7	中储股份	不明显	220	0.07	1	−1
8	绿地控股	先涨后跌	220	−0.70	0.76	−1
9	立讯精密	上涨	220	0.84	1	−0.45
10	中储股份	不明显	220	−0.07	1	−1

从表3-6中可以看出，根据上涨、下跌走势图预测的价格序列相关系数分别为0.84、−0.88；根据两张先跌后涨走势图预测的价格序列相关系数

分别为 0.56、0.61；根据两张先涨后跌走势图预测的价格序列相关系数分别为 −0.62、−0.70；根据平衡走势图预测的价格序列相关系数为 0.14。根据上涨、下跌走势图预测的价格序列相关系数最大，且分别呈强正相关关系和强负相关关系，说明在仅把走势图作为决策依据时，被试预测未来趋势呈线性延续之势。根据两张先跌后涨走势图预测的价格序列相关系数也较大，且呈正相关关系，但小于上涨走势图对应的相关系数值，说明在仅把走势图作为决策依据时，被试预测先跌后涨走势图未来延续涨势，但不如上涨走势图未来的涨势猛。根据两张先涨后跌走势图预测的价格序列相关系数也较大，且呈负相关关系，但小于下跌走势图对应的相关系数值，说明在仅把走势图作为决策依据时，被试预测先涨后跌走势图未来延续跌势，但不如下跌走势图未来的跌势猛。根据平衡走势图预测的价格序列相关系数最小，说明被试对平衡走势图未来走势的预测无明显涨跌方向。假设 3−2 得到支持。

被试根据上涨、先跌后涨走势图预测的价格序列呈正相关关系，且上涨走势图对应的相关系数大于先跌后涨走势图对应的相关系数；被试根据下跌、先涨后跌走势图预测的价格序列呈负相关关系，且下跌走势图对应的相关系数大于先涨后跌走势图对应的相关系数；被试根据平衡走势图预测的价格序列呈弱相关关系，且相关系数最小。相关系数的大小排序为上涨、下跌走势最大，先涨后跌、先跌后涨走势次之，平衡走势最小。

本章研究的最终目的并非检验被试对走势图的预测，而是检验被试是否根据对股价走势的预测进行交易，观察被试的处置效应倾向。因此重点检验的走势图是上涨走势图和下跌走势图，因为被试依据这两种走势图预测时，线性外延预测的可能性更大，因此可以进一步检验被试预测的 5 天价格序列两两之间的相关关系。被试根据上涨走势图预测的价格序列配对相关关系如表 3−7 所示，根据下跌走势图预测的价格序列配对相关关系如表 3−8 所示，趋势强度不如上涨、下跌走势图之外的其余走势图，在此不浪费篇幅做检验，更多篇幅用于研究处置效应。

表 3−7　根据上涨走势图预测的价格序列配对相关关系

		第一天	第二天	第三天	第四天	第五天
第一天	皮尔逊相关性	—				
	显著性（双尾）					
	个案数	220				
第二天	皮尔逊相关性	0.971**	—			

续表

		第一天	第二天	第三天	第四天	第五天
第二天	显著性（双尾）	0.000				
	个案数	220	220			
第三天	皮尔逊相关性	0.912**	0.949**	—		
	显著性（双尾）	0.000	0.000			
	个案数	220	220	220		
第四天	皮尔逊相关性	0.828**	0.880**	0.959**	—	
	显著性（双尾）	0.000	0.000	0.000		
	个案数	220	220	220	220	
第五天	皮尔逊相关性	0.707**	0.746**	0.832**	0.858**	—
	显著性（双尾）	0.000	0.000	0.000	0.000	
	个案数	220	220	220	220	220

注：** 在 0.01 级别（双尾），相关性显著。

表 3-8　根据下跌走势图预测的价格序列配对相关关系

		第一天	第二天	第三天	第四天	第五天
第一天	皮尔逊相关性	—				
	显著性（双尾）					
	个案数	220				
第二天	皮尔逊相关性	0.994**	—			
	显著性（双尾）	0.000				
	个案数	220	220			
第三天	皮尔逊相关性	0.983**	0.991**	—		
	显著性（双尾）	0.000	0.000			
	个案数	220	220	220		
第四天	皮尔逊相关性	0.978**	0.985**	0.992**	—	
	显著性（双尾）	0.000	0.000	0.000		
	个案数	220	220	220	220	

续表

		第一天	第二天	第三天	第四天	第五天
第五天	皮尔逊相关性	0.589**	0.600**	0.605**	0.618**	—
	显著性（双尾）	0.000	0.000	0.000	0.000	
	个案数	220	220	220	220	220

注：** 在 0.01 级别（双尾），相关性显著。

从表 3-7 中可以看出，被试根据上涨走势图预测的第一天的价格与第二天、第三天、第四天、第五天的价格均呈强相关关系，但相关系数逐渐减小；第二天的价格与第三天、第四天、第五天的价格均亦呈强相关关系，但相关系数亦逐渐减小；第三天的价格与第四天、第五天的价格均亦呈强相关关系，但相关系数亦逐渐减小；第四天的价格与第五天的价格之间的相关关系已远弱于之前任何相邻两天价格之间的相关关系。总之，任何相邻两天预测价格之间均呈强正相关关系，表明被试会依据之前的趋势信息做线性外延预测，时间越近的趋势信息对预测的影响权重越大。

从表 3-8 中可以看出，被试根据下跌走势图预测时，结果与根据上涨走势图预测时极为相似，第一天的价格与第二天、第三天、第四天、第五天的价格均呈强相关关系，但相关系数逐渐减小；第二天的价格与第三天、第四天、第五天的价格均亦呈强相关关系，但相关系数亦逐渐减小；第三天的价格与第四天、第五天的价格均亦呈强相关关系，但相关系数亦逐渐减小；第四天的价格与第五天的价格之间的相关关系已远弱于之前任何相邻两天价格之间的相关关系。总之，任何相邻两天预测价格之间均呈强正相关关系，表明被试会依据之前的趋势信息做线性外延预测，时间越近的趋势信息对预测的影响权重越大。

另外，对于股价上涨与下跌走势图的预测值来说，用 t 检验发现性别、专业、股市经验对预测的线性的影响并不构成显著差异。男性预测的相关系数略大于女性，自然科学专业的学生预测的相关系数略大于人文社科学生，股市经验较少的被试预测的相关系数略小于股市经验丰富的被试，但都不构成显著差异。

（四）预测的置信区间结果

主观置信区间衡量指标 *SCI*，用于检验被试对未来 5 天股票价格的预测是否随时间推移而信心减弱。实验除要求被试预测未来 5 天的股票价格外，还要求他们给出 5 天中每一天的价格区间。

根据 *SCI* 的计算公式预测的价格序列相关系数如表 3-9 所示。

表 3-9 预测的价格序列相关系数

序号	股票名称	趋势	SCI_{D1}	SCI_{D2}	SCI_{D3}	SCI_{D4}	SCI_{D5}
1	中储股份	不明显	6.54	5.92	5.78	5.79	13.53
2	紫金矿业	先跌后涨	5.37	5.39	14.11	5.44	5.55
3	中国平安	平衡	3.09	3.32	3.37	3.62	3.34
4	亿纬锂能	先涨后跌	9.61	9.69	9.18	9.36	10.28
5	口子窖	先跌后涨	5.05	5.34	5.30	5.38	5.83
6	台海核电	下跌	7.75	7.80	8.25	8.53	9.16
7	中储股份	不明显	4.19	11.43	4.43	4.62	4.46
8	绿地控股	先涨后跌	4.83	4.58	4.91	4.61	4.95
9	立讯精密	上涨	7.76	7.86	8.32	8.44	8.65
10	中储股份	不明显	4.42	4.41	4.58	4.52	4.67

表中的 SCI_{D1}、SCI_{D2}、SCI_{D3}、SCI_{D4}、SCI_{D5} 分别表示第一天到第五天的 *SCI* 值。从表 3-9 中可以看出，根据下跌走势图和上涨走势图预测的价格序列 *SCI* 值变化规律明显，均为从小到大变化，最后一天达到最大值。根据其余走势图（先涨后跌、先跌后涨和平衡）预测的价格序列 *SCI* 值变化无明显规律，并不遵从逐渐放大趋势，最大值也不全在最后一天。作为干扰项的中储股份，3 种走势图显示模式下 *SCI* 值差异较大，但无明显规律。这说明只有在走势图趋势明显时，主观置信区间的检验才有意义。虽然先涨后跌、先跌后涨和平衡 3 种走势图对应的 *SCI* 值变化无规律，但能发现 SCI_{D2} 值多数比 SCI_{D1} 要大。该发现很有意义，说明被试对第一天的价格区间预测信心非常强，之后的预测信心无规律变化，而交易部分仅要求被试做出卖出或持有的交易选择，该交易选择只需要根据对第一天的股价区间预测即可完成。

因此，假设 3-3 得不到支持，应把假设 3-3 修正为：被试根据上涨走势图和下跌走势图预测未来 5 天价格区间时，预测的信心会逐步下降，体现在主观置信区间指标 *SCI* 上为该值逐渐增大，最后一天达到最大；而被试根据先涨后跌、先跌后涨和平衡走势图预测未来 5 天价格区间时，*SCI* 值变化无明显规律，但被试对第一天的价格区间预测信心非常强。

虽然假设 3-3 得不到支持，但结果很有意义，主观置信区间检验结果表明投资者对未来 5 天的价格区间预测时，对第一天的预测信心最强，而交易部分仅要求被试做出卖出或持有的交易选择，该交易选择根据对第一天的趋势预测即可完成。

（五）模拟交易结果

模拟交易部分的数据处理方法借鉴 Tversky 和 Kahneman（1990）在经济心理学研究中使用的方法，即统计被试选择卖出和持有的人数及占比，观察被试在盈利和亏损时的交易行为是否与预测行为一致，进而观察改变框架后交易行为是否发生显著变化。统计结果如表 3-10 所示，表中的数字代表人数，数字后面括号里的百分数代表占比。例如，下跌趋势的序号 6 对应的数字 29 表示在 130 位操作本人账户交易的被试中，有 29 位选择了卖出，占比为 22%。操作本人账户交易和操作他人账户交易的被试人数分别为 130 人、90 人，序号 1、序号 7、序号 10 代表干扰项，同为不同走势图显示模式下的中储股份，不作为讨论对象。

表 3-10　账户框架与交易决策

单位：人

序号	趋势	盈亏比例	本人账户（N=130）		他人账户（N=90）	
			卖出	持有	卖出	持有
1	不明显	持平	62（48%）	68（52%）	44（49%）	46（51%）
2	先跌后涨	亏损 5%	44（34%）	86（66%）	27（30%）	63（70%）
3	平衡	持平	28（22%）	102（78%）	19（21%）	71（79%）
4	先涨后跌	亏损 5%	21（16%）	109（84%）	70（78%）	20（22%）
5	先跌后涨	盈利 5%	42（32%）	88（68%）	27（30%）	63（70%）
6	下跌	亏损 20%	29（22%）	101（78%）	82（91%）	8（9%）
7	不明显	持平	58（45%）	72（55%）	36（40%）	54（60%）
8	先涨后跌	盈利 5%	106（82%）	24（18%）	75（83%）	15（17%）
9	上涨	盈利 20%	28（22%）	102（78%）	18（20%）	72（80%）
10	不明显	持平	57（44%）	73（56%）	38（42%）	52（58%）

从表 3-10 中可看出，对于操作本人账户交易的被试来说，多数情况下选择持有的被试比例均大于选择卖出的被试比例，唯有序号 8 例外，选择持有的被试比例远小于选择卖出的被试比例。对于操作他人账户交易的被试，选择持有的被试比例与选择卖出的被试比例无明显规律。因此，需要细分趋势

和盈亏进行统计。

1. 亏损状态

研究设计中预设了 3 种亏损状态，分别是下跌走势图亏损 20%，先涨后跌走势图亏损 5%，先跌后涨走势图亏损 5%，预设亏损详情见表 3-2。对于先跌后涨走势图亏损 5% 的预设情形，账户框架对交易选择无显著影响，多数被试选择了继续持有股票。对于下跌走势图亏损 20% 与先涨后跌走势图亏损 5% 的预设情形，操作本人账户交易的多数被试选择了持有，分别占 78%、84%，被试“持亏”倾向明显；而操作他人账户交易时发生了反转，多数被试选择了卖出，分别占 91%、78%，“持亏”倾向不明显。在先跌后涨走势图亏损 5% 的预设情形下，可能因为被试预测未来延续涨势，所以选择持有的人数居多。在先涨后跌走势图亏损 5% 与下跌走势图亏损 20% 的预设情形下，被试预测未来延续跌势，但持仓股票为自己买入（即操作本人账户交易）时，被试在预测延续跌势时仍然选择持有，持仓股票为他人买入（即操作他人账户交易）时，被试在预测延续跌势时理性地选择止损卖出股票。假设 3-4 部分得到支持，修正后为：当股票亏损且被试预测股票将延续下跌趋势时，账户框架对其交易选择有显著影响；当股票亏损且被试预测股票将延续上涨趋势时，账户框架对其交易选择无显著影响。

2. 盈利状态

研究设计中预设了 3 种盈利状态，分别是上涨走势图盈利 20%，先涨后跌走势图盈利 5%，先跌后涨走势图盈利 5%，预设盈利详情见表 3-2。在 3 种情形下，账户框架对交易选择无显著影响。对于上涨走势图盈利 20% 与先跌后涨走势图盈利 5% 的预设情形，两种账户框架下多数被试都选择了持有股票。对于先涨后跌走势图盈利 5% 的预设情形，两种账户框架下多数被试都选择了卖出股票。这可能是因为被试判断跌势延续，卖出锁定 5% 的盈利为最优策略。总之，股票盈利时被试根据对股票趋势的预测进行交易，知行合一，笔者对“售盈”时不存在认知偏差的猜测得以验证。假设 3-5 得到支持，经过进一步补充为：股票盈利时，账户框架对被试交易选择无显著影响。当被试判断股票趋势延续上涨时，会继续持有股票；当被试判断股票趋势延续跌势时，会卖出锁定利润。

走势与盈亏对被试交易选择决策的影响可总结为表 3-11，账户框架导致的交易决策变化有两处，已在表中加粗标出。处置效应中的“持亏”现象，在改变账户框架后消失了，因此可以判断处置效应中“持亏”现象与买入责任有极大关系。因此，从持仓盈亏与走势判断的角度可以把结论总结如下，加粗部分所描述的投资者行为即为处置效应中投资者的“持亏”行为。

表 3-11　走势与盈亏如何影响被试交易决策　单位：人

账户	盈亏	上涨	下跌	先涨后跌	先跌后涨
本人账户	盈利	持有	未检验	卖出	持有
	亏损	未检验	**持有**	**持有**	持有
他人账户	盈利	持有	未检验	卖出	持有
	亏损	未检验	**卖出**	**卖出**	持有

从走势判断角度分析，当投资者判断走势将上涨时，无论盈亏都会选择继续持有股票，账户框架对交易行为无影响；当投资者判断走势将下跌时，若盈利，则选择卖出，账户框架对交易行为无影响，若亏损，**操作本人账户交易的投资者非理性地选择持有**，操作他人账户交易的投资者理性地选择卖出。

从股票盈亏角度分析，当股票盈利时，账户框架对交易选择无影响，投资者根据涨跌预测进行理性交易；当股票亏损时，若投资者预测上涨，则两种账户框架下均选择持有，**若投资者预测下跌，操作本人账户交易的投资者非理性地选择持有**，操作他人账户交易的投资者理性地选择卖出。

进一步检验人口统计学变量对交易行为的影响，由于“售盈”时不存在认知偏差已得以检验，因此只检验亏损时人口统计学变量对交易行为的影响。检验结果如表 3-12、表 3-13 所示。

表 3-12　本人账户亏损时人口统计学变量对交易决策的影响　单位：人

人口统计学变量		序号 2		序号 4		序号 6	
		卖出	持有	卖出	持有	卖出	持有
性别	男	32（37%）	70（63%）	16（14%）	86（84%）	24（24%）	78（76%）
	女	12（43%）	16（57%）	5（18%）	23（82%）	5（18%）	23（82%）
专业	人文社科	29（31%）	64（69%）	15（16%）	78（84%）	21（23%）	72（77%）
	自然科学	15（41%）	22（59%）	6（16%）	31（84%）	8（22%）	29（78%）
股市经验	中等	27（37%）	46（63%）	12（16%）	61（84%）	15（21%）	58（79%）
	较少	17（30%）	40（70%）	9（16%）	48（84%）	14（25%）	43（75%）

从表 3-12 中可看出，在操作本人账户交易且股票亏损时，性别、专业、交易经验对交易决策无显著影响，男性被试选择卖出或持有的比例与女性被试选择卖出或持有的比例非常接近；人文社科专业被试选择卖出或持有的比例与自然科学专业被试选择卖出或持有的比例也非常接近；股市经验中等的被试选择卖出或持有的比例与股市经验较少的被试选择卖出或持有的比例同样非常接近。

表 3-13　他人账户亏损时人口统计学变量对交易决策的影响　　单位：人

人口统计学变量		序号 2		序号 4		序号 6	
		卖出	持有	卖出	持有	卖出	持有
性别	男	21（30%）	50（70%）	56（79%）	15（21%）	66（93%）	5（7%）
	女	6（32%）	13（68%）	14（74%）	5（26%）	16（84%）	3（16%）
专业	人文社科	21（32%）	44（68%）	49（75%）	16（25%）	60（92%）	5（8%）
	自然科学	6（24%）	19（76%）	21（84%）	4（16%）	22（88%）	3（12%）
股市经验	中等	13（24%）	41（76%）	45（83%）	9（17%）	46（85%）	8（15%）
	较少	14（39%）	22（61%）	25（69%）	11（31%）	36（100%）	0（0%）

从表 3-13 中可看出，在操作他人账户交易且股票亏损时，性别、专业、估计经验对交易决策亦无显著影响。

总之，影响投资者交易行为的是走势、股票的盈亏、账户框架，而非人口统计学变量。

四、讨论

菲利普和津巴多（2011）所著《心理学与生活》中已言明，心理学基础研究的目的是描述、解释、预测和控制行为。本书亦遵循该方法，对处置效应金融心理的研究遵循描述、解释、预测和控制四步。以上研究已完成描述，接下来将完成解释、预测和控制三步。

实验数据已表明，投资者在仅把走势图作为决策依据时，采用动量交易策略。投资者在判断走势将下跌时，由于股票亏损，依然选择持有股票，“持亏”倾向明显。当改变账户框架后，交易选择发生了逆转，“持亏”倾向消失，投资者回归理性判断与决策。

（一）动量交易或逆向交易

本章研究检验了被试在仅把走势图作为决策依据时，采用动量交易策略还是逆向交易策略。所有的设计都是为了控制被试仅以动量交易策略进行预测，检验的过程是为了确认设计是否有效。分别用标准差（*SD*）来衡量预测的波动性，用相关系数（*r*）来衡量预测的线性，用主观置信区间来衡量预测信心。三项指标综合衡量后，投资者采用动量交易策略。人口统计学变量（性别、专业、股市经验）对被试的预测行为无显著影响。

1. 预测的波动性讨论

用 5 天价格预测的标准差（*SD*）来衡量预测的波动性为研究的创新点之一。正因为是原创，在处理数据时，未标准化各走势图之间的价格差异，导致结果与假设相去甚远。发现问题后，笔者把价格都调整为以 100 为基数，检验结果与假设相符。被试在根据上涨与下跌走势图预测时，*SD* 值明显大于其他趋势，分别为 4.35 和 4.80。这说明被试预测走势将延续，5 个预测值之间差异很大。被试根据先涨后跌与先跌后涨走势图预测时，*SD* 值明显小于根据上涨和下跌走势图预测的价格序列 *SD* 值，略大于根据平衡走势图和干扰项走势图预测的价格序列 *SD* 值，说明被试根据先涨后跌与先跌后涨走势图预测未来走势时，其预测趋势延续的力度已比上涨和下跌走势图的趋势延续力度减弱。被试根据平衡走势图预测时，*SD* 值远小于根据上涨、下跌、先涨后跌和先跌后涨走势图预测的价格序列 *SD* 值，说明被试对未来的波动持保守心态，不敢轻易选择方向。标准差（*SD*）的检验结果其实并不能表明被试预测走势的延续，标准差只能用以检验预测的稳定性，因此以上讨论有一定的缺陷，但加上预测的线性结果后，以上讨论的逻辑缺陷被弥补上了。

另外，对于上涨与下跌走势图，研究用 *t* 检验发现性别、专业、股市经验对预测的波动性的影响并不构成显著差异。这与经验相符，股票投资能放大人性的贪婪与恐惧，贪婪与恐惧属于荣格“集体无意识”的范畴，人类与生俱来就有。因此下面的预测线性讨论与预测置信区间讨论，均不再讨论人口统计学变量对预测的影响。模拟交易部分的检验结果相同，人口统计学变量对交易选择行为并无显著影响，因此模拟交易部分也将不再讨论人口统计学变量对交易选择的影响。

2. 预测的线性讨论

用 5 天价格预测之间的相关系数来检验预测的线性，亦属研究的创新点之一。用 EXCEL 软件的函数 CORREL 计算出被试预测的 5 天价格序列的相关系数 r 后发现，根据上涨、下跌走势图预测的价格序列相关系数最大，分别为 0.84、−0.88；根据两张先跌后涨走势图预测的价格序列相关系数分别为 0.56、0.61；根据两张先涨后跌走势图预测的价格序列相关系数分别为 −0.62、−0.70；根据平衡走势图预测的价格序列相关系数为 0.14。

根据上涨、下跌走势图预测的价格序列相关系数最大，且分别呈强正相关关系和强负相关关系，说明被试根据上涨走势图预测未来走势时，会预测走势将延续上涨，被试根据下跌走势图预测未来走势时，会预测走势将延续下跌。如此大的相关系数表明绝大多数被试采用动量交易策略进行预测。

根据先跌后涨和先涨后跌走势图预测的价格序列相关系数有所减小，但依然分别呈强正相关关系和强负相关关系，说明被试将先跌后涨走势视为上涨走势，但走势力度有所减弱，被试将先涨后跌走势视为下跌走势，但走势力度也有所减弱。很少部分的被试在根据先跌后涨和先涨后跌走势图预测时，由于走势不如上涨与下跌走势明显，选择了逆向交易策略。

根据平衡走势图预测的价格序列相关系数最小，说明被试预测平衡走势图未来走势无明显涨跌方向。

研究还用 SPSS 的相关检验分别计算了上涨、下跌两种走势下，被试预测的 5 天价格序列两两之间的相关系数。发现任何相邻两天预测价格之间均呈强正相关关系，表明被试会依据之前的走势信息预测未来的走势，并做线性外延预测，时间越近的走势信息对预测的影响权重越大。

动量交易策略与逆向交易策略是两种相对立的交易策略，依据对未来走势延续或反转的判断而进行交易，与生活中的很多现象极为相似。例如，在赌场玩骰子赌大小时，如果连续开大，赌徒无形中分成了两派，一派认为趋势会延续，因此会一直押注买大，这类似于动量交易策略；而另一派会不断押注买小，因为他们认为开那么多次大了，出小的概率增加，有些赌徒甚至采用翻倍押注法，这类似逆向交易策略，下跌中不断补仓。当然，从概率的角度来看，无论连开多少次大，下一次开大或开小的概率没有发生变化。采取何种策略取决于对未来走势的判断，而判断走势的依据却各不相同，可因人而异，也可因判断依据而异。研究中给被试限定的判断依据为股价走势图。

Dalt 等（2019）研究了芬兰家庭交易指数基金（Exchange Traded Fund，ETE）是采用动量交易策略还是逆向交易策略，发现投资者更倾向于使用动量交易策略，判断走势的依据是该指数基金近期的表现与涨幅。Hill（2019）把 RSI 指标作为对未来走势判断的依据，用以确定股票的价格转折点，研究发现仅把 RSI 作为判断依据，准确率还比较低，需要结合其他因素一起才能提高准确率。类似的判断指标还有 MACD、DMI、KDJ、FSL、OBV 等，各指标的用法在此不做赘述，而且凭借单一指标就能在资本市场上获利也是小概率事件。

投资者判断未来走势的依据千差万别，在真实交易中，通常是一个综合的判断与决策过程。例如，2020 年 8 月我国创业板注册制实施后，创业板股票单日涨跌幅限制从 10% 调整为 20%，资金开始进行疯狂击鼓传花逐利。在这个过程中天山生物股票成了市场焦点，7 个交易日涨幅为 175%，其中有 4 个交易日涨幅为 20%。在上涨过程中，就走势而言可谓完美，任何一日都看不出逆转迹象。但投资者判断股价方向的指标不仅仅是走势，还有更多的信息用来判断决策。股票长期上涨的驱动因素通常是公司的业绩，而天山生物炒作也有业绩驱动因素——牛肉涨价，但滑稽的是天山生物公司一共只有 596 头牛，可谓“牛皮”吹大了，这是投资者判断走势的依据之一。股价炒作过程中公司不断提示风险，不存在应披露而未披露信息，这也是投资者判断走势的依据之一。截至 2020 年，天山生物过去 6 年的合计亏损超过 20 亿元人民币，这还是投资者判断走势的依据之一。最后，监管层出手，直接用停牌的方式让公司自查。经验丰富的投资者都知道，监管层的目的并非真的让公司自查，而是停止股票交易，表明态度，还有更强硬的手段惩罚没有业绩支撑的股价炒作。该股票炒作过程中成交量和换手率巨大，表明投资者对未来走势的预测分歧巨大，原因就是判断的依据过多。从该案例可以看出，投资者预测未来走势的信息过多，而实验研究方法的优点是可以严格控制实验条件，因此研究中仅把走势图作为判断依据，抹去了其他信息，这样才能准确检验投资者仅凭股票走势做判断依据时，是否预测走势线性外延。

那为何投资者会做线性外延的预测？牛顿第一定律表述为任何物体都要保持匀速直线运动或静止状态，直到外力迫使它改变运动状态为止。投资者的思维也如此，股票趋势一旦形成，短期难改变方向。股市 200 多年的历史已表明，没有只涨不跌的股市，也没有只跌不涨的股市，但这是从长期而言。从短期而言，股市在极度疯狂或恐慌时，会让投资者忘了股市长期会反转。牛顿第一定律也被称为惯性定律，人们的思维通常也遵从惯性定律，因此短期而言，投资者仅凭股票走势做判断依据时，会预测走势线性外延。研究中 5 个预测值两两之间的相关系数随时间推移而减小，说明了投资者短期通常采用动量交易策略，长期通常采用逆向交易策略。

3. 预测的置信区间讨论

本研究用心理学的研究方法研究经济现象，主观置信区间为心理学常用指标之一，把主观置信区间标准化为 *SCI* 指标，用以检验被试对未来 5 天股票价格的预测是否随时间推移而信心减弱。检验结果表明，被试根据上涨和下跌走势图预测未来 5 天价格区间时，预测的信心会逐步下降，体现在主观置信区间指标 *SCI* 上为该值逐渐增大，最后一天达到最大；而被试根据先涨后跌、先跌后涨和平衡走势图预测未来 5 天价格区间时，*SCI* 值变化无明显规律，但被试初始预测信心较强。

将主观置信区间的研究作为对线性预测研究的补充，研究结果还是很有意义的。置信区间 *SCI* 检验结果表明投资者对未来 5 天价格预测时，第一天的预测信心最强，而交易部分仅要求被试做出卖出或持有的交易选择，该选择根据对第一天的走势预测即可完成。另外，趋势明显的上涨、下跌走势图重测后，有可能 *SCI* 逐渐增大的结果被推翻，但由于 10 张走势图对应的第一天 *SCI* 值均最大，有理由相信重测后初始预测信心依然为最强。

在仅依据股价走势图做预测时，投资者初始预测信心最强，可以通过以下两方面进行解释。

首先，人有模糊规避的心理，模糊状态下的预测信心较弱。正如 Fox 和 Tversky（1995）指出的那样，非确定性下的决策不仅取决于非确定性的程度，还取决于非确定性的来源。对于我们的信心而言，对距我们越远时点的预测信心越弱。主观信心倾向于随着获得更多的可凭借的信息而增加（Oskamp，1965），反之，随着可凭借的信息量逐步减少，预测信心也会逐渐减弱。当被试做第一天的预测时，可以凭借的信息量还很大，而在做接下来几天的预测时，可凭借的信息量越来越少。在被试依据趋势明显的上涨走势图和下跌走势图做预测时，由于其预测趋势可延续多天，后几天的预测虽然可凭借信息量减少，但是每天逐渐减少一些，因此 *SCI* 值逐渐增大。在被试依据趋势强度弱于上涨走势图与下跌走势图的先跌后涨走势图与先涨后跌走势图做预测时，由于其无信心趋势可延续多天，因此第二天后 *SCI* 值变化无规律，仅初始预测信心较强。

其次，动量交易策略与逆向交易策略并存于投资者心里。经历过牛熊周期的投资者都清楚，无论多么强劲上涨的股票，总有到顶的一天，无论大盘下跌多么凶猛，总有见底的一天。但这里要强调，个股的下跌与大盘的下跌不同，个股在下跌过程中不一定会反转，退市制度导致很多个股下跌后一去不复还，投资者血本无归。换言之，投资者清楚趋势会反转，只是不知道何时反转。因此，投资者在仅凭走势图做预测时，虽然预测短期趋势会延续，但他们趋势延续的信心越来越弱。研究仅要求被试做 5 天价格预测，若改为 10 天价格预测，趋势最强的上涨走势图与下跌走势图对应的 *SCI* 值到后几天可能也会无规律变化。需要强调的是，动量交易策略与逆向交易策略孰优孰劣非本书的研究主题。有经济学背景的研究者通常会研究孰优孰劣，终极目的是找到最优的盈利模式。例如，Abukari 和 Otchere（2020）用已上市半个世纪（1965 年至 2015 年）的 2500 只股票，检验动量交易策略、逆向交易策略和混合策略孰优孰劣，他们发现，从长期而言，混合策略与逆向交易策略收益相近，从中期而言，混合策略与动量交易策略收益相近，混合策略整体表现优于动量交易策略和逆向交易策略。

（二）动量交易下的处置效应

预测部分检验结果已表明，限制被试仅把股票趋势图表作为决策依据，控制其采用动量交易策略进行预测，实验设计是成功的。交易部分是本章研究的重点，处置效应倾向在交易中表现出来才能研究被试产生处置效应倾向的心理。上一小节已从预测的波动性、预测的线性和预测的置信区间 3 个角度讨论了投资者的预测行为，结论是投资者仅把股票趋势图表作为判断依据时，遵从动量交易策略，即预测趋势短期将线性外延。

模拟交易部分的数据处理方法借鉴 Tversky 和 Kahneman（1990）在经济心理学研究中的方法，即统计被试选择卖出和持有的人数及占比，进而观察改变框架后卖出或持有的人数占比是否发生显著变化。

1. 账户亏损状态下的处置效应

经过检验被试对亏损股票的交易选择，结论是当持仓股票亏损且被试判断股票将延续下跌走势时，账户框架对其交易选择有显著影响；当持仓股票亏损且被试判断股票将延续上涨走势时，账户框架对其交易选择无显著影响。

研究中预设了 3 种亏损状态，分别是下跌走势图亏损 20%，先涨后跌走势图亏损 5%，先跌后涨走势图亏损 5%。对于先跌后涨走势图亏损 5% 的预设情形，账户框架对交易选择无显著影响，多数被试选择了继续持有股票。根据预测部分的研究，被试预测先跌后涨走势未来依旧上涨，而上涨将带来盈利，无论账户框架如何，预测上涨时持有为最优选择，因此多数被试选择继续持有股票为理性选择。

对于下跌走势图亏损 20% 与先涨后跌走势图亏损 5% 的预设情形，操作本人账户交易的多数被试选择了持有，分别占 78%、84%，而操作他人账户交易时发生了逆转，多数被试选择了卖出，分别占 91%、78%。根据预测部分的研究，被试预测下跌和先涨后跌走势未来依旧下跌，而下跌将让亏损继续扩大，最优策略应该是立刻卖出股票，止损出局。被试在账户框架不同时做出了完全对立的选择，这是研究的重要发现，不但处置效应倾向存在，而且处置效应倾向与买入责任有关，因此该发现分几个角度进行讨论。

首先，投资者处置效应倾向确实存在，但定义有缺陷。过往对处置效应的定义通常为投资者过长时间持有亏损股票，过短时间持有盈利股票。对于“持亏”行为，过往研究的定义中并未给出原因，这也是研究者对处置效应产生原因争论不休的原因。对于“持亏”行为，本研究的检验结果是，在操作本人账户交易时，被试预测股票将下跌而选择继续持有股票。这种知行相悖的行为，显然是一种认知偏差，暂且把这种投资者预测股票将下跌却选择继续持有股票的倾向定义为“持亏”。关于处置效应定义的重塑，将进一步完善。

其次，改变账户框架后处置效应消失，表明处置效应与买入责任有关。用更专业的心理学术语来说，处置效应与买入责任归因有关。当被试操作他人账户交易而不用负责时，回归到了理性状态，根据预测进行交易。既然被试预测下跌和先涨后跌走势未来依旧下跌走势，而下跌将让亏损继续扩大，他们选择了最优策略，及时卖出股票，止损出局。根据投资经验，在卖出亏损股票时，总是给人不舒服的感觉，因此卖出亏损股票也被称为“割肉”。割自己的肉是非常痛苦的，而卖出他人账户的股票不用负责时，变成割别人的肉，也就没那么痛了，交易选择可以回归理性。

前景理论的追随者研究了一系列人们根据启发决策而产生的认知偏差，在股市交易中表现明显的有过度自信、禀赋效应、框架效应等。这些认知偏差和处置效应一样，替他人决策时会消失。例如，股市有“1 赚 2 平 7 亏”的说法，即平均 10 个投资者中有 1 人赚钱、2 人不赚不赔、7 人亏钱。根据这一比例，很明显要从股市赚到钱非常困难，而根据笔者多年的投资经验，长期而言，能从股市中赚到钱的投资者比例远不足 10%，而更接近于 1%~5%。笔者观察到的是一拨拨的投资者在股市中财富被消耗殆尽。非股市投资者总会笑看股市投资者，认为投资者很傻，明知股市有风险而在里面搏杀赔钱。此时的非股市投资者类似替他人决策，认为投资者的最优策略应该是远离股市。这些非股市投资者一旦进入股市，其理性就完全消失了。这些新入股市的投资者通常的进入方式是在股市赚钱效应强时，看到别人快速赚钱而忍不住入市。新入市的投资者俗称新股民，一旦入市，各种认知偏差在他们身上显现无遗，最突出的认知偏差之一就是过度自信，他们开始相信自己就是那部分能从股市赚钱的佼佼者。认知偏差仅发生在自己身上，看待他人行为或替他人决策时，认知偏差又消失了。本研究改变账户框架后，处置效应消失，说明处置效应和买入责任有极大关系，投资者把已发生的亏损归因于他人。

Hermann 等（2019）做过类似研究，他们重复 Weber 和 Camerer（1998）的经典研究，用实验方式发现投资者代替他人决策时投资表现更差，表现出了更强的处置效应倾向，这与本研究的结论相悖。但他们的设计与本研究不同之处在于是否需要负责，本研究中被试无须对操作他人账户交易的盈亏负责，而在他们的研究中，由于被试拥有强烈的关心他人的内在动机，进而变成一种负担，这严重影响了投资业绩并产生了更强的处置效应倾向。

Lehenkari（2012）利用芬兰股市的真实交易数据，评估了 3 种最常被引用的处置效应解释方法：前景理论、均值回归和承诺升级，他证实了处置效应的存在，这并不是什么新的发现。但有趣的是，他搜集到了大量继承或受赠来的股票账户交易数据，与正常交易账户的交易数据进行对比，发现前一类账户的交易者处置效应倾向大幅减弱，这与本研究的结论相符。Lehenkari 研究依然存在缺陷，即无法知道投资者的买入理由。

最后，账户框架设计为应对处置效应提供了一种解决方案——买入责任转移，即把已形成亏损的责任归因于他人。Odean（1998）用真实交易大样本检验了处置效应对投资收益的影响，发现继续持有亏损股票会导致更大幅度的亏损。如何才能消除投资者预测股票下跌却依然不愿意止损离场的认知偏差？应对措施之一可依据本研究的结论而得出，转移买入责任。在真实交易中，买入责任通常是投资者本人，如何才能转移责任？高明的投资者会时刻提醒自己公正公平地看待市场，如果自己是在操作他人账户交易会如何交易。其实从股市盈利也没那么难，资本市场 200 多年的历史告诉我们，长期而言股市总是往上的。因此，如何理性地看待市场和交易才是关键。本研究提出的应对处置效应的方法之一就是责任转移，具体操作是投资者假装操作别人的账户，或者直接让别人帮着操作账户而不用负责。当然，在执行时会有一定的难度，假装操作别人账户可以假装到何种程度、能执行到何种程度等也就决定了投资者的收益率。把已形成亏损的责任归因于他人的具体方法可以继续探讨，但此方法不失为一种应对处置效应的有效方法。

2. 账户盈利状态下的处置效应

经过检验被试对盈利股票的交易选择，结论是账户框架对其交易选择无显著影响。当被试判断股票走势延续上涨时，会继续持有股票，当被试判断股票走势延续下跌时，会卖出锁定利润。

研究中预设了 3 种盈利状态，分别是上涨走势图盈利 20%，先涨后跌走势图盈利 5%，先跌后涨走势图盈利 5%。在 3 种情形下，账户框架对交易选择均无显著影响。对于上涨走势图盈利 20% 与先跌后涨走势图盈利 5% 的预设情形，两种账户框架下多数被试都选择了持有股票。根据预测部分的研究结论，投资者预测上涨走势与先跌后涨走势股票都将延续上涨走势，不同之处在于上涨走趋势的走势力度更大。投资者买入股票的目的是上涨获利，而预测股票继续上涨且继续持有为最优选择。

对于先涨后跌走势图盈利 5% 的预设情形，两种账户框架下多数被试都选择了卖出股票。根据预测部分的研究结论，投资者预测先涨后跌走势股票都将延续下跌趋势，既然股票即将下跌，最优策略就是卖出股票。被试也践行了最优策略，卖出股票而锁定已获得的 5% 盈利。

在股票盈利时，账户框架未对被试交易行为造成任何影响，这说明卖出盈利股票时不存在认知偏差，认知偏差仅发生在判断走势下跌而处置亏损股票之时。

3. 修正和重塑处置效应定义

通过以上讨论，处置效应最初的定义存在不合理之处，需要修正与重塑。Shefrin 和 Statman（1985）最初提出处置效应之时，将其定义为“投资者过早卖出盈利股票，过长时间持有亏损股票”，过早卖出盈利股票等同于持有盈利股票时间过短。关键术语界定部分已说明，该定义在本书中反复出现，而表达又有些拗口，为了不浪费篇幅，笔者将其简化为“售盈持亏”的交易行为。迄今 30 多年过去了，未有学者对该定义提出过质疑，笔者将在下文中详细讨论并修正处置效应的定义。

对走势与盈亏如何影响被试交易选择决策的分析，相关结论已汇总于表 3-11。为了更直观地理解结论，根据预测研究部分的结论，把上涨与先跌后涨合并为预测上涨，把下跌与先涨后跌合并为预测下跌，从而把结论精简为更直观的表 3-14。

表 3-14　走势判断与盈亏如何影响被试交易决策

账户	盈亏	预测上涨	预测下跌
本人账户	盈利	持有	卖出
	亏损	持有	**持有**
他人账户	盈利	持有	卖出
	亏损	持有	**卖出**

从简化后的表格中很容易看出，账户框架导致的交易决策不同仅有一处，已在表中加粗标出，发生在账户亏损且预测趋势将下跌时。根据表 3-14，可以从走势判断角度和账户盈亏角度总结出两条结论，加粗部分即为处置效应中的“持亏”倾向。

从走势判断角度分析，当投资者判断走势将上涨时，无论盈亏都会选择继续持有股票，账户框架对交易选择无影响；当投资者判断走势将下跌时，若盈利，则选择卖出，账户框架对交易行为无影响，若亏损，**操作本人账户交易的投资者非理性地选择持有**，操作他人账户交易的投资者理性地选择卖出。

从账户盈亏角度分析，当账户盈利时，账户框架对交易选择无影响，投资者根据对涨跌的预测进行理性交易；当账户亏损时，若投资者预测走势上涨，则两种账户框架下均选择持有，**若投资者预测走势下跌，操作本人账户交易的投资者非理性地选择持有**，操作他人账户交易的投资者理性地选择卖出。

处置效应原始定义的上半句为“投资者过早卖出盈利股票”，但以上分析已表明，投资者处置盈利股票时，账户框架对交易选择无影响，投资者根据对未来走势的判断理性地交易，判断上涨选择持有，判断下跌选择卖出，并不存在认知偏差。处置效应原始定义的下半句为“过长时间持有亏损股票”，该偏差在本研究中表现明显，操作本人账户交易时，投资者判断走势下跌而继续持有股票，操作他人账户交易时回归理性，判断走势下跌则卖出股票。

因此，根据研究结论，暂将处置效应的定义应该修正为“投资者在预测股票将下跌时，仍继续长时间持有亏损股票的认知偏差”。之所以是暂时修正，是因为仅依靠本章的研究进行修正过于草率，根据下面两章的研究可以对处置效应的定义做一步修正。

Shefrin 和 Statman 对处置效应所下的定义存在缺陷，以及后来者无人对该定义提出疑问的原因，可能是研究者们无交易经验或无丰富的交易经验。经济学的研究通常以数学为基础，在进行数学推导时会有很多假设条件，而这些假设条件可能不成立或成立的概率很小，但对结论的影响权重又很大，最终的结论可能会产生谬误。Shefrin 和 Statman 最初用大数据检验发现处置效应，对于“持亏”部分的发现与本发现相符。对于“售盈”部分，Shefrin 和 Statman 用真实交易数据进行检验，但“售盈”前的持有时间与“持亏”时间进行比较时才体现出“较短”，而不进行比较时，“售盈”前持股时长是交易策略问题，与认知偏差无关。“持亏”时长大于“售盈”前的持股时长，仅能说明“持亏”是认知偏差，并不能说明“售盈”也是认知偏差。Odean（1998）用更大样本的真实交易数据检验处置效应现象，发现投资者盈利时过早卖出了股票，亏损时持有时间过长。这仅能说明投资者卖出点非最优点，并非认知偏差。Odean 的检验结果其实可用股市大盘长期往上进行解释，股票指数的上涨通常由最优秀的公司贡献，如美国 2010 年至 2020 年股市连续上涨，但指数的上涨由苹果、特斯拉、Google、亚马逊等头部公司贡献，去除这些头部公司后，美国股市过去 10 年几乎无涨幅。何时卖出最优，即持股多长时间最优，是一个世界性的难题，至今无人能解决，预期将来也不太可能有人完美解决。

为了更清晰地表述该问题，笔者绘制了如图 3-10 所示的模型，描述了投资者买入股票的决策过程和买入后的股票运行轨迹，可以从数学角度解释为何投资者持有盈利股票时间较短。

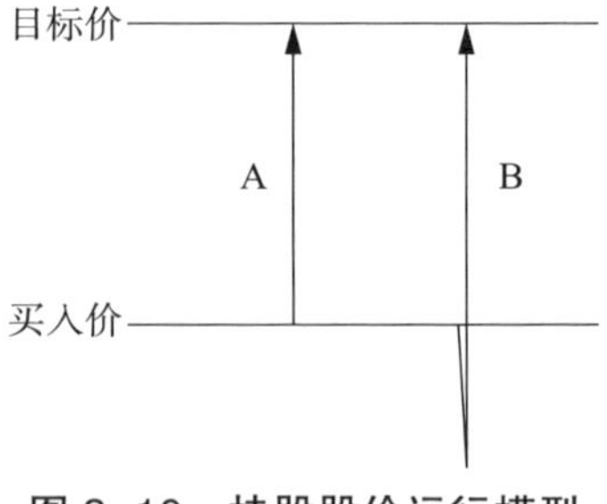

图 3-10　持股股价运行模型

投资者无论以何种理由买入股票，买入时一定是预期股票将上涨给自己带来盈利，否则就不会买入股票。当然，对冲交易除外，对冲交易中的处置效应心理将在第五章研究，投资者在对冲交易中通常不存在认知偏差。股票买入后，会有一定的概率上涨和一定的概率下跌，如图 3-10 所示，把买入后的运行轨迹分为 A 和 B，轨迹 A 表示买入后股价如期上涨，达到目标价后卖出，而轨迹 B 表明买入后股价未如期上涨，反而下跌，但买入理由还在，持有等待股价涨回到成本股价，进而再涨到目标价卖出。轨迹 A 所花费的时间通常短于轨迹 B 所花费的时间，但并不能说轨迹 A 背后的投资者行为是一种认知偏差。显然，轨迹 B 背后的投资者行为也不是一种认知偏差，因为投资逻辑还在，下跌真的是短期的。认知偏差可能发生在轨迹 B 里的情形是，当投资者买入股票后股价下跌，且发现投资逻辑已不存在时，却幻想股价还能涨回去，这才是处置效应现象背后的真正认知偏差。

五、本章主要结论及局限性

本章以问卷方式研究了投资者仅把股价走势图作为决策依据时采用动量交易策略或逆向交易策略，通过走势图设计，严格约束投资者仅能采用动量交易策略进行交易，进而检验了投资者采用动量交易策略时的处置效应倾向，现将主要结论及局限性整理如下。

（一）主要结论

现将被试从预测到交易部分的结论，以及实验中探索发现的结论进行总结。

1. 预测部分结论

投资者仅把股价走势图作为决策依据时，会根据走势图的趋势做线性外延预测，即采用动量交易策略。

（1）预测的波动性

被试根据上涨、下跌走势图预测的价格序列标准差（*SD*）最大，根据先涨后跌、先跌后涨走势图预测的 *SD* 次之，而根据平衡走势图预测的 *SD* 最小。

（2）预测的线性

被试根据上涨、先跌后涨走势图预测的价格序列呈正相关关系，且上涨走势图对应的相关系数大于先跌后涨走势图对应的相关系数；被试根据下跌、先涨后跌走势图预测的价格序列呈负相关关系，且下跌走势图对应的相关系数大于先涨后跌走势图对应的相关系数；被试根据平衡走势图预测的价格序列呈弱相关关系，且相关系数最小。总体的相关系数的大小排序为上涨、下跌走势最大，先涨后跌、先跌后涨走势次之，平衡走势最小。

（3）预测的置信区间

被试根据上涨和下跌走势图预测未来 5 天价格区间时，预测的信心会逐步下降，体现在主观置信区间指标 *SCI* 上为该值逐渐增大，最后一天达到最大；而被试根据先涨后跌、先跌后涨和平衡走势图预测未来 5 天价格区间时，*SCI* 值变化无明显规律，但被试初始预测信心较强。

2. 交易部分结论

投资者处置效应倾向明显，但“售盈”时不存在认知偏差，认知偏差仅发生在“持亏”之时；当投资者操作他人账户交易且不用负责时，处置效应倾向完全消失。

（1）走势判断与交易行为

从走势判断角度分析，当投资者判断走势将上涨时，无论盈亏都会选择继续持有股票，账户框架对交易行为无影响；当投资者判断走势将下跌时，若盈利，则选择卖出，账户框架对交易行为无影响，若亏损，**操作本人账户交易的投资者非理性地选择持有**，操作他人账户交易的投资者理性地选择卖出。

（2）股票盈亏与交易行为

从股票盈亏角度分析，当股票盈利时，账户框架对交易选择无影响，投资者根据对走势涨跌的预测进行理性交易；当账户亏损时，若投资者预测走势上涨，则两种账户框架下均选择持有，**若投资者预测走势下跌，操作本人账户交易的投资者非理性地选择持有**，操作他人账户交易的投资者理性地选择卖出。

3. 人口统计学变量与预测

性别、专业、股市经验对预测的波动性、线性、置信区间以及交易行为，均不构成显著影响。

4. 处置效应定义重塑

投资者在“售盈”时不存在认知偏差，而在“持亏”时存在认知偏差。将处置效应的定义暂时修正为“投资者在预期股票将下跌时，仍继续长时间持有亏损股票的认知偏差”，接下来的研究会对该定义继续修正。

5. 处置效应应对方法之一

改变账户框架后处置效应消失，表明处置效应与买入责任有关，即投资者把已形成的持仓亏损归因于他人后处置效应就会消失。因此，应对处置效应的方法之一为让投资者把买入责任转移，即把已形成亏损的责任归因于他人，从而进行理性交易。例如，投资者交易之前先问自己，如果这是别人的账户，该如何判断与交易，进而按这种理性判断进行交易。

（二）局限性

本章研究虽有所创新并有所发现，但研究中仍存在一定局限性。局限性主要来自采用真实交易的走势图数据，对严格控制实验条件产生一定影响。

首先，走势图可能给出了未曾预料到的更多信息。本研究中抹去了走势图所对应的股票名称，但经验丰富的投资者有可能会根据股价猜到部分走势图对应的股票，进而根据记忆中图的后期走势进行预测与交易。但即便有此类交易者，占比也非常小，对结论影响甚微。

其次，同一类型走势图的趋势与波动有所差异。例如，先涨后跌与先跌后涨的走势图各两张，但走势图趋势与波动有细微差异，或多或少会对结论产生一定影响。

最后，亏损幅度会导致持股心理发生变化。本研究预设了亏损 20%、亏损 5% 两种情形，而亏损幅度会导致投资者的卖出意愿发生变化，这将在第四章研究。

第四章

模拟交易处置效应金融心理

研究发现，处置效应是一种在股票交易中普遍存在的认知偏差，原始定义中“售盈”部分不存在认知偏差，偏差仅发生在“持亏”部分，因此第三章研究对处置效应的定义进行了修正与完善。第三章研究中使用真实股价走势图进行实验，而真实走势图或多或少会透露一些实验所不能控制的信息，对被试决策会产生一定影响，本章研究将解决此问题。本章研究对 Weber 和 Camerer（1998）设计的经典处置效应研究实验进行改进，回归纯粹的模拟交易，通过设计更严格地控制实验条件，排除可能影响实验结果的所有其他变量。本章研究将采集大量模拟交易数据，从不同角度切入处置效应研究，探究处置效应产生的心理原因，根据研究结果提出更多应对处置效应的方法。

一、引言

对处置效应研究的详细综述已在第二章完成，因此本章不再赘述，仅简要综述涉及本章研究的文献。

（一）研究简述

Kahneman 和 Tversky（1979）在完成诸多开创性研究后提出了前景理论，前景理论认为人的决策不取决于期望效用，而取决于参照点，把判断与决策理论研究往前推进了一大步。决策理论的发展经历了“财富最大值”、圣彼得堡悖论、期望效用理论、阿莱悖论，到目前的前景理论，预期将来会有更优秀的研究人员把决策理论继续推进。前景理论认为，人依据参照点将结果编码为收益与损失，在收益区域风险厌恶，在损失区域中风险寻求。依据参照点确定收益或损失进行决策被称为参照点效应，在收益区域和损失区域风险偏好的不同被称为反射效应。

前景理论应用于金融市场时，参照点与历史水平、期望水平和同伴决策有关。在股票投资中，历史水平参照点中最重要的是成本价，次之为最高价、最低价等。期望水平参照点指投资者把心理预期的一个水平作为参照进行决策，如预期盈利 20% 止盈，预期亏损 5% 止损。同伴决策参照点效应指投资者将决策的参照点定为同行或朋友的决策，也称决策的“同群效应”，如很多投资者跟随朋友、专家的交易而交易，无视他人交易逻辑。参照点效应在应用领域的研究尤为广泛，Thaler（1985）在营销领域研究了参照点的作用和影响，Bowman 等（1999）研究了消费储蓄模型中的参照点效应，Schmidt（2016）研究了保险行业中参照点的重要性，Zhou 等（2019）基于前景理论检验了参照点在组合投资时如何影响群体决策。

Shefrin 和 Statman（1985）把“投资者过早卖出盈利股票和长期持有亏损股票的倾向”定义为“处置效应”，此处的盈利与亏损均是把买入成本价作为参照点进行衡量。成本价又是投资中最重要的历史参照点，因此，用前景理论来解释处置效应时，暗含了投资者仅把买入价作为参照点这一前提。正如上一段所述，参照点与历史水平、期望水平和同伴决策有关，本章研究将严格控制被试的决策参照点。

Odean（1998）开创性地使用纽约证券交易所（NYSE）的真实交易数据检验处置效应，后来者用同样的方法检验他国样本，结果都大同小异。然而，使用真实交易数据研究处置效应金融心理存在诸多问题。首先，由于无从知晓投资者的买入逻辑和卖出逻辑，检验结果可能只是一种现象，并非偏差。如对冲交易中的“持亏”并非认知偏差，仅用于对冲风险。其次，在对处置效应进行解释时，由于无从知晓投资者的预期和决策过程，所有的讨论与解释都只是一种猜测，无法保证准确性。因此，本章将在 Weber 和 Camerer（1998）的经典设计之上进行改进，设计模拟交易系统，严格控制被试决策参照点，探究处置效应金融心理，该实验能够直接观察到被试的交易决策、交易价格和交易逻辑。

（二）原始设计缺陷

Weber 和 Camerer（1998）的设计可谓经典，无数后继者用不同研究对象重复着该实验。然而，后继者对其研究方法几乎无改进，仅用其方法重复研究，结论也大同小异。很多研究仅增加了人口统计学变量的检验，并未推动处置效应研究的实质性进步。根据 Google 学术查询结果，截至 2020 年 9 月 4 日，Weber 和 Camerer 的文章《证券交易中的处置效应实证研究》被引用 1086 次，但重复该实验的最新研究依旧未改进研究设计，如 Cecchini 等（2019）研究了处置效应的个体差异；Hermann 等（2019）研究了替他人决策时处置效应的差异。

在本研究开始之初，笔者用小样本重复了 Weber 和 Camerer 的实验，结果令人大吃一惊，非但处置效应不存在，而且检验结果为"售亏持盈"，得出完全相反的结论。为了研究的严谨性，笔者加大样本量，结果依旧。产生差异的原因有二：首先，笔者的交易系统为电子化交易系统，而原始实验设计需要被试手动记录交易过程和用计算器手动计算损益。对于非会计专业人士而言，用计算器手动计算交易成本、交易损益较为困难，若其中有补仓交易，计算平均成本会变得更为复杂。因此，被试可能为了避免复杂的计算，买入后不轻易交易，"持亏"现象就此产生，但显然这种"持亏"并非处置效应所述的"持亏"。其次，笔者选择的被试均为有真实交易经验的投资者，而原始实验中的被试学生居多。真实市场的投资者或多或少学会了止损，而学生无交易经验或交易经验较少，处置效应倾向表现会更强。虽然笔者不怀疑前辈数据的真实性，但后继者重复该研究时，实验条件已得到改善，结论无任何变化仍然让我疑惑。

笔者不怀疑处置效应的广泛存在，而且本书第三章亦证实了其广泛存在。因此，笔者需要改进实验设计，更合理地采集被试交易数据，探究处置效应金融心理。随着交易系统的进步和交易规则的变化，Weber 和 Camerer 的设计已无法达到实验要求，与我国的真实市场交易规则大为不符，因此有必要提出其设计缺陷并加以改进。

1. 绝对值波动设计不合理

Weber 和 Camerer 的原始设计中采用每期随机涨跌 1 马克、3 马克或 5 马克，后来研究者也均采用 1 个、3 个、5 个单位涨跌的设计。图 4-1 为 Weber 和 Camerer 实验所用原始图，该图横轴为期数，纵轴为价格，一共包含 6 只股票，从股票 A 到股票 F，每只股票每期的涨跌概率已预先设定，初始价格各不相同，但每期以绝对值 1 马克、3 马克或 5 马克进行涨跌。这种绝对值波动设计存在两个缺陷。

首先，不同价格的股票波动相同绝对值时涨跌幅度比例相差较大。真实的股票价格绝对值相差很大，2020 年 9 月 2 日我国股市收盘价最高的股票为贵州茅台，报 1770 元，收盘价最低的股票为 *ST 富控，报 1.09 元。如果次日同样上涨 5 元，对于贵州茅台而言上涨幅度仅为 0.28%，而对于 *ST 富控而言上涨幅度高达 458.72%，当然，*ST 富控为上海证券交易所主板的股票，单日最大涨跌幅为 10%，以 1.09 元收盘价计算，单日最大涨幅必须小于 0.11 元，458.72% 的涨幅已不符合交易规则。为了避免股票曲线初始纠缠在一起，Weber 和 Camerer 的初始设计中的 6 只股票价格跨度约 100 马克，如此大的跨度，所有股票均采用 1 个、3 个、5 个单位波动显然不合理。

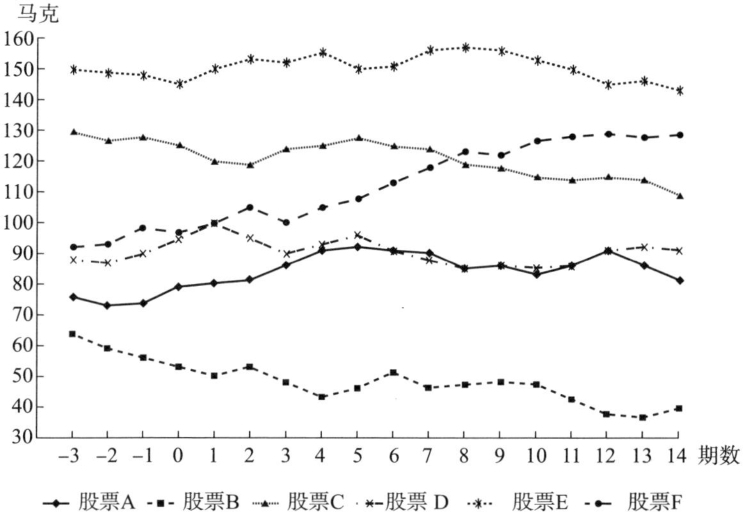

图 4-1　Weber 和 Camerer（1998）实验所用图表

其次，高价股收益波动小，低价股收益波动大。由于 1 个、3 个、5 个波动单位对于高价股而言，波动幅度较小，而对于低价股而言，波动幅度较大，这会导致收益的波动出现差异。再以贵州茅台和 *ST 富控为例，1 个、3 个、5 个波动单位对于贵州茅台而言如九牛一毛，对 *ST 富控而言却翻天覆地。假设某投资者在两只股票上分别投资 10 万元，次日两股票均上涨 1 元，对于投资贵州茅台的 10 万元，仅盈利 56 元，而对于投资 *ST 富控的 10 万元，已盈利 9.17 万元，本金已近乎翻倍。Weber 和 Camerer 初始设计中的 6 只股票价格，最高股价约是最低股价的 3 倍，那收益的波动也约为 3 倍。如果投资者预判两只股票均上涨，投资低价股显然为最优策略。因此，1 个、3 个、5 个波动单位的设计，对实验条件控制不够严格，会影响实验结果。本书的研究将采用每期 3%、5%、7% 的相对比例波动设计，研究设计部分会详述。

2. 处置效应衡量指标缺陷

Weber 和 Camerer 的研究中衡量处置效应的方法为统计每只股票在盈利、亏损和持平时卖出的金额，进而比较盈利时卖出的金额与亏损时卖出的金额，若前者大于后者，则表明处置效应存在，这与 Odean 的衡量方法相似。如前文所述，Odean（1998）采用比较 *PLR* 与 *PGR* 的大小来衡量处置效应。二者的不同之处在于前者使用绝对值，而后者使用相对值，统计方法完全一样。他们开创性的统计方法非常值得称赞，但均未抓住处置效应的本质，上述方法存在以下缺陷。

（1）处置效应衡量指标中未去除“售盈”部分

第三章研究已表明，投资者在卖出盈利股票时，并不存在认知偏差，他们根据自己对未来的预测知行合一地进行交易决策，处置效应仅发生在亏损时，投资者预测行为与交易行为相悖，预测下跌却依然长时间持有股票。

既然“售盈”时不存在认知偏差，认知偏差仅发生在“持亏”时，那计算处置效应时，不应把“售盈”作为参照点进行比较。Weber 和 Camerer 的统计方法受 Shefrin 和 Statman 对处置效应定义的影响，即“过长时间持有亏损股票，过短时间持有盈利股票”，包括 Weber 和 Camerer 在内的后继研究者从未想过“售盈”时不存在认知偏差，因而他们使用的衡量指标未抓住处置效应的本质。第三章的研究笔者重塑了处置效应定义，处置效应的本质是投资者在亏损时，即使预测股票将下跌，也不愿意止损出局，减少损失，相反会幻想未来还能涨回，最后可能导致亏损幅度越来越大。本章研究中处置效应的衡量指标与“售盈”交易数据无关。

（2）未明确投资者的参照点

在阐述 Weber 和 Camerer 的设计未明确投资者的参照点之前，需要对真实股票交易的过程做简要介绍。假设某投资者以价格 P 买入 1 股某股票，随后，该股票的价格下跌了 D，最新价格变为 $P-D$，此时投资者亏损 D，若此时卖出股票，则称为卖出“亏损”股票。此时投资者有两种选择，卖出或持有该股票。如果他继续持有该股票，该股票接下来有两种走势，回到买入价 P 或再次下跌 D，价格变为 $P-D-D=P-2D$，此时投资者亏损 $2D$。相反，若买入后价格上涨了 U，最新价格变为 $P+U$，此时投资者盈利 U，若此时卖出股票，则称为卖出“盈利”股票。此时投资者同样有两种选择，卖出或持有该股票。如果他继续持有该股票，该股票接下来也有两种走势，回到买入价 P 或再次上涨 U，价格变为 $P+U+U=P+2U$，此时投资者盈利 $2U$。

以上对盈利与亏损的描述，均把买入价 P 作为参照点，投资者对盈亏的感受，也仅把买入价 P 作为参照点。若真实交易如此，那 Shefrin 和 Statman 等的计算方式不存在任何问题。但若投资者在交易过程中有补仓或加仓交易，那他们统计方法的缺陷将暴露出来，因为投资者的参照点发生了变化，且无法准确知晓其参照点。补仓指投资者在亏损时，追加买入以降低平均持仓成本。加仓指投资者在盈利时，判断股票将继续上涨，而追加买入。

①补仓。

在上例中，当价格从 P 下跌了 D 之后，有些投资者会选择补仓降低平均成本，投资者的补仓心理分为两类。

第一类为投资者预测股票趋势将反转上涨。在此种情形下，假设投资者以 $P-D$ 的价格补仓 1 股，平均成本会从 P 变为 $P-D/2$，此时投资者会把 $P-D/2$ 作为参照点，一旦价格涨到 $P-D/2$ 之上，则视为盈利。此种情形下，参照点从 P 变为 $P-D/2$。第二类为投资者预测股票趋势仅会反弹，反弹后继续下跌。在此种情形下，假设投资者以 $P-D$ 的价格补仓 1 股，平均成本会从 P 变为 $P-D/2$，但由于投资者预测价格仅为反弹，在价格未达到 $P-D/2$ 之前迅速卖出补仓的 1 股，留足现金等待下一次下跌后继续补仓，不断摊低成本。在此种情形下，投资者补仓后的参照点并非 $P-D/2$，而是 $P-D$，一旦价格超过 $P-D$，视为补仓部分盈利，迅速卖出。

图 4-2 会更直观地显示该例中投资者决策过程中的参照点，无论预测反转或反弹，参照点都已不再是 P，因此贸然把 P 作为参照点衡量处置效应，有失妥当。

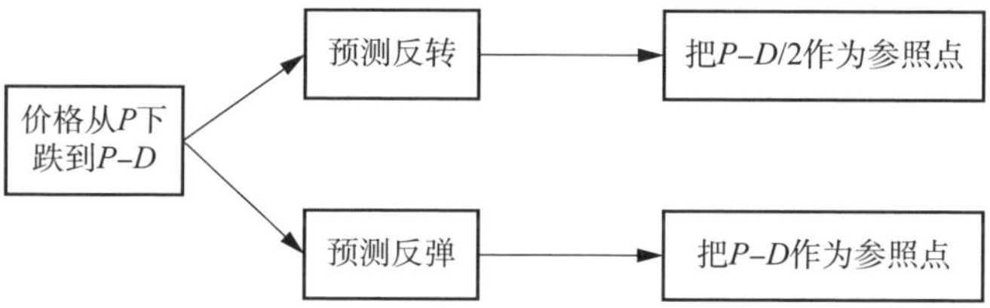

图 4-2　补仓参照点

②加仓。

在上例中，当价格从 P 上涨了 U 之后，有些投资者会预测价格将继续上涨而加仓买入，以赚取更大利润。若投资者以价格 $P+U$ 加仓 1 股，平均成本将变为 $P+U/2$，此时多数投资者会把 $P+U/2$ 作为参照点，一旦股价跌破 $P+U/2$，则视为亏损，参照点已不再是 P。由于盈利时投资者会根据其对未来走势的预测进行交易，不存在认知偏差，因此不重点讨论加仓情形。

无论是补仓还是加仓，投资者的参照点都发生了变化，而真实交易中投资者的交易逻辑各不相同，参照点会更为复杂多变，难以把握。若投资者进行多次加仓、补仓，参照点变得尤为复杂，只有投资者清楚自己的参照点是何价格。因此，贸然把买入价或补仓价作为参照点计算盈亏而研究处置效应，结论值得商榷。Shefrin、Statman 和 Odean 均采用会计学上先进先出（“FIFO”）原则和后进先出（“LIFO”）原则计算投资者盈亏，这种统计方法的问题有二。首先，分别采用两种方式计算，表明研究人员无法确认投资者的参照点。若研究者能准确知晓投资者的参照点，就可以准确选定方法。其次，上文对补仓的论述已表明，有些投资者的交易适合用“FIFO”原则计算，有些投资者的交易适合用“LIFO”原则计算，还有些投资者的交易两种原则均不适合。

Odean（1998）采用真实交易数据研究，更无从知晓投资者的买入逻辑和参照点，采用该计算方法可能已是最优路径。但 Shefrin 和 Statman（1985）的研究采用实验方式完成，可以控制被试的参照点，但可能由于两位前辈交易经验不够丰富，未严格控制此实验变量。本章研究设计将严格控制参照点，计算盈亏时不会产生争议。

（3）用个股盈亏时的卖出量做对比不合理

图 4-1 为 Weber 和 Camerer（1998）研究中使用的原始走势图，由于每只股票的上涨概率不同，持有上涨概率大的股票的投资者大概率处于盈利状态，而持有下跌概率大的股票的投资者大概率处于亏损状态。在同一只股票上，上涨概率决定了投资者持仓的盈亏不均衡，用盈利和亏损时卖出金额的绝对值进行比较不合理。例如，图中股票 D 的上涨概率为 65%，投资者无论在任何时点买入都很难发生亏损，换言之，亏损时卖出股票 D 的数量几乎为 0，很难超过盈利时卖出的数量。

采用绝对卖出量进行比较，应该没有采用相对卖出量进行比较合理。计算盈利的卖出量与盈利持有量的比值，并计算亏损的卖出量与亏损持有量的比值，再对两个比值进行对比，可以发现盈利时卖出的比例与亏损时卖出的比例孰大孰小。

二、研究方法

由于本书为交叉学科研究，虽采用心理学常用的实验方法进行研究，但与传统心理学的研究有所不同，涉及经济学领域大量的专业知识。因此，笔者会先对背景知识做简要介绍，再按传统心理学研究路径开展研究。

（一）背景介绍

1. 股票交易最小申报单位

股票交易最小申报单位各国家及地区都不相同，此处对我国、美国和我国香港资本市场的最小申报单位做简要介绍。截至 2020 年底，我国的 A 股股票以“手”为单位进行申报交易，1 手 =100 股。在买入时，必须严格以手为单位进行申报，在卖出时，若因为送股、配股、转股等原因产生不足 1 手的股票，也可申报卖出，但不能把持仓的整手股票拆分到不足 1 手卖出[①]。股价差异导致交易 1 手股票的金额差异比较大，2020 年 9 月 2 日收盘价格最高的股票贵州茅台，交易 1 手的金额为 17.95 万元人民币，而交易 1 手价格为 1 元多的股票的金额仅为 100 多元人民币。美股以“股”为单位进行申报，成熟市场的股票价格差异更大，如 2020 年 9 月 2 日收盘，美国最高的股票为全世界最知名、受人喜爱与尊重的巴菲特控股的伯克希尔·哈撒韦，股价为 332839.980 美元，而价格最低的美国股票股价仅为几美分。如果伯克希尔·哈撒韦按我国的规则以“手”为单位申报交易，那 100 股的交易金额高达约 3300 万美元，有能力购买的投资者太少，会严重影响股票的流动性。但对于股价低到 1 美分的股票，以“股”为单位申报也极不方便，股票数量经常看上去如天文数字一样大。我国香港的股市申报交易改进了 A 股与美股的最小申报单位规则，虽以“手”为单位申报，但每只股票 1 手所代表的股票数量不同，根据价格高低进行调整。例如，2020 年 9 月 2 日收盘价格最高的 A 工银中金美价格为 7931.95 港元，每手为 1 股，因此以 1 股为单位申报交易，而当日收盘价格为 0.01 港元的股票多达 15 只，其中裕田中国每手为 5 万股的，必须以 5 万股为单位进行申报交易。由于成熟市场的股价差异过大，因此调整每只股票的最小交易单位较为合理。

2. 股票交易过程及交易制度

股票交易过程在论述 Shefrin 和 Statman 设计的缺陷时已简要阐述，本小结合我国股市交易的独特规则再次简述股票交易过程。

假设某投资者以价格 P 买入 1 股某股票，随后，该股票的价格下跌了

① 2023 年 8 月 10 日，上海证券交易所和深圳证券交易所均表示，将允许股票、基金等证券申报数量以 1 股为单位递增。

D，最新价格变为 $P-D$，此时投资者亏损 D，若此时卖出股票，则称为卖出“亏损”股票，亏损金额为 D。相反，若买入后价格上涨了 U，最新价格变为 $P+U$，此时投资者盈利 U，若此时卖出股票，则称为卖出“盈利”股票，盈利金额为 U。在真实交易中，投资者会补仓、加仓，卖出部分股票锁住利润或降低仓位规避风险，交易模式尤为复杂，参照点无法确定给研究处置效应带来巨大障碍，因此本章研究用实验方式严格控制被试的参照点。

各国股市的交易制度虽不同，但交易过程大同小异。与发达国家市场相比，我国的股市存在一些特殊的交易制度，这里略做梳理。

（1）T+1 交易制度

T+1 交易制度指的是 T 日买入的股票，T+1 日方可卖出。诸如英美国家的成熟股市都采用 T+0 交易制度，即 T 日买入的股票，T 日即可卖出，一天内可买卖交易无数次。不难看出，两种制度下的市场活跃程度大相径庭，而 T+1 制度设计的初衷正是防止过度炒作，降低市场活跃程度。

由于 T+1 交易制度的限制，有投资者创造了一种变相的“T+0”交易手法，俗称“做 T”。假设某投资者以价格 P 购买入 1 股某股票，随后，该股票的价格下跌了 D，在 T 日最新价格变为 $P-D$，此时投资者预测股价当日将上涨，但涨不到成本价 P，该投资者会选择在 T 日以 $P-D$ 价格中再买入 1 股，而在 T 日价格从 $P-D$ 上涨 U 后卖出 1 股。此时卖出的 1 股并非 T 日买入的 1 股，而是以价格 P 买入的 1 股。这样交易的结果是，投资者依然持有 1 股股票，但原本的现金还在，且增加了 U，当日内完成买入 1 股并卖出 1 股的操作，因此是变相的“T+0”交易手法。当然，价格可能不按投资者预期那样上涨，而是再下跌了 D，那投资者在保有 1 股持仓的情况下，将损失 D，在此情形下，由于投资者补仓的 1 股发生了亏损，部分投资者就会不按交易计划卖出 1 股，处置效应也就此发生，从此持有 2 股盼望着涨回成本价，原本的现金变成了亏损的股票。

投资者以价格 P 买入股票后，若股票上涨，而投资者也想做 T，操作手法相似，在此不做赘述。

（2）单期涨跌幅制度

截至 2020 年底，我国对 A 股股票单日涨跌幅做了限制，主板、中小板的股票单日最大涨跌幅为 10%，ST、*ST 股的单日最大涨跌幅为 5%，创业板、科创板的股票单日最大涨跌幅为 20%，部分特殊品种首日上市不设涨跌幅限制。这些制度与发达国家股市完全不同，欧美国家股市绝大多数交易品种均不设单日涨跌幅限制。

对单日涨跌幅限制的制度设计是为了防止过度投机炒作，我国的资本市场体制建设仍然处在摸索阶段，过度投机炒作会引起社会问题，如中国资本市场十大案例之一的琼民源案。为了防止过度投机炒作，对单日涨跌幅进行限制不失为很好的制度之一，加上 T+1 交易制度，投机炒作得到极大控制。然而，即使在这么严格的制度之下，我国内地股市的换手率仍然远大于成熟的美国等市场。

在这种制度下，催生了各种新的操纵市场的手法，以“涨停板敢死队”最为典型。当股票涨幅达到单日最大涨幅时，称该股票涨停，而涨停的股票次日大概率要继续上涨，因此当日涨停的股票会有大量的买单排队购买，而已持仓的投资者很少卖出，最终的结果是股价停留在最大涨幅处不再变化。资本市场历史上有名的“涨停板敢死队”正是利用投资者的这种心态，用涨停板吸引投资者跟风而获利（李海滨，2009）。这种操纵市场的始作俑者为泽熙资本的创始人徐翔，但后来者利令智昏而不断挑战法律的底线，近年很多庄家多年操纵市场的非法收益被证监会一次性罚没。

（二）实验设计

本小节描述实验所用走势图的设计和模拟交易系统的设计，并简述这些设计与 Weber 和 Camerer 原版的不同之处以及改进原因。

1. 走势图设计

本小节描述实验所用走势图的生成过程，并论述这些设计与 Weber 和 Camerer 走势图的不同之处以及改进原因。在实验中，将使用 6 只模拟股票，分别为股票 A 至 F。原版中仅描述了股票的生成规则和生成结果，并未描述生成过程，本小节将详述股价走势图生成过程。实验分两阶段进行，两阶段走势图的差别仅为股票上涨概率之不同，走势图生成方式完全相同，现以第一阶段实验走势图为例阐明其生成过程。以下描述若无特殊标注，均为第一阶段实验走势图生成过程描述。

（1）股票涨或跌的概率

股价走势图的设计理念完全来自 Weber 和 Camerer 的经典设计。实验将使用 6 只上涨或下跌概率不同的股票，投资者需要做 18 期交易，每只股票在这 18 期中上涨与下跌的概率预先设定，每只股票涨跌概率相互独立。6 只股票的上涨概率分别为 65%、55%、50%、50%、45%、35%，其中有两只股票均为 50% 的概率上涨，这两只股票既可以作为干扰项，也可以作为对照组。65% 的上涨概率意味着 35% 的下跌概率，即该股票每一期的价格均遵循 65% 的概率上涨、35% 的概率下跌。因此，6 只股票的下跌概率分别为 35%、45%、50%、50%、55%、65%。为了下文中更方便表述这 6 只股票，把这 6 只分别以 65%、55%、50%、50%、45%、35% 概率上涨的股票分别命名为强势上涨股票、温和上涨股票、平衡股票Ⅰ、平衡股票Ⅱ、温和下跌股票、弱势下跌股票（见表 4-1）。

表 4-1　股票涨跌概率对应股票名称

序号	上涨概率	下跌概率	趋势与名称
1	65%	35%	强势上涨股票
2	55%	45%	温和上涨股票
3	50%	50%	平衡股票Ⅰ
4	50%	50%	平衡股票Ⅱ
5	45%	55%	温和下跌股票
6	35%	65%	弱势下跌股票

Weber 和 Camerer 并未提及如何做到股票按一定的概率上涨或下跌，那时电脑技术仍比较落后，可能他们是手动完成。由于笔者没有计算机专业背景，写不出代码，因此这一步颇费周章。SPSS 软件有随机数生成功能，但函数嵌套功能很弱，无法实现目标。后转向 EXCEL 软件，翻遍各种函数之后，终于利用函数嵌套，找到解决之道。

（2）股票的单日涨跌幅

在确定完股票每期的上涨和下跌之后，需要确定每期涨跌幅度，本小节中股票每期的涨跌幅用相对值确定，随机按 3%、5%、7% 波动。Weber 和 Camerer 在设计中采用每期随机涨跌 1 马克、3 马克或 5 马克，后来研究者也多采用 1 个、3 个、5 个单位涨跌的设计，前文已论述过该设计的缺陷。

本小节预设 6 只股票的初始价格分别为 30 元、40 元、50 元、60 元、70 元和 80 元，价差幅度虽不如 Weber 和 Camerer 设计的大，但最高价与最低价的差距亦超过 2 倍，若采用原版的 1 个、3 个、5 个波动单位的设计，亦属实验条件控制不严格。若 6 只股票的初始价格设计为相同，在制作走势图时会出现曲线纠缠一起无法分辨的状况。因此，最终选择采用每期 3%、5% 和 7% 的随机波动设计，用相对波动值来代替绝对波动值，解决了股价产生差异的问题。

①相对比例波动的损耗问题。

相对比例波动设计虽优于绝对波动设计，但有一个小的缺陷，每一次下跌都会对收益造成隐形的损耗。这是投资中的一个陷阱，经验丰富的投资者可能都未察觉，图 4–3 给出了 3 倍做多标普 500 指数的损耗示例，走势图来源为雪球网站。

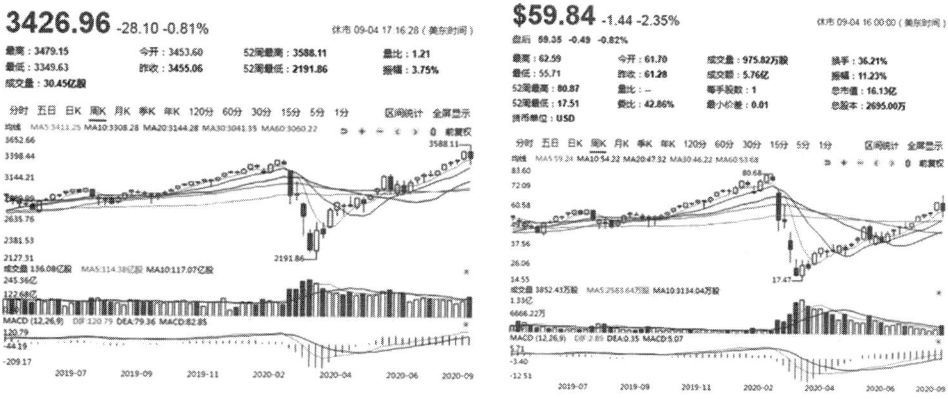

（a）标普 500 指数　　（b）3 倍做多标普 500 指数

图 4–3　标普 500 指数与 3 倍做多标普 500 指数

图 4–3（a）为美股标普 500 指数（代码：SPX）2019 年 7 月至 2020 年 9 月周 K 线图，图 4–3（b）为 3 倍做多标普 500 指数（代码：UPRO）2019 年 7 月至 2020 年 9 月周 K 线图。无论 SPX 涨或跌，UPRO 的波动幅度是 SPX 的 3 倍，每日结算。根据美国 200 多年的股票历史，大盘指数每年平均涨幅超过 10%，那 UPRO 的平均年涨幅超过 30%，理论上这应该是一个完美的 ETF 产品。2020 年 2 月全球暴发新冠疫情，美国股市大幅下跌，如图 4–3 所示，标普 500 指数一个月内跌幅超过 30%，但之后在全球央行超额发行货币的刺激下，各国股市均有一定幅度上涨，标普 500 指数很快创出历史新高，超过下跌前的最高点。但图 4–3（b）的 UPRO 不但未创出新高，距下跌前的最高点都还有较大距离。根据设计规则，UPRO 的涨跌幅均为 SPX 的 3 倍，那为何 UPRO 跟不上 SPX 上涨的步伐？原因是下跌中的损耗。举例说明，假使二者的初始价均为 100，若 SPX 下跌 10%，则价格变为 90，而 UPRO 需 3 倍下跌，因此下跌 30% 后价格变为 70。如果 SPX 需要涨回 100，此时以 90 为基准进行上涨，需上涨 11.1%，UPRO 则对应上涨 33.3%，但 UPRO 此时以 70 为基准上涨，上涨 33.3% 后价格仅为 93.31，距 100 差 6.69。这就是 UPRO 的损耗问题，设计该指数的官方机构也在招股说明书中给出了

不能长期持有的建议，在指数长期上下波动时，每一次下跌均有损耗，对投资收益会造成严重影响。这种损耗现象在投资中很常见，若持有的股票下跌50%后，需要上涨100%才能回到初始价。换言之，股票亏了一半后，需要翻倍才能回到自己的成本。因此，投资中控制回撤非常重要，巴菲特反复忠告投资者要保住本金，处置效应倾向经常使投资者本金消耗过大而彻底失去翻身机会。加里·布林森被称作“全球资产配置之父”，1986年在合作研究论文中其已指出，投资收益的91.5%由资产配置决定，而具体的证券品种选择、择时操作等其他因素，对投资收益的影响比重不足10%，本质正是通过资产配置对冲后，控制回撤幅度。

研究拟让被试进行18期交易，表4-2给出了18期后相对波动比例设计的平均损耗详情。“3%波动平均损耗率”的计算方法为假定每期均按3%进行波动，计算损耗后收益率与未损耗收益率之差，5%、7%波动的计算方法相同。表格最后一列“平均损耗率”的计算方法为假定18期内3%、5%、7%波动出现的概率完全相同，即各出现6期，计算损耗后收益率与未损耗收益率之差。从表4-2中可以看出，18期内3%波动损耗较小，不足1%；5%波动损耗较大，最高为2.23%；7%波动损耗最大，最高达4.41%，波动幅度越大损耗也越大。平均损耗率在1.31%至2.46%之间，对于18期的交易而言损耗不算太大。当然，损耗率的计算结果仅为近似值，毕竟18期中3种波动幅度不一定恰好各出现6次。

表4-2 相对比例波动平均损耗率

走势	上涨概率	3%波动平均损耗率	5%波动平均损耗率	7%波动平均损耗率	平均损耗率
强势上涨	65%	0.66%	2.04%	4.39%	2.25%
温和上涨	55%	0.77%	2.19%	4.41%	2.42%
平衡Ⅰ	50%	0.81%	2.23%	4.32%	2.46%
平衡Ⅱ	50%	0.81%	2.23%	4.32%	2.46%
温和下跌	45%	0.69%	1.83%	3.42%	2.02%
弱势下跌	35%	0.48%	1.19%	2.06%	1.31%

为了解决损耗问题，有两种方法可以采用。第一种方法为差异化上涨与下跌时波动的幅度。对于3%波动，下跌时按3%计算下跌幅度，上涨时按3.09%计算上涨幅度；对于5%波动，下跌时按5%计算下跌幅度，上涨时按

5.26% 计算上涨幅度；对于 7% 波动，下跌时按 7% 计算下跌幅度，上涨时按 7.53% 计算上涨幅度。这样调整可以对冲损耗，但若股价上涨概率大于 50%，会加速上涨。第二种方法为调整上涨概率。例如把 65% 的上涨概率调整为 66%，可适当对冲损耗。两种方法虽然均无法做到完全消除损耗，但都可达到减小损耗的目的。

经过认真分析损耗率对实验结果的影响，发现不对冲损耗是更优设计，原因有二。首先，18 期内的损耗不会改变股票运行方向。18 期内的最大平均损耗率发生在 50% 上涨概率的股票上，为 2.46%，该损耗引发的跌幅并不会改变股票运行的方向，即超过 50% 概率上涨的股票 18 期末的价格会超过初始价。同时提醒后来的研究者，如果波动幅度增大，设计实验时需要认真对待损耗问题。其次，损耗对研究处置效应有利而无害。研究的重点是处置效应中的“持亏”倾向，而损耗在不改变股票运行方向的同时，或多或少减少了收益或增加了亏损，让被试更容易亏损，也为观察被试“持亏”行为提供了便捷条件。另外，实验过程中可观察是否有投资者提出损耗问题，用以判断其投资水平的高低。若真有人提出，需有应对解释。由于研究假设了交易中无须支付真实交易中的佣金与印花税，因此若真有人提出损耗问题，可对其进行解释，交易中免除的印花税和佣金足以抵扣波动的损耗。

②相对比例波动的实现。

3%、5%、7% 波动的实现，可用如下 EXCEL 嵌套函数完成。

（3）生成图表

确定了涨跌概率和每期波动比例之后，可在 EXCEL 表格里批量计算每期的价格，进而制作实验所用图表。按指定概率 M% 输出“1”（上涨）和“-1”（下跌）的函数为：

=LOOKUP（INT（RAND（）*100）+1，{1，M%}，{"1"，"-1"}）

为了表述方便，暂将该函数命名为“function1”，其中 M% 为股票上涨的概率。同理，为了表述方便，暂将如下随机输出 3%、5%、7% 的函数命名为“*function*2”：

=｛EVEN［RANDBETWEEN（0，4）］+1｝/100

股票最终价格（P_n）的通项公式为：

$$P_n=1+function1_n \times function2_n \times P_{n-1}$$

第一期的计算公式为：

$$P_1=1+function1_1 \times function2_1 \times P_{ini}$$

其中，P_n 为第 n 期的股价，P_{ini} 为初始价，P_1 为第一期的股价，$function1_n$

为第 n 期的 function1 函数值，$function2_n$ 为第 n 期的 function2 函数值。在 EXCEL 表格里进行批量计算后，即可生成按指定概率上涨且按随机概率（3%、5%、7%）波动的各期价格。表 4-3、表 4-4 为研究平衡市交易实验所使用的股票涨跌及波动率数据，以及各股票涨跌概率。实验中被试可以观察前 3 期的走势后开始交易决策，因此前 3 期分别用 −2、−1、0 表示，第 1 期开始计算收益。

表 4-3　平衡市模拟交易第 −2 期至 8 期涨跌及波动率

股票	上涨概率	期数										
		−2	−1	0	1	2	3	4	5	6	7	8
股票 A	35%	7%	−5%	5%	5%	7%	−5%	−5%	−5%	−5%	−5%	−5%
股票 B	50%	−5%	−5%	7%	−7%	−7%	3%	7%	5%	−5%	−5%	7%
股票 C	50%	−7%	5%	−7%	5%	7%	5%	−7%	−7%	5%	3%	−3%
股票 D	65%	3%	7%	−7%	−7%	7%	7%	3%	5%	−5%	7%	−3%
股票 E	55%	−5%	5%	−7%	7%	7%	−5%	7%	5%	−3%	7%	−7%
股票 F	45%	5%	−3%	7%	−5%	−7%	7%	7%	7%	−3%	−5%	−7%

表 4-4　平衡市模拟交易第 9 期至 18 期涨跌及波动率

股票	上涨概率	期数									
		9	10	11	12	13	14	15	16	17	18
股票 A	35%	−5%	5%	5%	−3%	−7%	−5%	3%	3%	−7%	−5%
股票 B	50%	7%	3%	7%	−3%	−5%	3%	−7%	−3%	−7%	−3%
股票 C	50%	−7%	−3%	3%	−7%	7%	3%	5%	5%	7%	−5%
股票 D	65%	5%	5%	−5%	3%	5%	3%	7%	−5%	3%	5%
股票 E	55%	−7%	−5%	−3%	7%	−5%	−5%	7%	−3%	7%	7%
股票 F	45%	−7%	7%	5%	−5%	−3%	7%	−5%	−7%	−5%	7%

表 4-3 和表 4-4 中的百分数为正时表示该期上涨，百分数为负时表示该期下跌。根据最终价格 P_n 的通项公式运算规则，用这些波动幅度与初始价 P_{ini} 进行批量循环计算，即可得出各期价格，计算结果如表 4-5、表 4-6 所示。

表 4-5 平衡市模拟交易第 -2 期至 8 期股票价格

单位：元

股票	上涨概率	初始价	期数										
			-2	-1	0	1	2	3	4	5	6	7	8
股票 A	35%	80	86	81	85	90	96	91	87	82	78	74	71
股票 B	50%	70	67	63	68	63	58	60	64	68	64	61	65
股票 C	50%	60	56	59	54	57	61	64	60	56	58	60	58
股票 D	65%	50	52	55	51	48	51	55	56	59	56	60	58
股票 E	55%	40	38	40	37	40	42	40	43	45	44	47	44
股票 F	45%	30	32	31	33	31	29	31	33	35	34	33	30

表 4-6 平衡市模拟交易第 9 期至 18 期股票价格

单位：元

股票	上涨概率	初始价	期数									
			9	10	11	12	13	14	15	16	17	18
股票 A	35%	80	67	70	74	72	67	63	65	67	62	59
股票 B	50%	70	70	72	77	75	71	73	68	66	61	60
股票 C	50%	60	54	53	54	50	54	56	58	61	66	62
股票 D	65%	50	61	64	61	63	66	68	73	69	71	75
股票 E	55%	40	41	39	38	40	38	36	39	38	40	43
股票 F	45%	30	28	30	32	30	29	31	30	28	26	28

表 4-5、表 4-6 中的价格均四舍五入后取整，价格趋势折线图根据未取整的数据在 EXCEL 里自动生成。被试交易时依据波动幅度计算损益，因此价格取整仅为方便浏览，对实验结果数据不会造成任何影响。根据表 4-5 和表 4-6 中未取整时的价格数据，制作折线图后如图 4-4 所示。

从图 4-4 中可以看出，65%、55% 概率上涨的股票 D 和股票 E 最终价格均大于初始价，35%、45% 概率上涨的股票 A 和股票 F 最终价格均小于初始价，两只 50% 概率上涨的股票最终股价接近初始价。图 4-4 符合设计初衷，在 EXCEL 里每刷新一次，价格和图形都会变化。由于每次刷新生成的折线图差异较大，65% 概率上涨的股票 D 在第 18 期结束时价格低于初始价的可能性依然存在，研究并未选取这种出现概率极小的图形。从图 4-4 中还可以看出，上一小节所分析的波动损耗问题确实存在，但损耗并未改变图形的趋势，前文分析逻辑正确，不对冲损耗为最优选择。

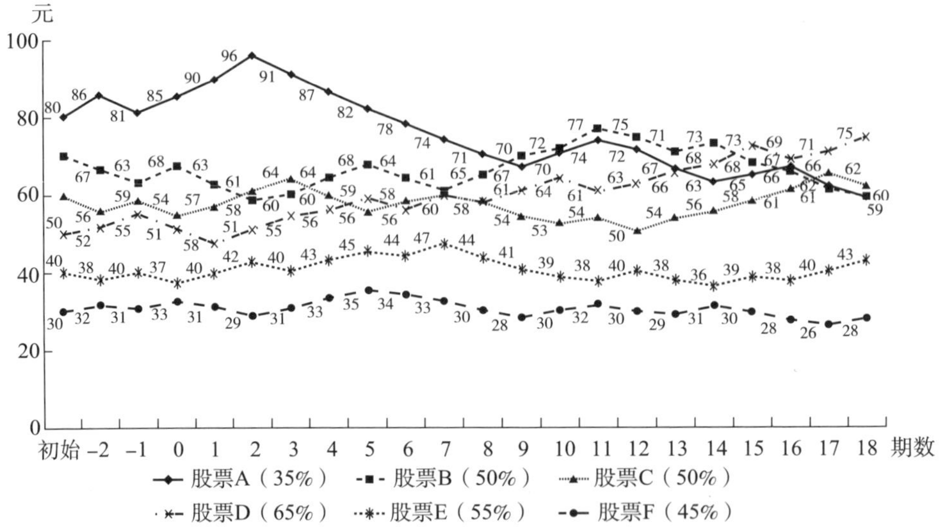

图 4-4　平衡市模拟交易价格趋势折线图

以上为第一阶段实验（平衡市交易）图的生成过程，第二阶段实验（弱市交易）所用图仅调整了各股票的上涨概率，其余生成过程与第一阶段实验图完全相同，即先确定股票的涨跌（上涨概率），再确定每期的随机波动幅度（3%、5%、7%），再根据最终价格 P_n 的通项公式，批量计算出每期的价格，最后生成价格趋势折线图。

第二阶段实验的 6 只股票中仅有 1 只上涨概率为 55%，其余 5 只股票的上涨概率均为 45%，如表 4-7 所示，被试在第二阶段实验中实现盈利会非常困难，原因是上涨概率调低以及损耗问题，在模拟交易设计部分提出研究假设时会详述这样设计的原因。表 4-7 中的“累计涨跌幅”为第 -2 期到第 18 期的涨跌幅，“交易部分涨跌幅”为第 0 期到第 18 期的涨跌幅。

表 4-7　弱市模拟交易实验信息

单位：元

股票	上涨概率	初始价	第 0 期价格	最终价格	累计涨跌幅	交易部分涨跌幅
股票 A	45%	80	84	60	-25%	-29%
股票 B	45%	70	70	59	-16%	-16%
股票 C	55%	60	55	64	7%	16%
股票 D	45%	50	45	35	-30%	-22%
股票 E	45%	40	38	34	-15%	-11%
股票 F	45%	30	28	21	-30%	-25%

由于第二阶段实验图生成过程与第一阶段大同小异，在此省去中间步骤，最终制作完成的价格趋势折线图如图 4-5 所示，图中可以直观地看出每期的涨跌走势和涨跌幅度。

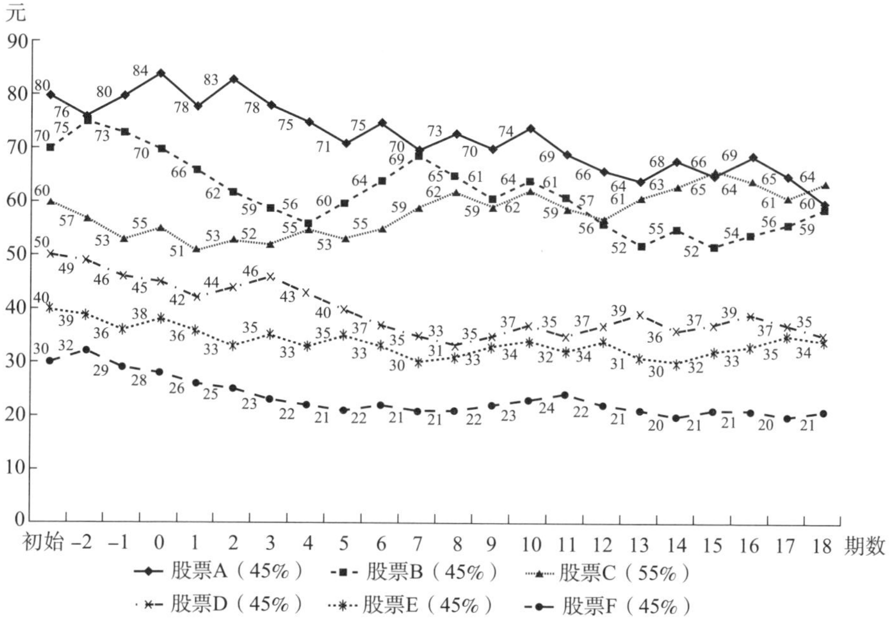

图 4-5　弱市模拟交易价格趋势折线图

实验所用趋势折线图就此生成，之后的实验均采用图 4-4、图 4-5，不再依据规则重新生成，确保相同条件下收集来自不同被试的数据。对于设计和已生成的折线图，需总结并强调以下几点：

第一，6 只股票的涨跌相互独立。第一阶段实验所用的 6 只股票分别按 65%、55%、50%、50%、45%、35% 的概率上涨，但相互之间独立运行，任何一只股票的涨跌不会影响其他股票的涨跌。第二阶段实验所用的 6 只股票同理，涨跌相互独立。

第二，6 只股票的波动相互独立。两阶段实验分别使用的 6 只股票每期均按 3%、5%、7% 随机波动，但相互之间独立运行，任何一只股票的波动不会影响其他股票的波动。

第三，每期之间的波动与涨跌相互独立。图 4-4、图 4-5 各包含了 22 期的股价变化折线图，各期之间的波动与涨跌相互独立，任何一期的波动与涨跌不会影响其他期的波动与涨跌。股市投资者经常陷入“赌徒谬误”之中，以为连续下跌多期后下一期上涨的概率会增加，连续上涨多期后下一期下跌的概率会增加（Kong 等，2020）。因此，即使 65% 概率上涨的股票连续上涨多期后，下一期上涨的概率仍为 65%，无任何降低。

第四，股票上涨的概率与价格的波动相互独立。无论股票以何种概率上涨，每期永远服从 3%、5%、7% 随机波动，两阶段实验所用图表均如此。

第五，图 4-4、图 4-5 中图例的括号里包含了上涨概率，在实验中是隐去的。实验中，被试无从提前知晓每只股票的上涨概率，只能在实验过程中去推理和判断。

第六，每次试验开始之前，都会向被试展示图的随机生成过程。展示生成过程的目的是让被试清楚，图是按规则随机生成的，中间复杂的函数和计算过程无须展示。被试能够清晰地看到，在 EXCEL 上每刷新一次，都会生成新图，但上涨概率和波动已预先设定完成。这种随机生成图的展示，可确保被试不会去揣测研究者的研究目的，不会臆想研究者在图表中设计了机关陷阱。

2. 模拟交易

实验设计尽量接近真实交易，要求被试根据 6 只股票随机生成的走势图完成 18 个周期的交易。在被试完成每一期的交易之后，显示出 6 张走势图下一周期的价格，被试再根据新的价格进行交易，直到实验结束。

（1）交易约束

为了严格控制实验条件，同时使模拟交易更接近于真实市场交易，并避免被试提出模拟交易设计与真实交易不相符的各种问题，被试将提前被告知以下对其交易行为的特定约束或条件限制，这些约束均与真实市场交易有关。

首先，实验中不允许有卖空交易。对于个人投资者而言，门槛最低的卖空交易为融券卖出，指的是投资者在没有股票而又判断股票将要下跌的情况下，可以提供担保品种作抵押并支付一定利息，向证券公司借入股票卖出。如果股票如期下跌，可买回股票还给证券公司，赚取其中的差价；如果股票不跌反涨，则需要花更多的钱买入股票还给证券公司，损失了其中的差价。与融券卖出相对的还有融资买入，指的是向证券公司借钱买入股票。中国证券登记结算有限责任公司披露的数据显示，截至 2020 年 6 月，中国 A 股个人投资者共有 1.67 亿户，持有 13.07 万亿元股票市值，占比 28.64%，其中账户金额在 50 万元以上的投资者数量不到 4%。开通融资融券交易权限的一个条件是连续 30 个交易日股票市值达到 50 万元，拥有两融交易权限的个人投资者占比非常小。我国 A 股市场对卖空交易限制颇多，除了融券卖空外，还有股指期货、指数期权，门槛比融资融券更高，个人投资者更难以获得权限。因此，仅有极少数个人投资者能参与卖空，本节实验设计中不允许卖空交易，这样更接近真实市场交易。

其次，被试的股票交易不会影响股票的价格。被试也被告知，其股票交易不会影响股票的价格。在真实交易中，由于个人投资者的资金量较小，其交易几乎无法影响股票的价格，个人投资者只能是股价的接受者。机构投资者由于资金量很大，在交易时某一价格的对手单无法承接其大额交易，股价也就此而改变。由于个人投资者很难改变股价，实验约束接近真实市场交易，可防止被试中的大户个人投资者产生影响股价的想法。

再次，持有现金时无利息收入。在第一阶段的实验中，被试不允许持有现金。在第二阶段的实验中，被试允许空仓，但空仓时持有的现金无利息收入。在真实交易中，对于投资者股票账户中的现金资产，证券公司将按银行活期存款支付给投资者利息。银行活期存款利息非常低，因此罕有投资者关注股票账户中的现金利息收入。有经验的投资者会在股票账户中有大额现金时购买货币基金或进行国债逆回购，收益率远高于同期银行活期存款利率，与同期银行定期存款利率相近。货币基金的优势在于按日结算收益，投资者可随时申购赎回。

最后，交易无佣金和印花税。目前我国股票交易中投资者需支付的费用包括印花税、证管费、证券交易经手费、过户费、券商交易佣金等。部分费用非常低，可以忽略不计，证券公司通常打包到交易佣金部分统一收取。当前 A 股交易时，占比最大的费用为印花税，在证券行业竞争如此激烈的市场环境下，罕有证券公司的交易佣金高于印花税。印花税作为我国政府和监管部门调控市场的手段之一，税率和税制都经历了数次改革。自 2008 年 9 月 19 日起，证券交易印花税由双边征收改为单边征收，出让方按 1‰的税率缴纳股票交易印花税，受让方不再征收，此税收由券商代扣后由交易所统一代缴，该税率与税制延续至今。当前 A 股交易佣金普遍较低，在互联网券商推出网上开户之后，交易佣金已非常透明，各家传统券商也均推出网上开户，交易佣金几乎在业内统一为交易金额的万分之 2.5，买卖股票均需征收。一些小型券商甚至恶性竞争，把交易佣金调到更低以吸引投资者开户，而对于资金量较大的投资者，各家券商都把交易佣金调低，例如国金证券为笔者提供的佣金比率为万分之 1.4。印花税和交易佣金为股票交易中最大的两笔费用，但与股票涨跌产生的损益相比微不足道，绝大多数投资者并不关心这些费用。频繁交易的短线投资者和大户会在意这些费用，并与券商协商调整交易佣金。实验设定了无交易佣金和印花税，一方面是为了便于计算收益，另一方面也为了对冲相对比例波动设计中的损耗。

（2）交易系统

在 Shefrin 和 Statman（1985）的设计中，被试采用手动交易方式，即被试自己把交易记录填在问卷中，并通过计算器计算收益，后继研究者也多采用这种方式。由于这种交易方式需要被试手动计算交易数量、交易金额、收益等，这些复杂的计算对多数被试而言有一定难度，既可能影响其交易行为，也可能对实验结果产生影响。

首先，该交易方式会减少被试持有股票只数。笔者最早于 1995 年开始交易股票，由于那时通信技术的落后以及股票市场在我国仍属新兴事物，交易需要手动填单（包括交易数量和价格），从一个窗口递入，经纪人会经过几分钟的处理后反馈交易结果。看股票价格行情更为艰难，交易大厅只有一块屏幕挂于墙上，每次能显示数只股票的行情，仅有价格和涨跌比例，无任何分析图表，每间隔一段时间才翻屏一次，与机场或火车站的时刻表相似。投资者需要等待所有股票滚动完一个周期后，方可再次看到自己股票的行情，中间相隔几分钟甚至十几分钟，价格变化已较大。在如此落后的交易条件下，个人投资者很难同时交易多只股票。笔者也只交易过一只股票（云维股份），至今记忆深刻。Shefrin 和 Statman 的交易设计与那时的交易条件相似，在如此短时间内完成实验，交易多只股票会让计算变得尤为复杂，被试为简单化只能尽量减少持股数量，进而影响实验结果。采用该方法的研究者多把在校大学生作为被试，而这个群体的计算能力强于普通投资者，可以保证实验较顺利完成。如果该设计用于一些学历偏低或年龄偏大的投资者身上，实验可能很难进行下去。

其次，该交易方式会影响被试交易频率。被试每交易一次，需要手动计算交易数量、交易金额、可用现金、收益等，会让部分被试在交易动机不强时选择被动持有，这显然会影响实验结果。Barber 和 Odean（2001）研究发现，交易方式会影响交易频率，更方便的交易方式会使交易变得更加频繁，手机交易、程序化交易等都会大大增加交易的频率。最优的设计应该是交易方式未对被试的交易频率造成影响。

手动问卷交易方式的优点是可以节约研究成本，且不受场地的限制，采用零星方式逐渐收集问卷。多数研究者可能基于这些优点而采用该方式，但在有条件改善的情况下，应该把实验条件控制得更为严格。

本研究花费了大量的精力设计交易系统，使被试体验到与真实交易相类似的感受，确保交易方式不会影响实验结果。交易系统用 EXCEL 设计而成，被试看到的交易界面如图 4-6 所示。

	期数	0	1	2	3	4	5	6	7	8
请在此行选择交易										
股票 A	请填入买入金额		0	0	0	0	0	0	0	0
	当期盈亏比例	0.00%	0%	0%	0%	0%	0%	0%	0%	0%
	当期盈亏金额		0.00	0.00	0.00	0.00	0.00	0.00	0.00	0.00
请在此行选择交易										
股票 B	请填入买入金额			0	0	0	0	0	0	0
	当期盈亏比例	0.00%	0%	0%	0%	0%	0%	0%	0%	0%
	当期盈亏金额		0.00	0.00	0.00	0.00	0.00	0.00	0.00	0.00
请在此行选择交易										
股票 C	请填入买入金额		0	0	0	0	0	0	0	0
	当期盈亏比例	0.00%	0%	0%	0%	0%	0%	0%	0%	0%
	当期盈亏金额		0.00	0.00	0.00	0.00	0.00	0.00	0.00	0.00
请在此行选择交易										
股票 D	请填入买入金额		0	0	0	0	0	0	0	0
	当期盈亏比例	0.00%	0%	0%	0%	0%	0%	0%	0%	0%
	当期盈亏金额		0.00	0.00	0.00	0.00	0.00	0.00	0.00	0.00
请选择确认交易										

图 4-6 交易系统初始界面

被试交易时仅需四步操作：选择交易股票、输入买入金额、选择交易选项、点击确认，与真实交易相仿。

在被试选择交易股票时，交易系统中的股票 A 至 F 的颜色与股票趋势折线图中的颜色完全相同并对应，避免被试误交易。

选择交易步骤指的是图 4-6 中的“请在此选择交易”，该行的空白单元格包括了下拉菜单“买入”“持仓”“卖出”，被试轻松选择交易方向即可。

点击确认步骤指的是图 4-6 中的“请选择确认交易”，该行的空白单元格包括了下拉菜单“确认”，投资者对交易股票、交易数量、交易方向确认无误后，点击“确认”即不可更改。

投资者每期确认交易之后，均可看到“当期盈亏比例”与“当期盈亏金额”。本研究设计之初同时设计了“总盈亏金额”栏，但考虑到投资者的参照点仅为当期交易股票的买入价，为了节省界面空间而隐藏了该栏，若需要显示，取消隐藏即可。

该交易系统的设计花了笔者大量心思，求助了很多 EXCEL 软件使用高手，经过无数次改版方才完成。设计中包含了大量的嵌套函数，在此不做赘述。计算的中间步骤已隐藏，系统中除了“交易金额”“交易方向”“确认单元格”被试可操作外，其余单元格均已锁定，被试只能看交易结果而无法修改。为了防止被试在交易完成后修改已发生的交易，一旦被试填入交易金额、选择交易方向并确认后，这些单元格均被系统自动锁定，锁定功能的实现方式为 EXCEL 的“宏”功能。

这样的防更改设计能确保实验结果的信度。在被试误操作而锁定时，如填错交易金额、选错交易方向，被试可要求实验助手解锁以便重新交易，助手确认无误后帮其输入密码解锁。

被试交易完成后的典型界面如图 4-7 所示，被试可以直观地看到自己的“盈亏比例”和“盈亏金额”，亏损时用绿色显示“盈亏比例”和“盈亏金额”，盈利时用红色显示“盈亏比例”和“盈亏金额”，与真实交易的显示模式相同。当然，这是我国特有的颜色显示模式，国外的交易系统正好与我们相反，股票上涨或盈利时，他们用绿色显示，股票下跌或亏损时，他们用红色显示。

	期数	0	1	2	3	4	5	6	7
请在此行选择交易									
股票 A	请填入买入金额		0	0	0	0	0	0	0
	当期盈亏比例	0.00%	0.00%	0.00%	0.00%	0.00%	0.00%	0%	0.00%
	当期盈亏金额		0	0	0	0	0	0.00	0
请在此行选择交易								买入	持仓
股票 B	请填入买入金额		0	0	0	0	0	88091	94257
	当期盈亏比例	0.00%	0.00%	0.00%	0.00%	0.00%	0.00%	0%	7.00%
	当期盈亏金额		0	0	0	0	0	0.00	6166
请在此行选择交易		买入	持仓	持仓	卖出				
股票 C	请填入买入金额	100000	93000	97650	94721	94721	94721	0	0
	当期盈亏比例	0.00%	-7.00%	-2.35%	-5.28%	0.00%	0.00%	0%	0.00%
	当期盈亏金额		-7000	-2350	-5280	0	0	0.00	0
请在此行选择交易					买入	卖出			
股票 D	请填入买入金额		0	0	94721	88091	88091	0	0
	当期盈亏比例	0.00%	0.00%	0.00%	0.00%	-7.00%	0.00%	0%	0.00%
	当期盈亏金额		0	0	0	-6630	0	0.00	0
请选择确认交易		确认	确认	确认	确认	确认		确认	确认

图 4-7　交易完成后的交易系统

（3）模拟交易及研究假设

实验分两阶段进行，所用图表的差别在于股票的上涨概率不同。第一阶段实验 6 只股票的上涨概率分别为：65%、55%、50%、50%、45%、35%，第二阶段仅有 1 只股票的上涨概率为 55%，其余 5 只股票的上涨概率均为 45%。为了表述方便，依据上涨概率的大小，将第一阶段实验命名为平衡市阶段实验，将第二阶段命名为弱市阶段实验。

①平衡市模拟交易。

在平衡市模拟交易实验中，允许被试观察第 -2 到第 0 期共 3 期的走势图，从第 0 期开始交易决策，交易完成方展示下一期走势图。在实验设计过程中，每改进一步后都用小样本被试测试，最后形成较完善的系统和规则。平衡市阶段实验的交易规则有三：

第一，交易初始资金为 10 万元。由于实验为模拟交易，无须给资金限定币种，表述也更为方便。10 万元接近真实交易中个人投资者投入股市的资金量，被试交易时能感同身受真实交易。若初始资金额太小，被试的绝对盈亏金额也将很小，被试可能产生不在意盈亏的心理，影响实验结果。若初始资金额太大，被试因从未操作过如此大的金额，绝对盈亏额太大影响其交易行为，也会影响实验结果。

第二，第 0 期必须全仓买入一只股票，且只能买一只，以后每期也仅能交易一只股票，需要换股时，必须清仓原持有股票。在完成本条规则前的小样本测试中，发现被试同时交易多只股票时，会非常混乱而忘了之前的买入理由，这与真实交易大相径庭。在真实交易中，个人投资者可能会持有多只股票，但很少有单日内交易多只股票的行为，而是长期持有，因此每交易一次均有清晰的交易逻辑，无论该逻辑对交易是否有利。因此，为了给被试充裕的时间思考交易逻辑，并契合真实交易中单日很少交易多只股票的实际情况，定下这条交易规则。

第三，交易任何股票都必须全仓而进，全仓而出，不允许留任何现金。该设计是为了防止被试有补仓或加仓行为，把被试的参照点严格控制为买入价。前文已详述过补仓或加仓会导致参照点改变，而研究者对被试参照点的不确定会导致无法判定盈亏。

在这样的设计之下，被试的最优策略应该是快速定位 65% 概率上涨的股票，即图 4-4 中的股票 D，无论其原先持有的股票盈亏与否，均应该卖出而买入股票 D 并持有。根据图 4-4，到第 8 期为止，股票 A 至 F 对比初始价分别上涨了 -12%、-7%、-3%、16%、9%、1%，而股票 D、股票 E 上涨的概率为 65%、55%，优势明显，而随着期数推移，股票 D 的优势会越发明显，与其他 5 只股票的涨幅拉开更大距离。若被试为理性人，那到第 18 期结束时，所有被试都应该持有股票 D，方可实现收益最大化。但由于处置效应的存在，部分被试在亏损时不愿意卖出原持有股票，预期股票 D 的持有率从第 8 期开始会逐步增加，但结束时不会达到 100%，就此提出假设 4-1。

假设 4-1：在平衡市交易阶段，从第 8 期开始 65% 概率上涨的股票 D 持有率会逐渐增加，但处置效应会导致实验结束时该股的持有率未达 100%。

第三章研究已发现，性别、专业、投资经验对处置效应未产生显著影响，因此本章不再检验人口统计学变量与处置效应的关系，而将检验处置效应与投资收益之间的关系。在此之前，须确认两个变量的量化衡量指标。

对于处置效应的衡量，本书第三章研究已表明，投资者“售盈”时并不存在认知偏差，认知偏差仅发生在“持亏”时，亦即处置效应。前辈们衡量处置效应时，总用亏损卖出与盈利卖出的交易次数或交易量做对比，既然“售盈”时不存在认知偏差，本书在衡量处置效应时将不再统计“售盈”数据，而采用全新的方式衡量。即使对“售盈”进行统计，也会强调“售盈”仅为“正常”参照点，而非“偏差”参照点。

前文已分析过，平衡市阶段交易的最优策略是快速定位到65%概率上涨的股票，即图4-4中的股票D，无论其原先持有的股票盈亏与否，均应该卖出而买入股票D并持有到实验结束，方可实现收益最大化。到第8期时，被试非常容易辨认出D为65%概率上涨的股票，却不把当前持有股票换为股票D的理由有二。其一，亏损后不愿意卖出。这也是处置效应认知偏差，一旦发生亏损，卖出意愿大幅减弱，多数投资者属于此类。其二，在其他股票上盈利，暂不愿意换为股票D。但从图4-4可看出，在其他股票上持续盈利非常困难，上涨概率决定了这一点，即便是上涨概率为55%的股票E，实验结束时也仅从初始价40元涨到43元，若一直持有，过程中账面一直在盈利与亏损之间不断切换。不难看出，投资者越早持有股票D，其投资收益越高。

因此，可以用投资者买入股票D的时间先后来衡量其处置效应倾向的强弱。投资者越晚买入股票D，说明其处置效应倾向越强，投资者越早买入股票D，说明其处置效应倾向越弱。这种衡量方法存在三个问题：其一，部分被试卖出盈利股票而买入股票D，此部分被试可能存在处置效应；其二，在无法判定股票D为强势上涨股之前，部分被试买入股票D仅为随机行为，并不能说明其处置效应倾向弱；其三，被试买入股票D后未一直持有，中间转向其他股票。这三个问题的确应该认真对待，并找出有效解决办法，否则会影响研究结论。

对于问题一，亦分两种情况进行讨论。一是被试买入股票后持续盈利，而后换为股票D。此种情形发生的概率极小，因为除股票D外的其余5只股票上涨概率均较低，被试无法做到买入这些股而在第8期后持续保持盈利，因此即便有此类情形，在样本中占比也非常小，对结论的影响甚微。二是被试买入股票后先亏损而后盈利，进而换为股票D。此种情形正好说明被试处置效应倾向的存在，在亏损时不愿意卖出，必须持有到盈利才换股，因此越晚换股说明其处置效应倾向越强。

对于问题二，根据图4-4，到第8期为止，股票A至F对比初始价分别上涨了：-12%、-7%、-3%、16%、9%、1%，股票D优势明显，而相对于买入价（第0期价格），一直持有股票的盈亏比例如表4-8所示，由于表格宽度有限，仅列出重要期数数据。虽然对照初始价到第8期已较容易判断股票

D 为强势上涨股，但若以买入价衡量，在第 8 期之前很难判断出股票 D 为强势上涨股，而可能把股票 E 误判为强势上涨股。但第 8 期之后，股票 D 的优势越来越明显，与股票 E 的表现拉开了距离。基于这些分析，从第 8 期开始统计买入股票 D 的被试数量，可以解决问题二，做相关分析时剔除第 8 期前买入股票 D 的被试。

表 4-8　平衡市阶段一直持有股票盈亏比例

股票	上涨概率	期数							
		0	6	8	9	10	12	15	18
股票 A	35%	0%	-8%	-17%	-22%	-18%	-16%	-24%	-31%
股票 B	50%	0%	-5%	-3%	3%	7%	11%	1%	-12%
股票 C	50%	0%	7%	7%	0%	-3%	-8%	7%	14%
股票 D	65%	0%	9%	14%	19%	25%	22%	42%	46%
股票 E	55%	0%	19%	18%	10%	4%	8%	4%	16%
股票 F	45%	0%	5%	-7%	-14%	-8%	-8%	-9%	-14%

对于问题三，从图 4-4 和表 4-8 可以明显看出，第 8 期之后股票 D 表现非常强势，而其他股表现平庸，亏钱的概率更大，因此可预期被试卖出股票 D 而买入其余股票的人数会非常少。为了严谨起见，在做相关分析时可剔除这部分样本。

对于投资收益的衡量，最容易获取的数据为模拟交易结束时的收益数据。但若将该数据与处置效应做相关分析，存在很大问题，即无须分析已知结论。由于衡量处置效应的指标为被试买入股票 D 的时间，越早买入股票 D 其收益率必然越高，无须检验也可知二者相关性极高。因此，对投资收益的衡量采用问卷形式，在实验开始之前，不再采集被试的性别、投资经验等数据，而是采集投资收益数据。投资收益率数据采用被试自陈方式采集，将投资收益率分为三档：第一档为平均年化收益率大于 10%，第二档为 0% ≤平均年化收益率≤ 10%，第三档为平均年化收益率< 0%。全世界能长期做到平均年化收益率超过 10% 的专业基金经理不超过 20%，投资是非常困难的事，实现超过 10% 年化收益率的被试可视为投资能力很强的投资者，而多数投资者常年亏损而又不放弃股市淘金，因此这样的分档较为合理。由于过度自信认知偏差的存在，可以预期多数被试会选择第一档和第二档，且过度自信是大家共

同的认知偏差，即使所有被试都把自己的收益往上提一档，投资收益率高低分布的人数不会改变，不会影响相关分析的结果。

处置效应使投资者长期持有亏损股票而降低了资金的使用效率，若买入理由并未消失，如价值投资、对冲交易等，持有亏损股票不存在任何认知偏差。在本节实验设计中，每只股票的上涨概率预先已设定，一旦出现大幅亏损，说明被试错判了强势上涨的股票，买入理由已不存在。此时继续持有亏损股票，必然是处置效应认知偏差所致。在真实交易中，投资者在买入理由消失且处于亏损时，通常会继续持有股票，这种认知偏差会严重影响收益，就此提出假设 4–2。

假设 4–2：处置效应与投资收益率之间存在显著负相关关系，处置效应倾向越强，投资收益率越低。

②弱市交易。

在被试完成平衡市交易实验后，稍作休息即开始弱市阶段交易实验。在该阶段实验中，同样允许被试观察第 –2 期到第 0 期共 3 期的走势图，从第 0 期开始交易决策，交易完成后展示下一期走势图。在该阶段实验之前，被试被告知 6 只股票的上涨概率为其中一只 55%，其余 5 只均为 50%，而 6 只股票的真实上涨概率是仅有 1 只股票的上涨概率为 55%，其余 5 只股票的上涨概率均为 45%。这种“欺骗”式的设计在心理学实验中并不少见，目的是让被试更容易处于亏损状态，进而观察在亏损时被试如何处置持有的股票，达到研究处置效应金融心理的目的。实验结束亦不能让被试知道这种“欺骗”式设计，否则被试在交易亏损后，研究者可能会成为其发泄的对象。投资者亏损后需要找到替罪羊，骂监管者、骂媒体等的现象尤为常见。

弱市阶段交易实验的交易规则有以下四个。

第一，交易初始资金为 10 万元。

第二，第 0 期必须全仓买入一只股票，且只能买一只，以后每期也仅能交易一只股票，需要换股时，必须清仓原持有股票。

第三，交易任何股票都必须全仓而进，全仓而出，不允许留任何现金。

第四，第 0 期后可空仓。由于该阶段的实验赚钱效应非常弱，任何时候买入或持有股票，结果都是大概率亏损。在真实交易中，部分水平较高的投资者会选择空仓而不做任何交易。因此这一阶段的交易实验允许被试空仓，选择不空仓而一直持有亏损股票的被试，处置效应倾向较强。该阶段实验虽允许空仓，但第 0 期必须买入，如此设计是为了防止被试一直空仓而无法观察其如何处置亏损股票。投资者在入市之前，通常都比较理性，对股市的理解不存在认知偏差，而进入股市之后，各种认知偏差应运而生。

此阶段的实验必须在平衡市阶段的实验完成后进行，原因有二。其一，被试经过第一阶段的交易，会总结出较优策略，在两阶段实验间隔期，被试还可以相互交流策略，因此多数被试知道此阶段的最优策略是尽早定位 55% 概率上涨的股票，即图 4-5 中的股票 C。其二，被试受易得性偏差的影响，虽允许空仓，但预计交易仍会比较活跃，空仓率较低。由于被试在平衡市阶段实验中较容易抓住 65% 概率上涨的股票，交易业绩也因此比较好，会享受到交易成功带来的满足感，希望再次享受交易带来的成就感（Khan，2017），因此会踊跃交易。

该阶段的最优策略是在第 1 期卖出第 0 期强制买入的股票，空仓观望，直到成功定位 55% 概率上涨的股票 C 后买入并持有到实验结束。次优策略应该是在第 1 期卖出第 0 期强制买入的股票，而后空仓到实验结束，这是为了防止误买入，次优策略的最终收益可以超过绝大多数被试的收益。根据图 4-5，到第 8 期为止，股票 A 至 F 对比第 0 期买入价分别上涨了：−13%、−7%、13%、−27%、−18%、−25%，股票 C 为唯一上涨的股票，涨幅优势极为明显，而随着期数推移，股票 C 的优势会越发明显，与其他 5 只股票的涨幅拉开更大距离。若被试为理性人，那到第 18 期结束时，所有被试都应该持有股票 C 方可实现收益最大化。但由于处置效应的存在，部分被试在亏损时不愿意卖出原先持有的股票，预期股票 C 的持有率从第 8 期开始会逐步增加，但结束时不会达到 100%。由于此阶段允许空仓，所以统计股票 C 持有率时须剔除空仓的被试，就此提出假设 4-3。

假设 4-3：在弱市交易阶段，从第 8 期开始 55% 概率上涨的股票 C 的持有率会逐渐增加，但处置效应和空仓会导致实验结束时该股的持有率仍未达 100%。

在此阶段的交易中，由于股票上涨概率变小，再加上相对波动设计的损耗，被试很难在交易中盈利。表 4-9 列出了被试从第 0 期买入股票后持有不动的收益率，由于表格的宽度有限，仅列出部分重要期数的收益率，从中可看出，除非准确定位到股票 C，否则亏损的概率远大于盈利的概率。

表 4-9　弱市阶段一直持有股票盈亏比例

股票	上涨概率	期数							
		0	3	6	8	10	12	15	18
股票 A	45%	0%	−7%	−11%	−13%	−12%	−21%	−23%	−29%
股票 B	45%	0%	−16%	−9%	−7%	−9%	−20%	−26%	−16%

续表

股票	上涨概率	期数							
		0	3	6	8	10	12	15	18
股票 C	55%	0%	-5%	0%	13%	13%	4%	20%	16%
股票 D	45%	0%	2%	-18%	-27%	-18%	-18%	-18%	-22%
股票 E	45%	0%	-8%	-13%	-18%	-11%	-11%	-16%	-11%
股票 F	45%	0%	-18%	-21%	-25%	-18%	-21%	-25%	-25%

在真实交易中，亏损比例的变化会改变投资者的卖出意愿。通常而言，在亏损比例较小时，意识到自己买入理由已不存在的投资者会选择止损出局。随着亏损幅度的加大，卖出意愿会逐步降低。在真实交易中，亏损幅度的加大并不能说明买入理由的错误，在巴菲特的价值投资中亏损 50% 而后大幅盈利也是经常发生的事。在本章设计中，亏损幅度加大已说明错判了 55% 概率上涨的股票，而此时的最优策略是卖出错买的股票，接受错误并投资最优标的。由于处置效应的存在，预期并非所有投资者会选择最优策略，相反，随着亏损幅度的加大，卖出意愿会逐渐减弱。将亏损比例划为 3 个等级：较小（亏损比例≤ 7%）、中等（7% <亏损比例≤ 15%）、较大（亏损比例> 15%），进而统计 3 个等级中亏损发生的次数和卖出次数，卖出次数占发生次数的比例大小即为卖出意愿，公式为：

$$卖出意愿=\frac{卖出次数}{发生次数}$$

假设 4-4：随着亏损比例的增加，被试卖出意愿逐渐减弱。

③每期自动清仓交易。

每期自动清仓交易来自 Shefrin 和 Statman（1985）的设计，对检验处置效应可谓精妙。每期自动清仓指的是每期股价走势图展示之后，开始计算收益，并自动清仓所持有股票。卖出股票后被试可以买入新的股票或买回已被自动清仓的股票。这样的交易模式在真实市场中当然不可能发生，但这种貌似荒唐的设计正是实验研究方法的优势，可以严格按需求设计和控制实验条件。

第一，平衡市自动清仓交易。

由于实验交易中不存在佣金和印花税，理论上这样的设计不会影响被试的交易决策。自动清仓对被试交易决策的影响可分两种情况。第一种情况为被试计划买入新的股票。若无自动清仓，正常的交易流程是被试卖出原先持有的股票，买入新的股票，而在自动清仓模式下，被试卖出原先持有的股票这一步骤自动完成了，被试可直接买入新的股票，对其决策并未造成影响，反而帮助其减少了交易步骤。第二种情况为被试不想买入新的股票。系统自动清仓原先持有的股票后，被试只需重新买入即可，由于交易中无任何费用，所以被试重新买入后的持仓市值无任何变化，自动清仓设计对被试决策亦无任何影响，仅增加了一步买入交易操作。

自动清仓看似不会对被试交易决策造成影响，但以上分析建立在被试无处置效应倾向的前提下，而这一前提是不存在的。在真实交易中，投资者持有亏损股票时会发生认知偏差而降低卖出意愿，而一旦不持有该股票时认知偏差就会消失，进而理性判断并选择最优的交易策略。自动清仓设计帮助被试卖出可能本不愿卖出的股票，可预期被试的处置效应倾向将因此而大幅减弱，甚至消失。由于本书衡量处置效应的方式与过往研究不同，因此可预期被试从第 8 期开始对强势上涨股票的持有率会逐渐增加，到实验结束有可能达到 100%，就此提出假设 4–5。

假设 4–5：在平衡市交易实验中，每期自动清仓会消除被试的处置效应倾向，从第 8 期开始，每期强势上涨股票的持有率均大于正常交易时的持有率。

第二，弱市自动清仓交易。

弱市自动清仓对被试之后交易的影响，除了平衡市自动清仓交易中提及的两点之外，还须讨论允许空仓时自动清仓是否对被试交易有影响。自动清仓设计帮助被试清仓，因此不会对被试的决策造成影响。

正如平衡市自动清仓交易所分析的那样，自动清仓看似不会对被试交易决策产生影响，但前提是被试无处置效应倾向，而这一前提是不存在的。由于处置效应的存在，被试在弱市正常交易时，发生亏损的概率会大幅增加，自动清仓设计帮助被试卖出可能本不愿卖出的股票，可预期被试的处置效应倾向将因此而大幅度减弱，甚至消失。自动清仓后，被试的最优策略是快速找到 55% 概率上涨的股票，无法准确判断之前的最优策略是空仓，因此，可预期被试从第 8 期开始对 55% 概率上涨股票的持有率会逐渐增加，到实验结束有可能达到 100%，就此提出假设 4–6。

假设 4–6：在弱市交易实验中，每期自动清仓会消除被试的处置效应倾向，从第 8 期开始，每期强势上涨股票的持有率均大于正常交易时的持有率。

④空仓。

在弱市交易实验中，允许被试空仓，为的是更接近真实市场交易，不能在市场难赚钱的时候强逼被试买入。实验设计虽与真实市场交易相同，但在真实交易中，选择空仓的投资者少之又少，大多数投资者因为过度自信而长年在股市中搏杀，结局是经常亏损。股票投资是一件极难之事，连宏观经济学之父凯恩斯也曾折戟资本市场（Walsh，2008），物理学天才牛顿更是在南海泡沫中亏损（Odlyzko，2019）。

在我国现有交易制度下，个人投资者很难做空交易。诸如股指期货、指数期权这样的做空工具，设置了很高门槛，能交易的个人投资者数量甚少。在极难甚至无法做空的制度下，一旦市场赚钱效应差，最优策略应该是空仓。我国 20 世纪 90 年代曾有十大民间操盘手，现仍然出现在公众视野中的只有一人，网名花荣。花荣所著《百战成精》（2012）一书曾在“会买的是徒弟，会卖的是师父”这一股市经典名言之上加了一句“会空仓的是掌门”，此一加并非狗尾续貂，而是画龙点睛。笔者从交易经验中亦发现，适时空仓能大幅提高投资收益率。可以预计，在实验中选择过空仓的被试的收益率会大于未选择过空仓的被试，而收益率的衡量指标仍来自自陈问卷，就此提出假设 4-7。

假设 4-7：选择过空仓的被试与未选择过空仓的被试平均收益率之间存在显著差异，且前者的平均收益率较高。

（三）实验对象

实验的研究对象为有股票交易经验的个人投资者。笔者的股票交易经验超过 25 年，积累了大量个人投资者朋友。另外，作为老师，我上课时偶会谈及投资。因此，笔者的投资圈朋友足以达到实验样本所需数量。经过认真思考，放弃把笔者认识的个人投资者作为被试的想法，原因是这些人或多或少受到笔者投资理念的影响，处置效应倾向较普通群体更弱。处置效应作为蚕食投资者利润的重要因素之一，笔者深知其对投资收益的巨大影响，因此会不断宣传处置效应的害处，建议投资者学会止损和空仓。虽然效果不一定非常大，毕竟处置效应是根深蒂固的认知偏差，但在模拟实验中，由于不是真实的交易，在止损时也没那么心疼，处置效应也会减弱。基于这些分析，如果抽样笔者的投资圈朋友作为被试，会严重影响到实验的结论。

详细梳理各种抽样方法后，笔者最后决定直接从证券公司的客户中抽样。笔者一学生现担任国内某证券公司深圳某营业部总经理，在他的帮助下，且在不违反相关规定的前提下，通过给客户群发消息的方式招募实验对象。实验采用有酬劳方式，考虑到被试必须集中于深圳大学经济学院某金融实验室进行，被试需自行到达指定地点，算上其交通费用和时间成本，酬劳必须具有足够的吸引力方可招募到实验对象。对于个人投资者而言，这恐怕需要较大数量的货币酬劳方能吸引其参加实验，而研究经费有限，考虑再三，把酬劳形式分为货币形式和传授投资方法形式，被试可二选一。货币形式依据投资者的模拟实验交易业绩而定，用模拟交易结束时的资金乘以 0.1%，初始资金为 20 万元，因此酬劳约为 200 元。

在批量发信息招募被试时，说明需要招募 300 人参加深圳大学老师的模拟交易实验，参与实验者的酬劳如上所述，预期 200 元对于投资者无太大吸引力，而传授投资方法会具有更大吸引力，因此采用先报名先得的方式。为防止被试不认真完成实验，仅为报酬而来，报酬发放在确认实验数据有效后进行。报名如期踊跃，实验助理在收到数千份报名申请后，请证券公司批量发送报名已满通知。实验助理选择了报名前 300 名作为实验对象，在 300 名之后报名的 200 人作为候补，当有人不能按期参与实验时按顺序补上。投资者通常都是套利高手，只是股市太难赚钱而无从施展，为防止被试领取 200 元现金酬劳后，继续向他人打听而免费获得投资方法酬劳，在投资方法酬劳发放时做了限制。传授方法类似传授武功，只拿到秘籍不一定有用，口授心法才是最重要的部分。

（四）实验流程

由于新冠疫情原因，实验未能完全如期进行，增加了网络一对一实验。实验室内完成实验时间约为 2 小时，网络一对一实验每名被试耗时约为 1 小时。

实验计划 200 人完成正常模拟交易实验，100 人完成自动清仓模拟交易实验，全部在某金融实验室内完成。该实验室为金融类实验专用，配备超过 100 台电脑，每台电脑均安装有各种金融实验软件，平时为教学和实验专用。实验室单次能完成超过 100 人次实验，中控可控制和操作每台电脑。实验之前实验助理已把本次实验的交易系统安装于每台电脑，完成实验后可通过中控统一收集实验数据。最终实验分三批次进行：前两批次的被试在金融实验室内进行实验，每批次各 100 人，分别完成正常模拟交易实验和自动清仓模拟交易实验；第三批次的 100 人通过网络一对一完成正常模拟交易实验，但规则有所改变。

1. 金融实验室内实验

对于在金融实验室内进行的实验，笔者已提前雇用了 10 名有股票投资经验的学生作为实验助理，并进行了严格培训，确保他们清楚实验的全部流程和目的。他们的工作内容有：第一，负责现场指导未理解清楚实验细节的被试；第二，收发知情同意书；第三，协助处理现场突发情况，如被试误操作导致交易被锁定时帮其解锁；第四，实验结束协助整理实验数据。在实验室中完成实验的两批被试，第一批完成正常交易实验，包括平衡市交易实验和弱市阶段交易实验；第二批完成每期自动清仓交易实验，包括平衡市交易实验和弱市阶段交易实验，流程大同小异。

在被试到达实验室之前，每台电脑前都已放置好一份知情同意书，到达实验室后被试可随意选择座位坐定，按以下流程进行实验：

第一步，请被试签署知情同意书（见附录Ⅳ）。在该过程中，知情同意书被投影于屏幕上，笔者同步进行讲解。签署完毕后实验助理收回知情同意书，不同意的被试可离开，实验中未有任何被试离开。

第二步，笔者通过中控讲解和演示实验流程。此过程中被试无法操作电脑，笔者通过中控控制了所有电脑，被试只能观看屏幕内容，每台电脑均显示相同内容。讲解和演示的内容包括图表的生成过程、交易系统使用和交易规则。图表生成包括涨跌概率、单日涨跌幅等，每刷新一次图表均不相同。此过程仅以平衡市阶段实验为例进行讲解，并未告知被试还有第二阶段的弱市交易实验，讲解过程中并未提及“平衡市”一词。讲解和演示过程中被试可随时进行提问，确保每名被试清楚知道实验规则。

第三步，平衡市模拟交易。开始交易之前需要被试在交易系统顶部填入报名微信号，用以确认身份发放酬劳，并要求被试选择过往交易业绩对应选项。开始交易时先向被试展示第 -2 期到第 0 期的图表，被试在第 0 期必须全仓买入一只股。所有被试交易完成后，方展示下一期图表，系统自动计算收益。如此循环，直到被试在第 17 期最后一次做交易决策，交易完成后展示第 18 期图表，此阶段实验结束。在此阶段实验过程中，被试并不知道还有下一期交易实验。此阶段实验结束时告知被试还有下一阶段实验，约 5 分钟后实验继续。这 5 分钟内通过中控搜集完交易数据，并安装新的交易系统。

第四步，弱市模拟交易。向被试解释完此阶段的图表生成规则和交易规则后，实验步骤与平衡市阶段模拟交易实验无异。

第五步，感谢被试参与实验并请其有序离开。被试的酬劳在确认交易数据有效并统计交易业绩排名后发放，酬劳发放方式由被试自选。

2. 网络一对一实验

网络一对一实验花费了大量的时间和精力方才完成。由于没有经验，初始的数名被试每位花费约 1 小时 20 分钟方能完成实验，随着经验积累，每名被试花费约 1 小时就能完成实验。由于无法像实验室实验那样统一解释规则，每进行一名被试实验需重新解释一遍，因此花费了大量时间在解释规则上。每天约完成 4 名被试实验，约一个月收集完成 100 名被试的交易数据。此部分被试完成正常交易（非每期清仓）的平衡市交易实验和弱市交易实验，经过经验积累后的网络一对一实验流程如下。

第一步，请被试浏览知情同意书（见附录Ⅳ），决定是否同意。实验中未有被试不同意，且均留下文字凭证。

第二步，与被试视频连线，让其观看电脑屏幕，向其讲解和演示实验流程。讲解和演示的内容包括图表的生成过程、交易系统使用和交易规则。与实验室内实验讲解和演示的方式大同小异，不同之处在于网络视频清晰度降低，被试可以不断提问，以最快速度理解实验要求。

第三步，平衡市模拟交易。这一步与实验室内进行实验大不相同，交易不在被试电脑上进行，而在笔者电脑上进行。流程为笔者截图发与被试当期图表，被试在观看图表后，向笔者发出交易指令，笔者再把交易结果截图发与被试，同时发与被试下一期图表，如此循环直到实验结束。这样进行的原因有三：首先，避免被试对交易系统不熟悉而浪费时间；其次，防止被试误操作锁定交易系统后无法解锁，而如果告知被试解锁密码，被试将可以更改已完成的交易数据；最后，防止笔者无法看到交易结果而无法与被试交流。为了验证被试在第 8 期时是否真能判断出强势上涨股，在第 8 期图表已显示且被试完成当期交易决定后，笔者会询问被试一个问题："您现在判断哪只是 65% 概率上涨的股票？"

第四步，弱市模拟交易。这一步与平衡市模拟交易流程完全相同，但在第 8 期图表已显示且被试完成当期交易决定后，笔者会对被试提出以下问题。

"您现在判断哪只是 55% 概率上涨的股票？"

对持有其他股票（不包括空仓）的被试，继续问第二个问题。

"您判断出 55% 概率上涨的股票，那为什么不换到该股票上？"

"如果明确告诉您 55% 概率上涨的股票是哪只，您换不换？"

如果第三个问题的回答是"否"，继续问第四个问题。

"如果现在再给您 10 万元，您会买哪只股票？"

第五步，实验结束，感谢被试参与并请被试选择酬劳方式。由于每名被试的交易均通过笔者的电脑进行，不存在无效交易数据，所以被试可当场选择酬劳发放方式。

由于网络一对一实验仅为重复实验室内第一批被试的实验，虽规则有所更改，但更改的幅度甚小，因此不在实验设计部分单独列出。

（五）研究假设小结

研究假设已在前文提出，但散落于分析之中，在此进行汇总。

假设 4-1：在平衡市交易阶段，从第 8 期开始 65% 概率上涨的股票 D 持有率会逐渐增加，但处置效应会导致实验结束时持有率未达 100%。

假设 4-2：处置效应与投资收益率之间存在显著负相关关系，处置效应倾向越强，投资收益率越低。

假设 4-3：在弱市交易阶段，从第 8 期开始 55% 概率上涨的股票 C 的持有率会逐渐增加，但处置效应和空仓会导致实验结束时持有率仍未达 100%。

假设 4-4：随着亏损比例的增加，被试卖出意愿逐渐减弱。

假设 4-5：在平衡市交易实验中，每期自动清仓会消除被试处置效应倾向，从第 8 期开始，每期强势上涨股票的持有率均大于正常交易时的持有率。

假设 4-6：在弱市交易实验中，每期自动清仓会消除被试处置效应倾向，从第 8 期开始，每期强势上涨股票的持有率均大于正常交易时的持有率。

假设 4-7：选择过空仓的被试与未选择过空仓的被试平均收益率之间存在显著差异，且前者的平均收益率较高。

三、实验结果

由于本书是跨学科研究，笔者在数据的整理过程中笔者发现其与传统心理学研究中的数据整理方法有差别，不时需要新的思考与探索。

（一）描述性统计

300 名被试均完成了有效实验，形成完整的交易数据。交易数据中蕴含了大量投资者交易行为的信息，本书仅提取了研究处置效应所需的数据，数据价值的深度挖掘留待将来进行。交易数据提取并汇总到 SPSS 与 EXCEL 软件，为数据分析做准备。

对被试历史投资业绩的调查结果如表 4-10 所示，由于三批实验的被试人数均为 100 人，无须计算占比亦直观可得。

表 4-10　投资者历史投资业绩

投资收益	正常交易（人）	自动清仓（人）	网络交易（人）
较高	52	53	42
一般	27	29	34
较低	21	18	24
合计	100	100	100

表 4-10 中投资收益“较高”指年化平均收益率大于 10%，“一般”指年化平均收益率在 0% 与 10% 之间（包含 0% 和 10%），“较低”指年化平均收益率为负。从表 4-10 可知，超过半数的被试选择了年化收益率大于 10%，与个人投资者盈亏分布为“一赚二平七亏”的常识不相符，过度自信认知偏差表现无遗。但正如前文说所，本研究仅用于相关分析，绝大部分甚至全部被试都过度自信，把自己的年化收益率评价提高，投资收益率高低分布的人数不会改变，不会影响到相关分析的结果。

表 4-11 给出了各种交易模式下被试的模拟投资收益和收益率。从表中可以看出，在自动清仓交易模式下，被试的收益率远大于正常交易和网络交易模式下的收益率，自动清仓会帮助被试减弱处置效应倾向。无论何种交易模式，平衡市时被试的总体收益率为正，弱市时总体收益率为负。

表 4-11　被试模拟交易平均投资收益（*M* 和 *SD*）

	正常交易（*N*=100）		自动清仓（*N*=100）		网络交易（*N*=100）	
	平衡市	弱势	平衡市	弱势	平衡市	弱势
初始资产（万元）	10	10	10	10	10	10
平均终值（万元）	10.64	8.19	12.66	9.57	10.79	8.84
最大终值（万元）	13.98	11.90	14.60	12.03	14.22	11.78
最小终值（万元）	8.74	7.71	11.32	8.89	8.64	7.76
标准差（万元）	0.44	0.42	0.50	0.43	0.47	0.50
平均收益率	6.4%	−18.1%	26.6%	−4.3%	7.9%	−11.6%

在 300 名被试中，最终选择现金酬劳的被试仅为 27 人。由于现金酬劳方式按被试模拟交易最终市值乘以 0.1% 所得，而投资者的投资业绩远不如其预

期，平均每人支付金额不足200元，最终一共支付不到5000元。27名选择现金酬劳的被试均为在实验室中进行实验的被试，选择网络交易模式的被试无一人选择现金酬劳。仅9%的被试选择了现金酬劳，说明绝大多数被试选择了“渔”而非“鱼”，而网络交易模式下无一人选择现金酬劳原因可能有二：首先，在实验过程中的交流有所收获，认为“渔”比“鱼”更为重要；其次，该模式下实验结束时请被试直接选择酬劳方式，很多被试不好意思当面选择现金酬劳。

（二）平衡市交易行为

大多数被试在实验室完成实验，因此若无特殊说明，文中平衡市交易即指实验室平衡市交易，弱市交易即指实验室弱市交易。

1. 平衡市交易处置效应

为了检验被试的处置效应倾向，需统计强势上涨股票各期的持有率。若被试为经济学假设的理性人，那在识别出D为65%概率上涨的股票后，应该清仓原先持有的股票，迅速买入股票D，方为最优策略。在平衡市模拟交易模式下，第8期开始各股票持有人数如表4-12所示，由于第17期为被试最后一期做交易决策，第18期仅统计结果，各股票持有人数与第17期相同，因此最后一期为第17期。

表4-12　平衡市模拟交易第8期开始各股票持有人数　　单位：人

股票	上涨概率	期数									
		8	9	10	11	12	13	14	15	16	17
股票A	35%	20	19	15	16	16	14	11	10	9	9
股票B	50%	17	15	16	12	14	9	9	9	8	8
股票C	50%	7	7	8	7	6	8	9	10	11	12
股票D	65%	20	25	29	30	36	41	49	54	55	58
股票E	55%	13	14	15	15	12	12	7	3	3	2
股票F	45%	23	20	17	20	16	16	15	14	14	11
合计		100	100	100	100	100	100	100	100	100	100

从表4-12可看出股票D的持有人数从第8期开始逐步增加，第8期时仅有20人持有股票D，而到被试最后一次做交易决策的第17期，股票D的持

有人数上升为 58 人，但仍有 42 人未持有股票 D，原因是处置效应导致被试亏损时不愿意止损出局。样本总数为 100，假设 4–1 得到支持。

表 4–12 的显示模式不够直观，由于表格宽度限制，未列出第 0 期至第 7 期的数据。把从第 0 期开始各股票的持有人数制成折线图，结果如图 4–8 所示。从图中可以看出，股票 D 的持有人数在第 8 期之前虽有所增长，但相对其他股票并未有优势，从第 9 期开始，持有人数优势表现无遗，之后优势越发明显。

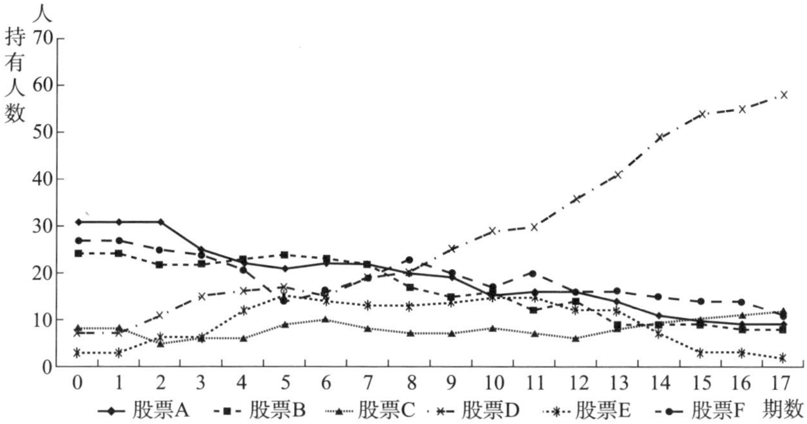

图 4–8　平衡市模拟交易各期股票持有人数

从图 4–8 中还可看出，第 0 期与第 1 期各股票持有人数并无变化，第 2 期与第 1 期亦无太大变化，而临近交易结束时的第 15 期、第 16 期、第 17 期，除股票 D 外，其他股票的持有人数几乎无变化。开始几期持股人数无显著变化的原因可能和被试的持股习惯相关，买入股票后短期内无法判定买入理由是否消失，无论涨跌都会先持股等待。最后几期持股人数无明显变化的原因可能是被试知道实验即将结束，换股已不能对收益造成显著影响，持股等待结束即可。当然，也可能与亏损幅度较大而不愿意换股有关。

2. 处置效应与投资收益率

为了检验处置效应与投资收益率之间的关系，需要把投资收益率和处置效应标准化处理，以便有指标可衡量。投资收益率分为三档：第一档为平均年化收益率＞ 10%，第二档为 0% ≤平均年化收益率≤ 10%，第三档为平均年化收益率＜ 0%。第一档的投资收益率较高，记为 3 分；第二档的投资收益率一般，记为 2 分；第三档的投资收益率较低，记为 1 分。处置效应按第 8 期开始被试买入强势上涨股票 D 的时间先后来衡量，买入越早说明处置效应倾向越弱。第 8 期、第 9 期、第 10 期买入股票 D 记 1 分；第 11 期、第 12 期、第 13 期买入股票 D 记 2 分；第 14 期、第 15 期、第 16 期、第 17 期买入股票 D 记 3 分；到实验结束从未买入股票 D 记 4 分。第 7 期时，持有股票 D 的人数为 19 人，第 17 期时持有人数为 58 人，相差 39 人。但并非其间 39 人买入了股票 D，其间有 3 人卖出过股票 D，3 人中有 2 人为第 0 期至第 7 期买入，有 1 人为第 8 期到第 17 期买入，此 3 人将从相关分析样本中剔除。因此，第 8 期至第 17 期买入过股票 D 且未卖出的人数为 39+2=41，此部分被试的处置效应值根据买入先后分别记 1 分、2 分或 3 分。从未买入过股票 D 的人数应该减去在第 8 期至第 17 期卖出过股票 D 的被试，因此处置效应记 4 分，从未买入过股票 D 的人数为 42−1−2=39，相关分析的总样本数 N=39+41=80。对于在第 8 期至第 17 期中卖出过股票 D 的 3 名被试，笔者在实验结束后通过网络方式找到他们并与之交流卖出理由，结果将在网络交易部分与采用同样交易方式的被试合并分析讨论。

由于数据被划分了等级，收益率被划分为较高、一般和较低，处置效应倾向被划分为 4 个等级，因此用对数据要求不高的 Spearman 等级相关分析最为合适，结果显示处置效应与投资收益率之间存在显著负相关关系（r=−0.562；$P<0.01$；N=80），假设 4-2 得到支持。

（三）弱市交易行为

1. 弱市交易处置效应

为了检验被试的处置效应倾向，需统计 55% 概率上涨股票 C 各期的持有率。若被试为经济学假设的理性人，那在识别出股票 C 为 55% 概率上涨的股票后，应该清仓原先持有的股票，迅速买入股票 C，方为最优策略，实现收益最大化。在弱市模拟交易模式下，第 8 期开始各股票持有人数如表 4-13 所示，由于第 17 期为被试最后一次做交易决策，第 18 期仅统计结果，各股票持有人数与第 17 期相同，因此最后一期为第 17 期。

表 4-13　弱市模拟交易第 8 期开始各股票持有人数　　单位：人

股票	上涨概率	期数									
		8	9	10	11	12	13	14	15	16	17
股票 A	45%	5	3	6	5	5	4	4	4	4	4
股票 B	45%	16	15	13	12	11	9	9	9	9	9

续表

股票	上涨概率	期数									
		8	9	10	11	12	13	14	15	16	17
股票 C	55%	27	29	34	36	37	39	43	45	46	46
股票 D	45%	14	13	15	16	16	15	14	14	14	14
股票 E	45%	9	11	10	10	9	9	8	8	8	8
股票 F	45%	14	15	15	15	14	16	15	15	15	15
合计		85	86	93	94	92	92	93	95	96	96

从表 4-13 可看出股票 C 的持有人数从第 8 期开始逐步增加，第 8 期时仅有 27 人持有股票 C，而到被试最后一次做交易决策的第 17 期，股票 C 的持有人数上升为 46 人，但仍有 54 人未持有股票 C，原因是处置效应导致被试亏损时不愿意止损出局。合计持仓人数不为 100 的原因是该阶段的实验允许空仓，100 减去各期合计人数即为当期空仓人数。假设 4-3 得到支持。

表 4-14 的显示模式不够直观，由于表格宽度限制，未列出第 0 期至第 7 期的数据。把从第 0 期开始各股票的持有人数制成折线图，结果如图 4-9 所示。从图中可知，股票 C 的持有人数在第 8 期前并未有优势，亦无明显增长趋势，从第 5 期开始逐步增长，到第 8 期开始优势渐显，之后优势越发明显。

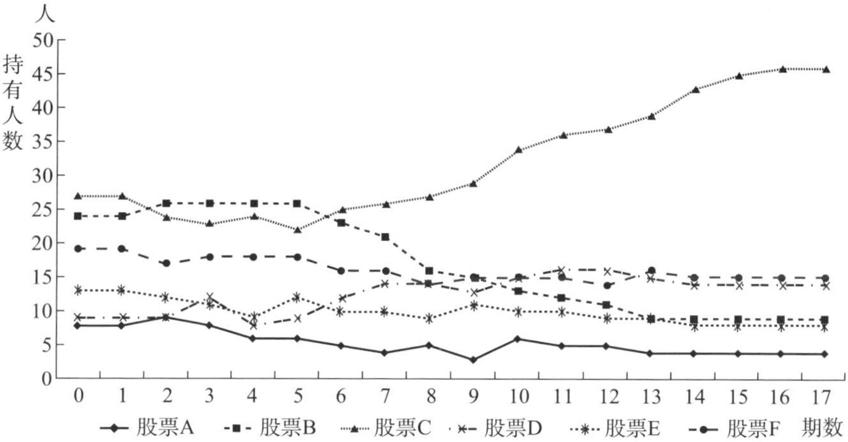

图 4-9 弱市模拟交易各期股票持有人数

从图 4-9 中还可看出，第 0 期与第 1 期各股票持有人数并无变化，第 2 期与第 1 期亦无太大变化，这与平衡市交易结果相似。从临近交易结束时的第 13 期开始，除股票 C 外，各股持有人数已无太大变化，相较于平衡市交易所显示结果提前了数期。开始几期持股人数无显著变化的原因可能和被试的持股习惯相关，买入后短期内无法判定买入理由是否消失，无论涨跌都会先持股等待。最后几期持股人数无明显变化，且无变化期数比平衡市交易时提前，原因除了平衡市交易中提及的被试知道实验即将结束之外，还可能与亏损幅度太大降低了交易意愿有关。

2. 亏损比例与卖出意愿

为了检验亏损比例与卖出意愿之间的关系，需统计亏损发生次数与亏损卖出次数。由于弱市交易时，有 5 只股票的上涨概率仅为 45%，仅有股票 C 的上涨概率为 55%，再加上相对波动设计的损耗，被试很难在股票盈利时卖出股票，这样给研究处置效应金融心理带来极大便利，非常便于观察被试亏损时如何处置股票，卖出意愿是否降低。把亏损比例划为 3 个等级：较小（亏损比例≤ 7%）、中等（7% ＜亏损比例≤ 15%）、较大（亏损比例＞ 15%），进而统计 3 个等级中亏损发生次数和卖出次数。统计期数为第 1 期至第 17 期，由于第 0 期被试刚买入，不会产生盈亏，而第 17 期为最后一次做交易决策。

在统计亏损发生次数时，按每个被试的交易结果逐期进行统计，亏损幅度落入 3 个等级中的任何一个等级时，在该等级的发生次数上加 1。需要强调的是，如果被试交易的某只股票的亏损幅度连续 n 期均落入某一等级，需要在该等级的发生次数上加 n，因为被试不是做了一次不卖出的决策，而是做了 n 次不卖出的决策。例如被试连续 3 期的亏损幅度分别为 12%、17%、23%，则需要在中等亏损发生次数上加 1，较大亏损发生次数上加 2，因为被试在中等亏损时做了一次不卖出决定，在较大亏损时做了两次不卖出决定。

在统计亏损卖出次数时，按卖出时的亏损比例进行统计，亏损比例落入哪个亏损等级，就在该等级的卖出次数上加 1，若盈利卖出，则不计入任何等级。统计完亏损卖出次数和发生次数之后，根据卖出意愿公式：

$$\text{卖出意愿} = \frac{\text{卖出次数}}{\text{发生次数}}$$

卖出意愿计算结果如表 4-14 所示。

表 4-14　弱市交易卖出意愿

亏损等级	亏损比例	发生次数	卖出次数	卖出意愿
较小	≤ 7%	759	172	22.66%
中等	＞ 7% 且≤ 15%	394	59	14.97%

续表

亏损等级	亏损比例	发生次数	卖出次数	卖出意愿
较大	＞15%	230	12	5.22%
合计		1383	243	100%

从表 4-14 可看出，亏损幅度较小（≤7%）时，卖出意愿为 22.66%；亏损幅度中等时（＞7% 且≤15%），卖出意愿为 14.97%；亏损幅度较大（＞15%）时，卖出意愿为 5.22%。假设 4-4 得到支持。

进一步详细统计各亏损比例下的卖出意愿，并制作带平滑线的散点图。图 4-10 为亏损比例与卖出意愿关系模型，对该模型需要做两点说明。

首先，该模型仅给出亏损比例与卖出意愿变化关系，并未涉及具体数值。表 4-14 中的卖出意愿数值仅为模拟交易下的数值，在真实交易中该数值会更小，因为卖出意味着确认亏损，即止损。真实交易时数据无法确认，但二者的变动方向可以确认。

其次，曲线为凹的原因是随着亏损比例增加，卖出意愿永远不会为 0，相反，随着亏损比例减少，卖出意愿也不会为 100%。

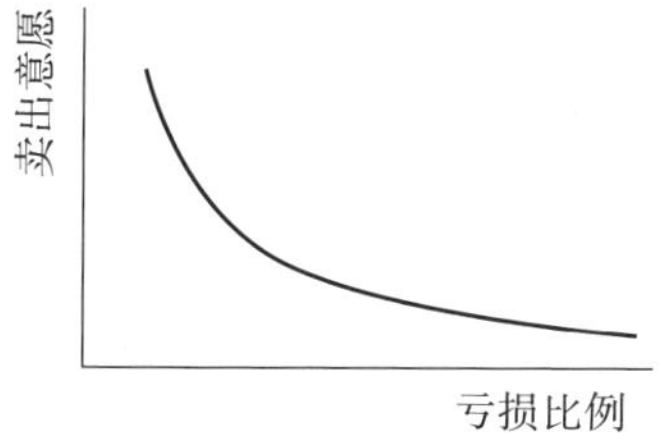

图 4-10　亏损比例与卖出意愿关系模型

3. 弱市交易其他发现

进一步梳理弱市阶段被试的交易数据后发现，绝大多数卖出交易都发生在亏损状态下，其原因并非被试愿意在亏损时卖出，而是大多数股票趋势一直往下，被试几乎没有机会在盈利时卖出股票。这也再次说明 Shefrin 和 Statman 衡量处置效应的指标有问题，如果按他们那样统计盈利卖出金额与亏损卖出金额，并相互比较，那弱市交易时的统计结果为盈利卖出金额非常少，而亏损卖出金额非常多。按他们对处置效应的定义，该统计结果非但不能支持处置效应的存在，反而得出了完全相反的结论。

（四）自动清仓交易行为

每期自动清仓交易模式在真实交易中不可能发生，如此频繁的交易，仅佣金和印花税就会让投资者难以承受，但在实验中如此设计来检验处置效应金融心理却是高明的方法。

1. 平衡市自动清仓交易

为了检验平衡市每期自动清仓交易模式下被试的处置效应倾向，需统计该模式下强势上涨股票 D 每期的持有率，并与正常交易模式下股票 D 的持有率相比较，统计结果如表 4-15 所示。

表 4-15　平衡市正常交易与自动清仓交易股票 D 的持有率

期数	0	1	2	3	4	5	6	7	8
正常交易	7%	7%	11%	15%	16%	17%	15%	19%	20%
自动清仓	9%	7%	13%	18%	25%	34%	30%	49%	56%
相差	2%	0%	2%	3%	9%	17%	15%	30%	36%
期数	9	10	11	12	13	14	15	16	17
正常交易	25%	29%	30%	36%	41%	49%	54%	55%	58%
自动清仓	67%	77%	75%	94%	96%	96%	96%	96%	96%
相差	42%	48%	45%	58%	55%	47%	42%	41%	38%

从表 4-15 可以看出，在初始两期两种交易模式下股票 D 的持有率相差无几，而从第 2 期开始自动清仓交易模式下股票 D 的持有率超过了正常交易模式持有率，超越期数比预期提前了 6 期，但二者差距并不明显，说明多数被试还无法肯定股票 D 为强势上涨股。第 2 期之后的各期，自动清仓交易模式下股票 D 的持有率一直保持优势，直到实验结束。第 17 期被试最后一次做交易决策时，正常交易模式下股票 D 的持有率为 58%，而自动清仓交易模式下股票 D 的持有率高达 96%，假设 4-5 得到支持。

在平衡市交易实验中，每期自动清仓会消除被试处置效应倾向，在被试判断出强势上涨股票后会买入该股，导致强势上涨股的持有率大于正常交易时的持有率。最终持有率并未达 100%，可能因为有 4 名被试有不同的交易逻辑或偏低的认知能力。

把表 4-15 中的数据制作为折线图 4-11 可以更直观地看出变化趋势。

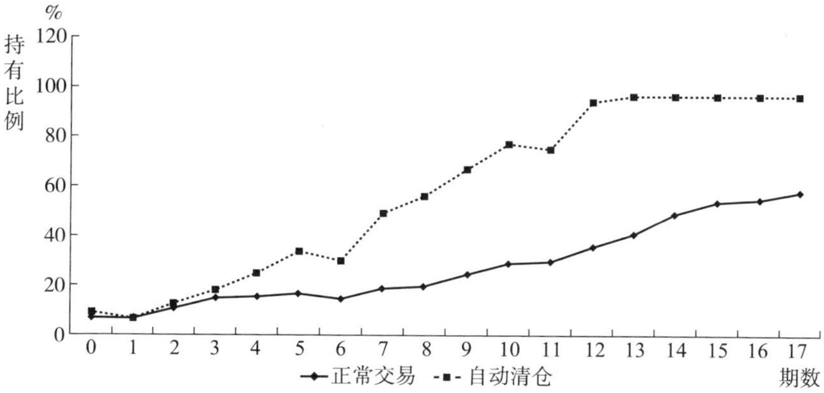

图 4-11　平衡市正常交易与自动清仓交易股票 D 的持有率

2. 弱市自动清仓交易

为了检验弱市每期自动清仓交易模式下被试的处置效应倾向，需统计该模式下 55% 概率上涨股票 C 每期的持有率，并与正常交易模式下股票 C 的持有率相比较，统计结果如表 4-16 所示。

表 4-16　弱市正常交易与自动清仓交易股票 C 的持有率

期数	0	1	2	3	4	5	6	7	8
正常交易	27%	27%	24%	23%	24%	22%	25%	26%	27%
自动清仓	20%	17%	23%	20%	26%	29%	31%	39%	53%
相差	-7%	-10%	-1%	-3%	2%	7%	6%	13%	26%
期数	**9**	**10**	**11**	**12**	**13**	**14**	**15**	**16**	**17**
正常交易	29%	34%	36%	37%	39%	43%	45%	46%	46%
自动清仓	53%	58%	56%	65%	73%	75%	85%	86%	86%
相差	24%	24%	20%	28%	34%	32%	40%	40%	40%

从表 4-16 可以看出，在前 4 期时，两种交易模式下股票 C 的持有率相差无几，而从第 4 期开始自动清仓交易模式下股票 C 的持有率超过了正常交易模式持有率，超越期数比预期提前了 4 期，但二者差距并不明显，说明多数被试还无法肯定股票 C 为 55% 概率上涨的股票。之后的各期，自动清仓交易模式下股票 C 持有率一直保持优势，直到实验结束。第 17 期被试最后一次做交易决策时，正常交易模式下股票 C 的持有率为 46%，而自动清仓交易模式下股票 C 的持有率高达 86%，但并未达到 100%，而且低于平衡市自动清仓

交易模式时的持有率，可能是因为有被试空仓所致，以及很小部分被试有不同的交易逻辑或偏低的认知能力，假设 4-6 得到支持。

在弱市交易实验中，每期自动清仓会消除被试处置效应倾向，在被试判断出 55% 概率上涨股票后会买入该股，导致 55% 概率上涨股票的持有率大于正常交易时的持有率。但最终持有率并未达 100%，可能是因为有被试选择空仓所致，以及很小部分被试有不同的交易逻辑或偏低的认知能力。

把表 4-16 中的数据制作为折线图 4-12 可以更直观地看出变化趋势。

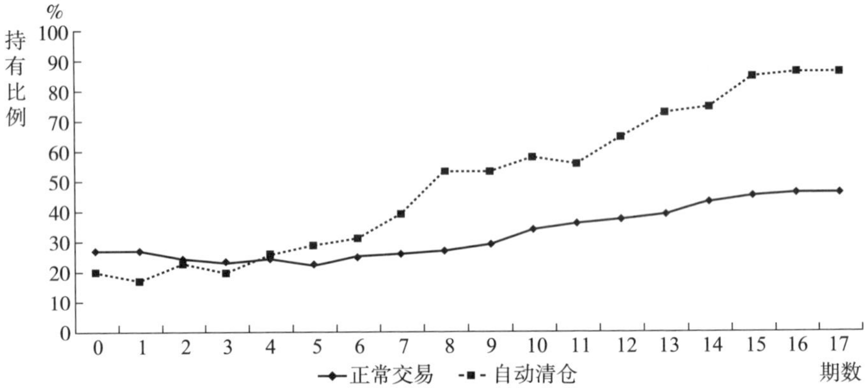

图 4-12　弱市正常交易与自动清仓交易股票 C 的持有率

（五）空仓

空仓相关研究的检验只针对弱市正常交易。平衡市交易时，被试不允许空仓；弱市自动清仓交易时，空仓人数非常之少，且绝大多数空仓行为为非主动空仓。主动空仓通常是因为投资者克服了处置效应的影响，而系统自动清仓后再选择空仓的被试，并不能说明其不受处置效应影响，因为卖出亏损股票的是系统，而非被试。因此，对空仓所做的相关研究不针对弱市自动清仓交易，仅针对弱市正常交易。

为了检验选择过空仓的被试与未选择过空仓的被试平均收益率之间的差异，需要把投资收益率标准化处理。如前文所述，投资收益率数据来自被试自陈问卷，分为三档：第一档为平均年化收益率＞ 10%，第二档为 0% ≤平均年化收益率≤ 10%，第三档为平均年化收益率＜ 0%。第一档的投资收益率较高，记为 3 分；第二档的投资收益率一般，记为 2 分；第三档的投资收益率较低，记为 1 分。进一步统计空仓人数，一共 19 人选择过空仓，81 人未选择过空仓。需要说明的是，空仓统计的是人数，而非次数，更非期数。如某被试在第 2 期选择空仓，而后买入并持有，数期之后又一次空仓，在统计时仅算一人。因此，最终统计结果为选择过空仓的被试，共 19 人。

进一步梳理数据特征后发现，自变量空仓为二分类独立变量，因变量投资收益为等级变量，观察值之间相互独立，因此选用 Mann-Whitney U 检验来判断选择过空仓的被试与未选择过空仓的被试平均收益率之间是否存在显著差异。选择过空仓的被试与未选择过空仓的被试投资收益率数据分布不同，Mann-Whitney U 检验结果显示，选择过空仓的被试（平均秩次为 62.84）与未选择过空仓的被试（平均秩次为 47.60）平均收益率之间存在显著差异，U=535，Z=−2.261，P=0.024 ＜ 0.05。假设 4-7 得到支持。

（六）网络交易行为

网络交易实验为不得已的选择，交易数据原本计划合并入正常交易数据进行统计分析，但由于实验条件已有所变化，实验过程中与被试进行了交流，或多或少会影响到实验结果。最后决定不再合并交易数据，网络交易数据用于新发现。

从表 4-11 可看出，平衡市网络交易时最终的资产的均值比实验室交易时略大，这可能与实验过程中与被试交流有关，或多或少影响了部分被试的决策。进一步用 t 检验比较实验室交易与网络交易的资产终值发现，无论是平衡市交易（P=0.488）还是弱市交易（P=0.532），二者均不存在显著差异。进一步统计和对比网络交易数据与实验室交易数据，发现网络交易数据验证了实验室交易的研究结论，包括强势上涨股票持有率从第 8 期开始逐渐增加，平衡市股票 D 和弱市股票 C 最终持有率分别为 66%、57%；处置效应与投资收益率之间存在显著负相关关系（r=−0.588；P ＜ 0.01；N=76）；随着亏损比例的增加，被试卖出意愿逐渐减弱，亏损幅度为较小、中等、较大时的卖出意愿分别为 24.86%、15.23%、4.96%；选择过空仓的被试（平均秩次为 69.97）与未选择过空仓的被试（平均秩次为 43.28）平均收益率之间存在显著差异，U=588，Z=−2.244，P=0.023 ＜ 0.05。网络交易时实验设计有所改变，交易数据可用于探索新的发现。

1. 平衡市网络交易

网络一对一交易模式可以与被试直接交流，交流中可解决实验室交易中未能完成的问题，弥补研究的缺陷。

（1）第 8 期是否识别出股票 D 为强势上涨股

实验室交易数据结果已表明，自第 8 期开始被试比较容易判断出 D 为 65% 概率上涨的强势上涨股，而随着期数推移，判断难度更低。在网络交易中，采用直接询问方式检验被试在第 8 期时是否真能判断出 D 为 65% 概率上涨的强势上涨股。在第 8 期图表已显示且被试完成该期交易决策后，笔者会询问被试一个问题："您现在判断哪只股票是 65% 概率上涨的股票？"结果如预期，全部被试均判断出了股票 D 为强势上涨股。

无论原因如何，所有被试均成功指出股票 D 为强势上涨股。网络交易的平均业绩稍微比实验室交易的业绩要好，可能是因为笔者询问被试何只股票为强势上涨股后，对被试有了提醒作用，部分受处置效应影响本不打算买入股票 D 的被试开始买入股票 D。被试回答后会反问笔者答案是否正确，笔者都按预先设定好的答案回答："为了不影响您的交易，我暂时不能说。"

（2）为何在第 8 期后卖出强势上涨股

网络平衡市交易时，有 2 人在第 8 期后卖出了所持有的股票 D 而买入其他股票，由于网络交易时可直接采访 2 人为何在知道股票 D 为强势上涨股时却卖出。2 人都表达出同一个意思："感觉涨太多了，感觉要回调下，等回调下再买。"如前文所述，实验室平衡市交易时有 3 人第 8 期后卖出了所持有的股票 D。实验结束后，笔者找到这 3 人，并询问："您卖出股票 D 时，是否已判断出 D 为 65% 概率上涨的强势股票？"3 名被试均在卖出股票 D 时已判断出其为强势上涨股，其卖出股票 D 的原因也是"感觉涨太多了，感觉要回调了，等回调下再买"。

第三章在修正处置效应定义时，已指出投资者在"售盈"时不存在认知偏差，而认知偏差仅发生在"持亏"之时。第 8 期后卖出股票 D 的 5 名被试重新支持了处置效应的原始定义，在已知股票 D 为强势上涨股后依然选择卖出股票 D，过早卖出盈利股票。进一步分析会发现，这 5 名被试的行为仅为认知能力问题，而非认知偏差问题。预测股票下跌并卖出股票的行为，显然属于知行合一，并不是认知偏差。预测股票未来走势的认知能力，是孜孜不倦追求财富的投资者们均想提高的能力，迄今能打败市场者甚少，而他们未来也可能被市场打败。预期未来也很难有一种能持久击败市场的认知能力，否则全世界的财富很快都会集中到拥有该认知能力的人身上。因此，这 5 名被试的卖出行为再次支持了处置效应定义的修正。

2. 弱市网络交易

网络一对一交易模式可以与被试直接交流，交流中可解决实验室交易中未能完成的问题，弥补研究的缺陷。弱市网络交易的数据可用于研究被试在亏损状态下的换股选择问题，有助于提出应对处置效应的方法。在第 8 期图表已显示且被试完成当期交易决定后，笔者对被试提出几个问题，被试对问题回答的结果如下。

（1）您现在判断哪只股票是 55% 概率上涨的股票

无论被试持有股票 C 还是持有其他股票或空仓，答案均为“股票 C”或“应该是股票 C 吧”，所有被试均准确判断出股票 C 为 55% 概率上涨的股票。对反问笔者答案是否正确的被试，笔者依然按预先设定好的答案回答：“为了不影响您的交易，我暂时不能说。”

此时持有股票 C 的人数为 28 人，空仓人数为 11 人，剩下的 61 名被试被问及下一题。

（2）您判断股票 C 为 55% 概率上涨股票，为什么不换过去

由于该问题需要被试陈述理由，答案种类较多，为了避免问题对被试决策造成较大影响，无论被试如何回答笔者都不再追问。被试对该问题的回答可总结为以下几类（按人数多少排序）：

等回本就换过去。该类回答有 24 人。

再看看。该类回答有 12 人。

跌那么多了，股票的上涨概率为 50%，都跌那么多期了，涨跌应该平均分布，应该会涨回去。该类回答有 11 人。

亏太多了，换也没意思了。该类回答有 9 人。

下期就换过去。该类回答有 5 人。

为了尽量不影响被试的决策，对被试的任何回答笔者均不做评价。排除决定下期换到股票 C 的 5 名被试，对其余 56 名被试继续追问下一题。

（3）如果明确告诉您 55% 概率上涨的股票是哪只，您换不换

回答“换”的被试有 29 人，回答“不换”的被试有 27 人，约半数被试选择换股。进一步统计亏损比例与换股人数，结果如表 4-17 所示。

表 4-17　亏损比例与换股人数

亏损幅度	“选择换”（N=29）	“选择不换”（N=27）
亏损≤ 5%	24 人（82.8%）	6 人（22.2%）
5% ＜亏损≤ 15%	5 人（17.2%）	7 人（25.9%）

续表

亏损幅度	“选择换”（N=29）	“选择不换”（N=27）
亏损＞15%	0（0%）	14人（51.9%）
合计	29人（100%）	27人（100%）

从表4-17可知，选择“不换”的被试亏损幅度都较大，而选择“换”的被试亏损幅度较小，再次验证了随着被试的亏损幅度加大，其卖出意愿减弱的结论。即使在明确告知被试55%概率上涨的股票为C时，依然有一半的被试选择了“持亏”，处置效应倾向明显。由此可以提炼出应对处置效应的方法之一：给出确定性的更优选择。对选择不换股的27名被试，继续追问下一题。

（4）如果现在再给您10万元，您会买哪只股

26名被试选择了买入股票C，仅1名被试选择买入原先的持仓股。可见被试非常清楚最优选择，但是受处置效应影响，不愿意卖出亏损股票。但如果有新资金且有更优选择时，被试会把新资金配置到更优选择上，仅有1名被试用新资金来纠正自己的错误。

3. 其他发现

由于网络实验方式可以与被试直接交流，被试知道自己的交易行为被直接观察，由此产生了一些新的发现，甚至是有趣的发现。

（1）提出设计中损耗问题导致不公平

实验中确有一名被试提出损耗问题，发生在网络交易实验结束时。应对办法已提前准备好，被试对佣金与印花税对冲损耗的解释未提出异议。进一步观察该被试的交易业绩，发现两个阶段收益均为负。弱市交易收益为负很正常，但平衡市交易收益为负属于小概率事件。其原因是该被试采用逆向交易策略，认为跌多了一定会涨，而在上涨概率预先设定的情况下，应该是强股恒强，弱股恒弱。其提出损耗问题，可能跟交易业绩差有关，人承受压力时攻击性会增强。

（2）讨要研究材料以测试朋友的交易水平

约有10名被试实验结束后向笔者讨要研究材料，欲测试朋友的交易水平。这可能与前景理论中提出的参照点效应有关，无论被试的交易业绩好与差，只要朋友的交易业绩不如自己，幸福指数就上升。当然，也可能被试只是简单地想与朋友分享这个模拟交易游戏。

（3）股价不按预期方向运行时骂脏话

被试买入某股票时，总是预期该股票将上涨而带来盈利。部分被试在股价不按预期运行时，会不忌讳正在做实验而骂脏话。当然，被试是骂股票不按预期的方向运行。被试的这种行为，可能和在进行实验有关，交易业绩差是一件羞耻的事情，为了维护自尊，把责任推卸到股票身上，而不是自己的决策不够英明。

四、讨论

实验分 3 组进行，3 组被试交易结束资产平均终值有差异，实验室自动清仓组（12.66 万元、9.57 万元）最高，次之为网络交易组（10.79 万元、8.84 万元），最低为实验室正常交易组（10.64 万元、8.19 万元），括号中的数字分别为平衡市交易与弱市交易资产平均终值。实验室自动清仓组资产平均终值最高的原因是每期自动卖出股票后，被试不再受处置效应的影响，可以实现资金的最优配置，买入强势上涨股票的期数相比另外两组提前很多期。网络交易组与实验室正常交易组的交易模式相似，两组虽不存在统计学上显著差异，但均值还是有一定差距，可能是因为网络交易时笔者与被试有交流，或多或少会影响到被试的交易决策。

在对投资者历史投资业绩的调查中发现，超过半数的投资者填写了年化收益率大于 10%，现实中达到这种收益率的可能性极小，专业的基金经理平均年化收益率能超过 10% 的比例也不足二成，过度自信认知偏差表现无遗。投资者在进入股市之前，通常都听说过“一赚二平七亏”，而每位投资者都认为自己就是那个“一赚”，至少是“二平”，如果把自己定位为“七亏”，那就不会进入股市了。

（一）平衡市交易

本书抓住处置效应的本质而创造衡量处置效应的新指标，在平衡市交易时，用投资者买入股票 D 的时间来衡量其处置效应倾向的强弱。投资者越晚买入股票 D，说明其处置效应倾向越强；投资者越早买入股票 D，说明其处置效应倾向越弱。过往研究中被试无论采用盈亏时卖出比例还是卖出次数来衡量，均未抓住处置效应的本质，处置效应的本质是投资者在投资逻辑已不存在且亏损时不愿意卖出的认知偏差。投资者持有盈利股票时间过短，持有亏损股票时间过长，盈利与亏损时的卖出次数不同，这些现象产生的原因并不一定仅有处置效应倾向。在无从知晓投资者交易逻辑时，过往衡量处置效应的方法不妥。本书通过严格控制实验条件，可直接观测被试在买入理由消失且亏损时的交易行为，衡量处置效应的方法较为合理。

1. 平衡市交易处置效应倾向

结果如预期的那样，被试并未如传统经济学假设的理性人那样交易，约一半的被试在识别出强势上涨股后依旧持有亏损股票。网络平衡市交易部分统计过被试是否识别出 D 为 65% 概率上涨的强势上涨股，结果是所有被试均已识别出。在识别出强势上涨股后，最优策略应该是清仓原先持有的股票，迅速买入股票 D。第 8 期至第 17 期股票 D 的被试持有率分别为 20%、25%、29%、30%、36%、41%、49%、54%、55%、58%。直到第 17 期被试最后一次做交易决策，仍有 42 人未持有最优标的股票 D。网络交易部分对被试识别出强势上涨股的统计结果也表明，被试未买入强势上涨股的真正原因是被试不愿意卖出亏损股票，处置效应倾向明显。在识别出股票 D 为强势上涨股后，被试已意识到自己错判了强势上涨股，买入理由已消失，买入理由消失后仍不愿意止损，显然是处置效应倾向所致。有过实盘交易的投资者都知道，处置效应倾向几乎存在于所有投资者身上，但过往的衡量方法总不能完全让人信服。只有合理量化出处置效应倾向后，讨论处置效应才有意义。

首先，处置效应倾向有强弱之分。股票 D 的持有人数在第 8 期之前虽有所增长，但相对其他股票并未有优势，从第 9 期开始，持有人数优势表现无遗，之后优势越发明显。第 17 期时强势上涨股的持有率为 58%，被试的处置效应倾向明显。强势上涨股的持有率逐渐上升，说明投资者处置效应倾向有强弱之分，从第 8 期开始每期都有投资者止损后买入强势上涨股。处置效应属于金融心理学的研究领域，再上一层属于非确定性下判断与决策的研究。在非确定性下进行判断与决策时，罕有某只股票的选择人数达到 100% 的情形。

其次，投资者在未确定买入理由是否消失之前交易意愿非常弱。第 0 期与第 1 期各股票持有人数并无变化，第 2 期与第 1 期亦无太大变化。投资者在买入股票时总是有充足的理由支持其交易，否则就不会买入股票。因此买入股票后会暂时处于过度自信的状态，短期的涨跌以及不太大的亏损幅度，不能说明买入理由已消失，因此投资者会等待趋势明朗，如果股票继续下跌，亏损幅度加大，投资者心里已清楚自己选错了股，但不愿意止损出局，这就是投资者的处置效应认知偏差。

另外，临近交易结束时的第 15 期、第 16 期、第 17 期，除股票 D 外，其他股票的持有人数几乎无变化，原因可能是被试清楚这只是模拟交易实验，不涉及真实财富的变化，而实验即将结束，换股已不能对虚拟收益造成显著影响，持股等待实验结束即可。

2. 处置效应与投资收益率

本书把被试过往投资收益率分为较高、一般、较低三档并分别记为 3 分、2 分、1 分，把处置效应倾向分为四档并从弱到强依次记为 1 分、2 分、3 分、4 分。采用对数据要求不高的 Spearman 等级相关分析后，结论为处置效应与投资收益率之间存在显著负相关关系（r=−0.562；$P < 0.01$；N=80），处置效应倾向越强，投资收益率越低。

该结论与朴素的投资经验相符，与过往研究的结论也相符。处置效应作为蚕食投资者收益的认知偏差之一，很多投资者并未意识到其存在，意识到其存在的投资者也很难克服。前文在论述相对比例波动损耗时，描述过投资中的一个数学陷阱，股票价格从 P 上涨 $n\%$ 后再下跌 $n\%$，股价并非回到 P，而是低于 P；同理，股票价格从 P 下跌 $n\%$ 后再上涨 $n\%$，股价并未回到 P，而是低于 P。例如某股票从 100 元下跌 50% 至 50 元，而要涨回 100 元，50% 的上涨幅度远远不够，50% 的上涨幅度仅能涨到 75 元，100% 的涨幅方能回到 100 元。因此，如果投资者无法摆脱处置效应倾向，在买入理由消失后继续持有亏损股票，很可能因为本金过于缩水而再难翻身。

需要再次说明的是，本书衡量投资收益率时采用投资者对过往投资收益率的自陈数据。投资收益率数据本可从模拟交易中采集，但由于衡量处置效应的指标为投资者买入股票 D 的时间，越早买入股票 D 收益率越高，此时二者的相关关系无须研究结论已提前知道，这样的研究就变得无意义了。

（二）弱市交易

平衡市模拟交易的作用之一就是为弱市模拟交易做铺垫。平衡市交易时被试较容易判断出并买入强势股，导致收益率较高。在弱市模拟交易时，投资者受易记性偏差（或称易得性偏差）（Javed 等，2017）的影响，还停留在平衡市交易的愉悦与兴奋之中，交易活跃。但该阶段股票的上涨概率调低后，盈利变得困难，正好利于观察被试亏损时如何处置股票，为处置效应研究提供较多的实验数据。

1. 弱市交易处置效应倾向

实验结果如预期的那样，被试并未如传统经济学假设的理性人那样交易，超过一半的被试在识别出 55% 概率上涨股票 C 后依旧持有亏损股票。网络弱市交易部分在第 8 期图表已显示且被试完成该期交易决策后，统计过被试是否已识别出股票 C 为 55% 概率上涨的强势上涨股票，结果是所有被试均已识别出。在识别出强势上涨股后，最优策略应该是清仓原先持有的股票，迅速买入股票 C。第 8 期至第 17 期股票 C 的持有率分别为 27%、29%、34%、36%、37%、39%、43%、45%、46%、46%。直到第 17 期被试最后一次做交易决策时，仍有 54 人未买入投资回报最好的股票 C。网络交易部分对被试识别出股票 C 为 55% 概率上涨股的统计结果已表明，被试未买入股票 C 的真正原因是其不愿意卖出亏损股票，亦即处置效应认知偏差。在识别出股票 C 为 55% 概率上涨股后，被试已意识到自己错判了最优标的，买入理由消失后仍不愿意止损，显然是处置效应倾向所致。弱市模拟交易的数据再次验证了投资者受处置效应倾向影响的事实。

首先，处置效应倾向有强弱之分。其次，投资者在未确定买入理由是否消失之前交易意愿非常弱。原因此处不再赘述。

平衡市模拟交易与弱市模拟交易最后数期时，除了最优标的股票之外，其余各股票持有人数几乎无变化，但两种交易模式下无变化的起始期数有差别。平衡市模拟交易自第 15 期开始除股票 D 外，其余个股持股人数几乎无变化，而弱市模拟交易自第 13 期开始除股票 C 外，其余个股持股人数几乎无变化。首先，两种模式下最后几期持股人数无明显变化的原因可能是被试心里清楚这只是模拟交易实验，不涉及真实财富的变化，而实验即将结束，换股已不能对虚拟收益造成显著影响，持股等待实验结束即可。其次，弱市模拟交易时，持股人数无明显变化的期数提前的原因可能是亏损幅度过大，亏损幅度太大后降低了交易意愿。弱市模拟交易虽提供给被试空仓选择，但空仓人数较少，因此极容易大幅亏损。

2. 亏损比例与卖出意愿

亏损比例与卖出意愿的统计结果为：亏损幅度较小（≤ 7%）时，卖出意愿为 22.66%；亏损幅度中等时（＞ 7% 且≤ 15%），卖出意愿为 14.97%；亏损幅度较大（＞ 15%）时，卖出意愿为 5.22%。可见随着亏损比例的增加，被试卖出意愿逐渐减弱。在本书的实验设计中，被试一旦发生大幅亏损，说明其错判了最优投资标的，买入理由已消失。在买入理由消失后仍然不愿意止损而投资最优标的，显然受处置效应影响。股票的特殊属性决定了无论亏损幅度有多大，总有一定的概率能涨回来，例如公司未来可能被优秀公司收购，行业景气度可能突然提升，公司产品可能突然变成稀缺产品等。但这些都是小概率事件，按贝叶斯条件概率计算，买入理由消失后无论如何都不值得持有亏损股票。

投资者不愿意接受确定性损失背后的心理原因是认知失调（Talpsepp 等，2019）。亏损达到一定幅度后，被试已清楚买错了股票，由于股票的走势与自己的预测不相符，给被试带来了内在不协调的痛苦感受。把希望寄托在小概率事件上可以暂时缓解被试这种痛苦感受，而一旦止损，不协调的痛苦感受会加剧。随着亏损幅度的加大，止损带来的痛苦更加强烈，被试的卖出意愿也就更低了。

（三）自动清仓交易

每期自动清仓交易的设计灵感来自 Weber 和 Camerer（1998），高明至极。再次强调，这样的交易模式在真实市场中完全不可能发生，如此频繁的交易，仅佣金和印花税就会让投资者大幅亏损。用真实交易数据检验处置效应的芝加哥大学学者 Odean 与合作研究者 Barber 曾取得了美国一家大型券商 35000 名个人投资者账户交易数据，用以检验交易频率与投资收益之间的关系，他们以“过多的烹饪会煮坏你的利润”为题发表论文，结论为：如果考虑交易成本，个人投资者的收益远低于大盘收益，个人投资者亏损的主要原因是过度交易。过度交易是不好的交易习惯，但设计模拟实验自动清仓交易来研究处置效应金融心理是高明的。

1. 平衡市自动清仓交易

平衡市自动清仓交易设计是为了与正常交易进行对比，比较强势上涨股票 D 每期持有率的差异。

从中可以看出，在初始两期时，两种交易模式下股票 D 的持有率相差无几，而从第 2 期开始自动清仓交易模式下股票 D 的持有率超过了正常交易模式下的持有率，但二者差距并不明显，说明多数被试仍无法肯定 D 为强势上涨股，而少部分被试已先知先觉。第 2 期之后的各期，自动清仓交易模式时股票 D 的持有率一直保持优势，直到实验结束。显然，自动清仓模式下系统帮助被试卖出了亏损股票，而一旦亏损股票被卖出，被试不再受处置效应影响，会把资金投向最优标的股票 D。第 17 期被试最后一次做交易决策时，正常交易模式下股票 D 的持有率为 58%，而自动清仓交易模式下股票 D 的持有率高达 96%，最终持有率并未达 100% 的原因可能是 4 名被试有不同的交易策略或认知能力偏低。

两种交易模式的唯一差别是是否自动清仓，其他条件完全一致，因此股票D持有率的差异为自动清仓所导致。每期自动清仓会消除被试的处置效应倾向，被试会把资金配置于最优标的之上，导致该模式下强势上涨股票的持有率远高于正常交易模式下的持有率。

正常交易模式下股票D的持有率在第8期后逐期上升，而非一步到位地上升，说明被试受处置效应影响，逐步放弃原先持有的股票而买入强势上涨股票。在自动清仓交易模式下，投资者不受处置效应影响，股票D的持有率上升速度快。在该模式下交易，被试会遵从最优交易策略，只要判断出股票D为强势上涨股票就会买入，因此持有率上升速度快，在第12期时已达最高，之后数期持有率已无变化。自动清仓交易模式下的股票D持有率并非逐期上升，甚至出现短暂下跌的情形，这是因为在该模式下赚钱效应过于明显，部分被试判断短期涨幅已过大，想锁住利润，等下跌之后再买入。这与修正后的处置效应定义并不矛盾，被试判断股票D短期将下跌而卖出，知行合一，并不是认知偏差。如果暂时卖出后股票继续上涨，那仅为认知能力的问题，而非认知偏差。

2. 弱市自动清仓交易

弱市自动清仓设计是为了与正常交易进行对比，比较55%概率上涨股票C每期的持有率差异。

从表4-16和图4-12中可以看出，在前4期时，两种交易模式下股票C的持有率相差无几，说明被试在前4期无法判定C为55%概率上涨的股票。从第4期开始，自动清仓交易模式下股票C的持有率超过了正常交易模式下的持有率，之后数期二者差距并不明显，说明多数被试还无法肯定C为55%概率上涨的股票，而少部分被试已先知先觉。第4期之后的各期，自动清仓交易模式下股票C的持有率一直保持优势，直到实验结束。显然，自动清仓模式下系统帮助被试卖出了亏损股票，而一旦亏损股票被卖出，被试不再受处置效应影响，会把资金配置到最优标的股票C上。第17期被试最后一次做交易决策时，正常交易模式下股票C的持有率为46%，而自动清仓交易模式下股票C的持有率高达86%，最终86%的持有率低于平衡市自动清仓交易模式下96%的持有率，这是因为该模式下允许被试选择空仓。很多投资者虽然判断C为55%概率上涨的股票，但为了防止错判，空仓也不失为一种次优的策略。当然，也可能有小部分被试有不同的交易逻辑或偏低的认知能力。

两种交易模式的唯一差别是是否自动清仓，其他条件完全一致，因此股票 C 持有率的差异为自动清仓所导致。每期自动清仓会消除被试处置效应倾向，被试会把资金配置于最优标的上，导致股票 C 持有率大于正常交易模式下的持有率。

正常交易模式下股票 C 的持有率在第 8 期后逐期上升，而非一步到位地上升，说明被试受处置效应影响，逐步放弃原先持有的股票而买入强势上涨股票。在自动清仓交易模式下，投资者不受处置效应影响，股票 C 的持有率上升速度。在该模式下交易，被试会遵从最优交易策略，只要判断出 C 为 55% 概率上涨的股票就会买入，因此持有率上升速度快，在第 15 期时已达最高，之后两期无变化。自动清仓交易模式下的股票 C 持有率并非逐期上升，甚至出现短暂下跌的情形，这是因为在该模式下，赚钱效应虽比弱市正常交易模式下强很多，但仅 55% 的上涨概率带来的赚钱效应仍然较弱。因此有部分被试会卖出而锁定利润，防止账面浮盈得而复失，在允许空仓的条件下，等下跌重新买回。这同样与修正后的处置效应定义并不矛盾，被试判断股票 C 短期将下跌而卖出，并不是认知偏差。如果卖出后股票继续上涨，那仅为认知能力的问题，而非认知偏差。

（四）空仓

对空仓相关研究的检验只针对弱市正常交易。平衡市交易时，被试不允许空仓；弱市自动清仓交易时，空仓人数非常少，且绝大多数空仓行为为非主动空仓。主动空仓通常是因为被试克服了处置效应的影响，而系统自动清仓后再选择空仓的被试，不一定受处置效应影响，因为卖出亏损股票的是系统。因此，对空仓所做的相关研究不针对弱市自动清仓交易，仅针对弱市正常交易。

关于空仓的研究文献少之又少，空仓与收益率关系属于研究空白，研究空间较大。我国的资本市场对个人投资者做空有诸多限制，做空非常困难。我国的政策不允许机构投资者中的公募基金空仓，必须保持最低约 60% 的仓位，因此公募基金会采用股指期货对冲，防止赚到的钱因为不允许空仓而回吐。我国政策对机构投资者中的私募基金空仓与否无限制，这可能是私募基金的业绩通常好于公募基金的原因之一。在几乎无法做空的市场里投资，如果不会空仓，是很难盈利的。除非选中那些如贵州茅台一样业绩常年增长的股票，但这样的股票少之又少，而且经济有周期，企业有寿命，过去和现在增长的公司，将来是否增长也未知。那些不会空仓的个人投资者被戏称为股市的“永动机”，“永动机”通常为资本市场贡献财富，而非从资本市场赚取财富。

本书关于空仓与收益率的研究结论与朴素的交易经验相符，但选择空仓与摆脱处置效应影响一样艰难。一旦进入股市，投资者总担忧空仓会错过很多赚钱机会，正如亏损时会担忧卖出可能涨回去。殊不知股市有些规律，一旦感觉开始亏钱，大概率是亏钱的开始。个人投资者学会了空仓，可能就是从亏损转向盈利的开始。我国股市有季节性规律，每年春季大概率会有上涨行情，行情或大或小，但确定性较强，一些基金经理已给春季行情命名为“春季躁动”。任何规律背后总有逻辑，春季躁动的原因至少可以从以下几点加以解释：首先，春季是上市公司年报与一季报叠加公布的时期。在年报或季报公布期，一些业绩优异的公司总要有所表现，业绩是股价上涨的内在动力，因此每个财务报表公布期，总有些公司股价表现优异。其次，春季市场资金充裕。股价短期的涨跌由投资者情绪和资金驱动，在中国 30 多年的资本市场历史中，4 月中旬成为股市年度高点的概率非常大。在股市见顶而不会空仓的很多投资者，只能看着账面浮盈一步步回吐，最后变成亏损。再次强调，在股市投资中“会买的是徒弟，会卖的是师父，会空仓的是掌门”。

在真实交易中，投资者要么卖出盈利股票后空仓，要么卖出平盘股票后空仓，要么卖出亏损股票后空仓，可以从不同角度讨论空仓行为。首先，卖出股票后空仓的投资者，投资水平和投资收益通常都高于不会空仓的投资者。选择空仓和摆脱处置效应在真实交易中尤为困难，能做到其一的少之又少，罕有投资者二者皆能做到。其次，卖出亏损股票后空仓的投资者通常已摆脱处置效应倾向并能做到空仓，投资心态保持得好。投资中也有“六分心态三分技术一分运气”之说，最后，卖出盈利或平盘股票后空仓的投资者，无从知晓其是否拥有摆脱处置效应影响的能力，但会空仓选择已相当了不起。能在盈利或平盘时卖出，可能代表其选股和预测能力高于亏损卖出的投资者，但无从知晓其处置效应倾向强弱。

（五）处置效应金融心理

在完成第三章和本章较为复杂的实验之后，对处置效应的描述已较充分，遵循心理学研究步骤：描述、解释、预测和控制行为，需对处置效应进行充分讨论和解释。实验的主要目的并非检验处置效应的存在，而是探究处置效应金融心理。

投资者购买任何股票之前，无论买入理由是什么，总是预期股价将上涨而带来盈利。而买入后，股价如果不按预期上涨，反而下跌，随着亏损幅度的变化，最终止损卖出或一直持有，在此过程中投资者经历了复杂的心理活动。给如此复杂的心理活动武断地下一个结论不妥，这可能是过往研究中处置效应有多达 11 种解释的原因之一，因此需辨析这 11 种解释，指出它们的优缺点。

1. 过往解释辨析

过往研究提出了 11 种处置效应的解释，分别是前景理论、心理账户理论、后悔厌恶理论、自豪寻求理论、自我控制偏差理论、过度自信、嵌陷、止损、均值回归、12 月效应、社会人信任。后悔厌恶理论与自豪寻求理论同为 Shefrin 和 Statman（1985）提出，相互对立，因此进行了合并辨析。

（1）前景理论

在过往研究中，前景理论无疑是解释处置效应最好的方法，很多研究先预设了前景理论解释的正确性，进而检验处置效应是否存在。人在盈利与亏损时的风险偏好不同，完美解释了投资者过早卖出资产，过长时间持有亏损资产的现象。用前景理论解释处置效应存在两个问题。

第一，前景理论无法完美解释修正定义后的处置效应。第二，前景理论未阐明亏损时风险偏好加大的原因。因此，前景理论在解释本书研究的结果时存在缺陷，本书将不采用前景理论解释处置效应。

（2）心理账户理论

塞勒教授作为经济心理学的奠基人之一，成就举世瞩目，凭借心理账户理论荣膺2017年诺奖。心理账户理论解释了很多传统经济学无法解释的现象，与前景理论一样，其能非常合理地解释处置效应。投资者把盈利与亏损划分成相互独立的心理账户，独立核算，互不影响。再结合前景理论，投资者盈利与亏损时风险偏好不同，把解释处置效应的研究往前又推进了一步。

投资者“售盈”时不存在认知偏差，认知偏差仅发生在“持亏”阶段。既然只需要解释“持亏”行为，那账户只有一个了，心理账户在解释时也就无用武之地了。因此，本书也将不采用心理账户理论解释处置效应，但这并不影响该理论的伟大。

（3）后悔厌恶理论与自豪寻求理论

Shefrin 和 Statman（1985）提出了处置效应概念，在对处置效应产生原因进行解释时，他们用后悔厌恶解释“持亏”行为，用自豪寻求解释“售盈”行为。后悔厌恶，亦称后悔规避，指的是投资者通常不愿卖出亏损的股票，因为卖出亏损股票会引发后悔负面情绪。从本书实验结果可发现，后悔厌恶用于解释“持亏”行为是合理的，投资者在亏损时卖出股票会引发强烈的负面情绪，因此选择对投资逻辑消失视而不见，把希望寄托在小概率涨回的基础上。从心理学的角度，后悔厌恶背后的心理原因是认知失调，因此下文从认知失调角度对处置效应进行深度讨论。

修正定义后的处置效应让自豪寻求在解释时无用武之地。既然投资者在“售盈”时不存在认知偏差，那也就无须解释了。不可否认，卖出盈利股票能引发正面愉悦情绪。这种情绪不仅与金钱的得失有关，而且与投资成功的感觉有关。投资者在盈利时的卖出决策会根据其对股票未来的走势判断而定，而非依据寻求自豪而定，投资者对财富的渴求远大于对自豪的寻求。因此，无须用自豪寻求来解释处置效应。

（4）自我控制偏差理论

根据本书实验结果，自我控制偏差为处置效应复杂心理活动之一，但并不是产生处置效应的核心原因。“持亏”行为可以如此解释：由于投资者卖出亏损资产会很痛苦，为了避免这种痛苦，投资者放任亏损不管，至少当下不会痛苦。虽然修正定义后的处置效应不用解释“售盈”现象了，但现时偏差仍然可以把“售盈”现象解释得很完美：投资者急于卖出盈利资产，是为了当下享受到投资的成就，即作为“明智投资者”的愉悦感，不顾未来可能会赚更多的钱。这一解释的合理性不再深入讨论，但现时偏差既可以用于解释其他现象，其自身也是一种心理现象，产生该现象背后更深层次的原因可能是认知失调。

（5）过度自信

用过度自信解释本书的实验结果显然是不合理的。投资者发生大幅亏损之后，已证明其选错了股票，而低于 50% 概率上涨的股票再涨回来的可能性极小了。投资者并不相信一定能涨回成本，而是买入责任由自己承担，亏损太大不忍止损，又不知道如何处理，被动持有着。大幅亏损之后，买入理由消失，多数投资者已无过度自信可言。

但在买入后的较短时间内，投资者是过度自信的。实验结果表明，在买入后的第 1 期内，无论盈亏，几乎没有交易发生，前几期的成交量非常小，随着时间的推移，成交量才逐步放大。因此，根据本书的实验结果，过度自信发生在买入后小幅亏损时，而随着亏损幅度加大，投资者已无过度自信心理。

（6）嵌陷

嵌陷是认知失调的特例，是最接近真相的解释处置效应的方法。虽然本书实验中为严格控制参照点而不允许被试补仓，但真实交易中的补仓行为尤为常见。下文将详细讨论嵌陷作为处置效应的解释方法。

（7）止损

根据自动清仓实验的结果，止损的确可以消除处置效应倾向。自动清仓对于亏损股票而言，就是自动止损。自动止损后投资者不愿意再买回原先持有的亏损股票，而把资金配置到最优标的上。因此，止损无法解释处置效应，处置效应与买入责任、买入后亏损相关。

止损虽不能解释处置效应，但却是应对处置效应的有效方法之一。投资者在买入理由消失且亏损时，强制止损是非常好的应对处置效应的方法。真实交易中可以强制止损，如按亏损比例止损，即一旦达到亏损比例就自动卖出。当然，真实交易中很多投资者制定好按亏损比例止损规则后，条件真达到的时候却不执行，幻想着再坚持一下就涨回来了，或者重新设定一个亏损幅度更大的止损点。应对这种行为的方法是自动交易，很多软件支持“条件单”功能，设定好亏损比例止损后，一旦条件被触发会自动卖出，无须人工干预。

（8）均值回归

根据均值回归的概念，当投资者买入股票后，若股票价格上涨带来盈利，投资者担心这些盈利将来可能会回归到均值，因此卖出股票。根据本书的实验结果，投资者在盈利时卖出股票会根据对股票未来走势的判断而定，而非简单的均值回归信念。若股票下跌导致账面亏损，投资者会认为将来股票必然上涨，这些亏损将来会回归到均值，因此而持有亏损股票。网络弱市交易实验结果表明，投资者在发现自己错选了下跌概率更大的股票后，依然不愿意卖出。均值回归无法解释被试的行为，错选了大概率下跌的股票，意味着持有的时间越长，亏损越大。股票投资属于非确定性下的决策，因此即使错选大概率下跌的股票后，依然有很低的概率能涨回。随着亏损幅度的增大，投资者的这种信念会逐渐消失，甚至彻底消失。总之，投资者在亏损时确实有均值回归的信念，但该信念是为自己的错误找理由，无法用于解释处置效应。

（9）12 月效应

12 月效应只是美国市场特有的现象，无法从心理学角度解释处置效应，无法解释其他国家投资者的处置效应倾向。

（10）社会信任

社会信任与本书研究无关，无从解释个人投资者表现出的处置效应倾向。另外，个人在投资基金时，会产生逆处置效应，其原因是买入责任由基金经理承担，而非购买基金的投资者，投资者自然不会受处置效应所影响（陆蓉等，2007），这些研究也验证了本书第三章的结论，即处置效应与买入责任有极大关系。

在辨析过往对处置效应解释的方法后，需简要小结。处置效应虽是心理现象，但更是一种经济行为，过往的研究者对处置效应的解释更多地从经济学角度出发，仅少部分研究者从心理学角度深入到内在动机进行解释，如自我辩护、认知失调。过往很多解释处置效应的方法仅是现象，那就变成用现象解释现象了，本书力求从心理学角度揭开产生处置效应的真正心理原因。

2. 处置效应金融心理

在股市交易中，随着股价的涨跌和财富的变化，投资者经历着复杂的心理活动。对于处置效应这一股市中最常见的认知偏差，解释方法不止一种。本书从心理学的角度，过滤掉所有的“噪声”，竭力把产生处置效应的心理原因解释到最接近真相的程度。实验结果表明，随着亏损幅度的加大，投资者的卖出意愿也逐渐减弱。亏损幅度不同时，投资者经历的心理活动也大相径庭。下文从亏损幅度由小到大的变化过程中讨论投资者经历的心理活动，对处置效应进行解释。

（1）过度自信

从图 4-8、图 4-9 中可以看出，投资者在第 0 期买入股票后，无论股价涨跌、账户盈亏，第 1 期几乎没有交易，第 2 期交易量略增大，之后成交量才逐步放大。这说明投资者在买入后的较短时间内，由于盈亏幅度较小，坚信自己的买入理由，采用观望策略，是过度自信认知偏差的表现。在这个阶段，对于盈利的投资者而言，结果已证明其买入决策是正确的，但他们并未出现急于卖出盈利股票的行为，再一次佐证了“售盈”时不存在认知偏差的结论。对于亏损的投资者而言，他们认为短期的下跌并不能说明其买入决策错误，而是非常自信这是短期波动，将来一定会涨回去，所以无须卖出。在亏损幅度较小时，投资者通常过度自信。需要强调的是，过度自信作为经济心理学中最经得起检验的认知偏差，存在于交易的各个环节，但在亏损幅度较小时，是投资者最主要的认知偏差。

过度自信认知偏差并不仅仅发生于股票交易中，生活中人一般都是过度自信的。

①过度自信的产生原因。

从荣格分析心理学的角度来看，远古的人类生存条件非常恶劣，过度自信才能使人类延续下去。从生物进化角度来看，过度自信可以让个体显得比实际上更聪明和强壮，增加个体传宗接代的机会。

从科学心理学和投资的角度来看，过度自信与信息积累有关。新股民在赚钱效应强的牛市阶段入市时，通常把赚到钱归因于自己的投资能力，产生了过度自信。股市见顶下跌后，这一部分投资者通常都把盈利回吐，并最终亏损，亏损后又有强烈的处置效应倾向。

②过度自信的利与弊。

过度自信作为最经得起检验的认知偏差，并非只有弊端。实际上，多数认知偏差都是启发决策所产生的后果，而启发决策作为 3 种主要决策方法之一，优劣并存（Fox，2015）。股票交易为什么能达成？一定是买卖双方都过度自信。买方相信价格低估了，卖方相信价格高估了，成交实际上就是意见分歧的体现。

过度自信能放大市场的成交量，提高市场的流动性，过度自信对于市场来说是有益处的。股市若没有成交量，也就失去了资本市场最大的功能——融资功能。总体而言，留在金融市场上的投资者都是过度自信的，因为他们认为自己肯定能战胜市场、能赚到钱。

③过度自信的影响因素。

从金融心理学的角度来看，影响过度自信的因素有二。

首先，专业知识影响过度自信的程度。深圳大学某金融学教授，曾为多家上市公司独立董事，经常在媒体上发表对资本市场的看法，为业内顶尖的金融专家。然而，遵循其建议投资股票的学生却罕有盈利者。专家的专业知识技能强于一般人，但是他们的过度自信也会更严重，对自己能力的认知超过自己的实际水平。其次，经验也会影响过度自信的程度。在金融市场上，投资经验越丰富的投资者通常越敬畏市场，初入股市的投资者反而无知者无畏。因此，股市上有一句名言，“没有经历过一个完整牛熊市周期的人不是一个合格的投资者”。通常经历过至少一轮完整牛熊市的投资者，才能较为理性地看待市场，如果依然找不到盈利模式，那应该退出股市，不要在股市继续消耗财富。

④怎样避免过度自信。

过度自信主要是对自己而言的，对别人的评判却往往是准确的。因此，站在第三方的立场来看待自己的能力，评判会准确得多。投资者买入某只股票后，如果亏损幅度较小，总是相信自己的判断没有错误，盈利是迟早的事。如果投资者没有买入某只股票，会理性地判断该股票是否具有投资价值，与持有股票时的判断结论可能完全相反。

（2）认知失调

由于投资者在亏损过程中经历着复杂的心理活动，对处置效应的解释方法不唯一，本书探究的是亏损幅度不同时投资者“持亏”行为的金融心理。投资者在亏损幅度较小时，“持亏”行为的最主要原因是过度自信。随着亏损幅度的加大，过度自信偏差依然存在，只是信心逐渐变弱，甚至完全消失。因此，过度自信无法解释亏损较大时的处置效应倾向，认知失调可能才是最接近真相的解释。当然，亏损幅度较小时，投资者同样经历着认知失调带来的不适感，只是过度自信完全盖过了认知失调。

认知失调是 Festinger（1957）提出的一种态度改变理论，指的是个体的行为与自己一贯的认知（而且通常是正面的、积极的自我）产生了分歧，从一个认知推断出另一个对立的认知时产生的不舒适、不愉快的情绪。

①修正前景理论价值函数描述失调感变化过程。

前景理论的价值函数随着损失幅度的加大，边际价值逐渐减少，换言之，随着亏损幅度的加大，投资者的不适感逐渐减弱。投资者在亏损幅度较小时，过度自信情绪强度远大于认知失调情绪强度，失调感非常弱。因此，前景理论价值函数可以完美地描述收益与损失时风险偏好的不同，但在描述股票交易中亏损情况下投资者的心理活动和失调感时有所欠缺。在亏损幅度较小时，投资者的失调感随着亏损幅度加大而增加，但增速较缓；随着亏损幅度的加大，失调感增速加快；而当亏损幅度增加到严重亏损时，增速会重新减慢。前景理论价值函数修正后可以描述这一心理过程，如图 4-13 所示。需要说明的是，图 4-13 并未更改前景理论价值函数第一象限的信息，仅修正了第三象限图形用于描述投资者亏损时的失调感变化过程，亏损时的纵坐标改为了失调感。

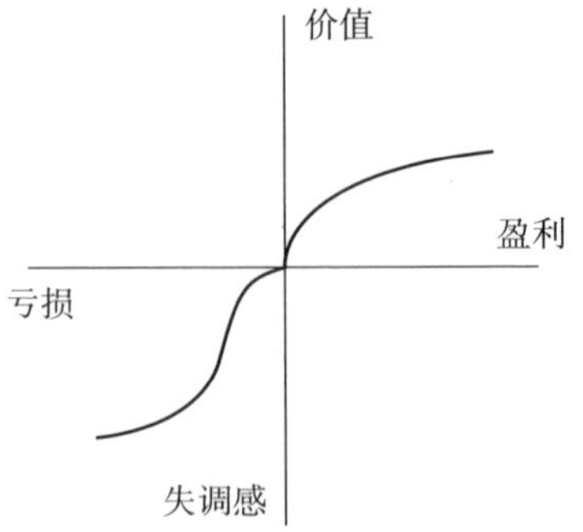

图 4-13 前景理论描述认知失调修正图

②认知失调机制。

社会心理学将“认知”定义为心理过程或思维，将“失调”定义为当一个人同时持有两种相反或不协调的认知时产生的内在冲突。Aronson（1997）把认知失调理论称为“社会心理学最重要的发展”，根据认知失调理论，当个体经历认知失调时，会产生不适的内在情绪，并竭尽全力去缓解这种情绪。

缓解失调感的机制最为传统经济学家们所熟知，因为他们的一切研究都基于理性人假设，进而进行严密的数学推理。例如，投资者相信自己是明智的决策者，但股票的走势不按自己预期的方向运行，导致账户亏损，理性人可以通过重新评估自己的投资能力来减少两种认知之间的冲突。传统经济学家假设个人可以像机器一样有无限的认知能力，对新获得的信息冷静地整合并更新认知。但心理学家的研究表明，当新获得的信息与之前的信息不一致时，个人会遭遇到内心防御机制的抵制。换言之，当新获得的认知与最初决策的认知不一致时，个体会使用各种心理手段来减少认知失调带来的不适，而不放弃最初的认知。

股票下跌产生账面浮亏时投资者有两个认知：其一，最初的认知——有充足的理由买入该股票；其二，新认知——股票下跌导致账面亏损。需要强调的是，如果新认知是股票上涨产生盈利，两种认知之间则不产生冲突，投资者也不会认知失调，这也是本书修正处置效应定义的逻辑。

应对认知失调的第一种方法是改变两种认知中的一种或两种，使它们一致。鉴于新认知（即股票浮亏）难以改变，投资亏损难以解读为积极认知，只能改变最初决策的认知。改变最初决策认知意味着投资者承认最初买入决策是错误的，承认自己不是一个明智的投资者，但投资者通常拒绝改变最初决策认知。两种认知均难以改变，因此方法一通常难以实施。

应对认知失调的第二种方法是改变其中一种认知的重要性。既然最初的认知难以改变，而新认知为消极认知，权衡之后，降低新认知的重要性，合理化新认知更为容易。投资者降低新认知的重要性，将其合理化为“亏损只是暂时的”“我的投资将会得到回报”，采用淡化信息、不作为来应对认知失调，长期持有亏损股票。本书认为归类为方法二更为合理。

应对认知失调的第三种方法是增加新认知。买入责任由投资者自己承担时很难增加新的认知，而委托投资时却可以增加新的认知，把亏损归因于代理人。通过责备代理人的糟糕表现，投资者在卖出亏损资产时，不必面对“非明智投资者”的不适情绪。当然，选择代理人的责任仍旧由投资者自己承担，但根据认知失调理论，投资者只要能找到为其行为开脱的理由，通常是不会放弃的。

总之，账面的浮亏让投资者产生了内在不适情绪，而内在动机驱使投资者寻求应对办法。无论交易者采取何种途径来应对认知失调，确认损失对于投资者而言，除了金钱损失之外，还有其他影响。虽然确认损失本身不会产生新信息，但它会使账面亏损变为实际亏损，并且高买低卖已成事实。投资者通常采用合理化亏损来应对认知失调。

③认知失调解释逆处置效应。

在第三章的研究中，笔者设计了替他人管理已买入股票的账户而不用负责任的框架，该框架导致投资者在亏损时的“持亏”选择发生了逆转。投资者会根据对未来股价趋势的预测而交易，预测下跌即卖出亏损股票。这种在亏损时交易选择的反转行为，且称之为逆处置效应。逆处置效应在委托投资中表现明显，有代表性的委托投资就是基金投资。

在委托投资中，决策权交给了外部代理人，投资者可以把失败的投资归因于代理人，并不会损害到自己明智决策者的形象。当基金投资出现亏损时，投资者把基金经理当成了替罪羊，但购买基金仍然是投资者自己的决策，卖出亏损基金后，损失仍然由投资者自己承担。投资者这种“寻找替罪羊”的思考方式仍然是一种认知偏差。

需要强调的是，第三章研究中设计的账户框架与基金投资不同，不但买入责任不在投资者，而且不用投资者承担金钱的损失，投资者完全不会认知失调，所以“持亏”现象发生了完全的逆转。

总之，逆处置效应产生的原因是买入责任不在投资者，投资者找到了替罪羊，资产的亏损并不会给投资者带来失调感，投资者回到理性人状态，根据对涨跌的判断而交易。

（3）嵌陷

嵌陷提出了自我辩护是处置效应背后的驱动力，嵌陷更关注损失后的继续投入，股市投资中继续投入就是补仓交易。同时，心理学家提出了应对嵌陷的方法，这些方法可用于应对处置效应。因此，把嵌陷单独列出作为处置效应的解释方法并讨论。

Zuchel（2001）回顾了处置效应的所有解释方法，认为用嵌陷解释处置效应仍然基于认知失调理论，而认知失调理论并非为解释处置效应而生，其有着更广泛的解释和应用空间，在解释处置效应时不够确切，嵌陷可以视为认知失调的特例。在过去的几十年里，心理学家对嵌陷这一现象进行了广泛的研究，根据嵌陷理论，自我辩护这一动机因素是处置效应背后的驱动力。

Shefrin 和 Statman（1985）、Weber 和 Camerer（1998）4 位处置效应研究的先驱在解释处置效应时，也没有过于武断，他们同时提出了将来的研究应该关注经济学提出的沉没成本。Hardt 等（2000）认为，嵌陷、承诺升级和沉没成本研究人们为什么以及在何种情况下，会非理性地坚持已失败的行动，甚至追加投入。三者描述的正是股票交易中投资者亏损后的补仓交易行为。

心理学家用自我辩护假设来解释嵌陷（Brockner，1992），决策者面对最初决策的负面反馈时，不愿意承认之前的投入徒劳无功，因而合理化最初的决策，为最初的决策自我辩护。

在处置效应现象中，自我辩护意味着投资者不愿意确认损失。投资者长期持有亏损股票，是因为他们不愿意承认自己最初的买入决定是错误的，暂不卖出可以为买入决定和账面亏损进行辩护。根据自我辩护假说，认知失调带来的不适感让投资者渴望合理化最初的买入决定，维护明智投资者的形象。Arkes 和 Hutzel（2000）认为合理化需通过产生新的认知方能实现："我的投资将会得到回报""损失只是暂时的"。本书认为这些是合理化的手段，不一定归类为产生新认知。这些合理化的手段明显表现出投资者并非客观看待股票未来的走势，而是带有偏见地预测走势。需要强调的是，并非带有偏见的预测导致了嵌陷，而是嵌陷导致了偏见（Arkes 等，2000）。

认知失调的强度取决于承诺与责任，买入决策责任归属于投资者时决定了其已自我卷入，无法摆脱亏损所产生的不适情绪。Larrick（1993）认为，个体决策时关注两个目标，最大化期望收益（即财富最大化）和保持积极自我形象。基于这一理论，心理学家提出了诸多影响嵌陷的因素，也依据影响因素提出了应对处置效应的方法。例如，对损失客观而频繁地反馈，而非视而不见；客观分析"持亏"的机会成本；找到可替代的投资机会；把损失责任归咎于他人。心理学家 Steele（1988）从非投资的角度出发，提出了一种应对嵌陷的通用方法，向个体提供认知自我的积极信息，提高其自尊心，可降低其自我辩护的欲望。应用到处置效应上，是提醒投资者其自身的优点可能降低其处置效应倾向。

总之，自我辩护为处置效应提供了有力的解释，投资者产生自我辩护心理的原因是认知失调。需要强调的是，和认知失调一样，嵌陷也并非为解释处置效应而生，嵌陷更强调初始投资形成负面反馈时，个体倾向于追加投入，而不是终止项目。股票投资亏损后的追加投入是补仓，本章实验为了控制参照点，不允许补仓交易，但会在第五章的个案研究中解释这一现象。

（4）金钱损失规避

在模拟交易实验研究中不涉及真正的金钱损失，“持亏”倾向显然是受内在动机——认识失调驱使，笔者访谈过数位在雪球论坛使用模拟组合交易的投资者，他们在不涉及真正金钱损失时同样有“持亏”倾向，这些都支持用认知失调来解释处置效应。但我采用精神分析或心理分析中的自我分析方法，重新体验和感受约25年投资经历中的“持亏”情绪后，发现仅用认识失调解释处置效应存在缺陷，因为涉及真正的金钱损失时情况变得更为复杂。

股票投资中不愿意割肉属于损失规避心理，损失规避亦称损失厌恶，是前景理论的理论基石之一，被行为经济学家应用到消费决策、生产、供给、投资等多个领域。损失规避理论指出，人们面对同样数量的收益和损失时，同量损失带来的消极感受约为同量收益带来的积极感受的2.5倍。但损失规避是一个过于宽泛的概念，对物质损失的规避与对金钱损失的规避不是完全相同的心理，对金钱损失的规避心理强度远大于对物质损失规避的心理强度。物质损失规避与金钱损失规避的心理强度差异，可以用心理账户理论来解释，人们把同等价值的金钱和物质分开并存于不同的心理账户独立核算，互不影响。在金钱心理账户里，损失带来的痛苦更大。损失规避心理既是一种心理，也是一种现象。本书用损失规避解释前景理论价值曲线，但损失规避心理自身未得到解释。科学心理学可能无法较好地解释损失规避心理，尤其是金钱损失规避，而从分析心理学的原型、情结视角可以解释得较为合理。

在亏损幅度较大时，投资者通常已无过度自信可言，常见的止损心理障碍有二：其一，担心止损后股票马上上涨；其二，无法面对较大幅度的亏损。

弗洛伊德发现了个体无意识，个体无意识主要是由“情结”（Complex）构成；荣格进一步发现了集体无意识，其构成基石是原型（Archetype），原型为人类所共有。集体无意识理论产生之后，情结理论也扩展到了集体情节维度。无论是个体无意识还是集体无意识，当其呈现与表达时，更多的总是通过意象与象征。换言之，意象与象征是无意识的主要语言与表达方式。在本章的实验中，无论被试交易业绩如何，最终的货币酬劳均约为200元人民币，交易业绩再差的被试也会获得不会低于150元的酬劳，相差最多不过50元，与股市上动辄数万元的盈亏波动相比无足轻重，因此被试在模拟交易实验中无金钱损失。在无金钱损失时，相当部分的被试依然受处置效应影响，说明认知失调一定是产生处置效应的原因之一。认知失调和金钱损失规避同时解释了处置效应，但所占权重无法确定，留待后续探究。

（5）错判概率

在用认知失调（包含嵌陷）和金钱损失规避解释了处置效应产生的原因之后，还需要从概率权重与决策权重角度讨论投资者长期持有亏损股票的行为，“持亏”行为与错判概率有关。在前景理论中，概率权重（p）到决策权重［$\pi(p)$］的转化是非线性的，换言之，投资者内心赋予的决策权重并不等于股票涨跌的实际概率。决策权重函数用于描述非确定性下的决策问题时，数学推理非常严密，但不足以描述处置效应中的决策权重问题。

错判概率导致决策错误在生活中尤为常见，如有人怕乘坐飞机，有人热衷于买彩票，投资者热衷于打新股，这些全都是由于错判概率而导致的决策偏差。由于决策权重［$\pi(p)$］不足以描述处置效应中投资者对真实概率赋予的权重，需对概率到决策权重非线性映射做简单分类。

①低概率事件被高估。此种偏差多发生于具有极高的绝对损益，但概率很低的事件上。投资者往往会被绝对收益吸引而高估了发生的概率。打新股的绝对收益极高，但个人投资者几年也难中一次新股。用损益值乘以概率，数学期望非常之低，但投资者乐此不疲。这种收益很高但概率很低的特征，学术上称为“偏度高”。市场上有很多这种偏度高的投资品种。

②低概率事件直接降为0。人经常把低概率事件直接降为0，做决策时直接忽视掉。在金融市场上，投资专家或自认为专家的人，不太愿意相信与先前观念相抵触的微量信息，选择漠视，将概率直接降为0。早年我国的资本市场法治建设不完善时，内幕交易横行，殊不知在任何时候做内幕交易都是有风险的，而有些人将被法律惩戒的低概率事件的权重直接降为0，锒铛入狱后才追悔莫及。

③高概率事件被低估。前景理论的决策权重函数描述了低概率事件被高估的现象，即$p>\pi(p)$。生活中“失去了才觉得是最美”就属于此种情况。在投资决策中，低估高概率事件的典型表现为不重视资本配置。资本市场中低估高概率事件的另一例证是投资者对指数基金（ETF）的漠视，根据全球股市数百年的历史，大盘指数基金年回报率约为10%。投资者通常过度相信自己的投资能力，看不上这10%的收益率，殊不知全世界最顶尖的对冲基金经理，年投资回报率能超过10%的也不足两成。美国3倍做多纳斯达克的指数基金（代码：TQQQ）上市10年约涨了100倍，但波动幅度巨大。

④高概率事件被升为1。这种情况常常发生在连续概率的决策中。证券公司均有分析师提供相关服务，但依据这些分析师的分析报告进行投资却很难盈利，甚至会亏损。分析师分析报告的产生往往包括连续的几步，如果每一

步收到大概率肯定的信号，则会倾向于做出确定性的推断，而忽略决策链条的长度。例如，每个环节的成功概率均为 90%，经过四步之后，成功概率为 90% 的 4 次方，仅为 65.61%。但如果把 90% 的概率直接上升为 1，四步之后的成功概率依然为 1。

回到处置效应问题，认知失调和金钱损失规避解释了投资者不愿意卖出亏损股票的现象，但支撑其继续持有亏损股票的理由是对未来股票上涨概率的判断。极端情况是 p=0 和 p=1，即股票完全涨回无望和 100% 能涨回，此时的决策权重分别为 $\pi(p)=0$ 和 $\pi(p)=1$。这两种情况是完全可能发生的，但属于确定性下决策，而非非确定性下决策。p=0 的例子为股票被证监会行政处罚退市，此时投资者在知道完全回本无望的情况下，会选择卖出股票，尽量收回一些本金。当然，退市时依然有大量的投资者持有股票。p=1 的例子为差公司被优秀公司重组，必然大涨，如史玉柱的巨人网络借壳世纪游轮上市，世纪游轮股价涨了近 8 倍；周鸿祎的 360 公司借壳江南嘉捷上市，后者股价涨了约 6 倍。

p=0 和 p=1 都为确定性下决策，本书需要研究的是非确定性下决策的情形，即 $0 < p < 1$ 的情形。在投资者受处置效应影响而持有亏损股票后，其卖出决策权重可分为买入责任归因于自己、买入责任归因于他人、第三方立场 3 种情形讨论。

第一，买入责任归因于自己，$\pi(p) > p$。

投资者在买入逻辑消失后，受处置效应影响而长时间持有亏损股票，那是寄希望于未来股价还能涨回来。如果投资者发现 100% 无法回本，如被证监会宣布直接退市，投资者会卖出亏损股票，尽量挽回一些本金。而在 $0 < p < 1$ 时，若买入逻辑已消失，且没有新的积极因素出现，未来股价涨回的真实概率已极小，即使出现极端情形，股票退市到新三板，也仍有不足 1% 的机会回来。投资者为了应对认知失调带来的不适感以及对金钱损失的规避，选择把希望寄托在小概率事件上，高估真实概率。

在本章的平衡市模拟交易实验中，被试在大幅亏损后已发现自己错买了低概率上涨的股票，而这些股票要涨回去的真实概率极小，但被试赋予了其更高概率的决策权重。因此，买入责任归因于自己时，投资者高估低概率事件，决策权重大于真实概率，投资者受处置效应影响严重。

第二，买入责任归因于他人，通常 $\pi(p) \leqslant p$。

在投资中，投资者能把买入责任归因于他人多发生于委托投资中，典型的例子是基金投资。第三章的实验设计了账户框架，即买入责任框架，当投资者可以把买入责任归因于他人时，处置效应发生了逆转。投资者有时会把买入责任归因于某位专家、某位朋友的推荐。

买入责任可以归因于他人时，$\pi(p)$ 与 p 的关系较为复杂，取决于多大程度归因于他人，这决定了投资者更受认知失调所影响还是金钱损失规避所影响。在本章的模拟实验中，买入责任完全不在被试，交易的结果也不用被试负责，被试可以完全回归到理性人状态，因此 $\pi(p)=p$。在基金投资中，一旦发生亏损，被试把买入责任归因于基金经理，不再相信该基金经理的投资水平。因此，投资者通常不会购买过往业绩排名低的基金，买入后亏损时会选择赎回或卖出，更换为过往业绩更好的基金。但基金行业的真实状况是，很难有基金长期表现优异。即使像巴菲特这样的股神，近些年的投资表现也已落后于大盘，当然这主要是资金规模太大的缘故，并非巴菲特的投资能力下降。多数基金的长期表现都低于大盘指数的表现，仅有极少数基金能连续多年超越指数，但未来也未可知，基金短期的表现较差通常意味着将来会回归平均水平。大多数投资者不会等待基金表现回归平均水平，而是把买入责任归因于基金经理，即找到替罪羊，果断卖出或赎回基金，换为当前业绩排名更靠前的基金。因此，在以基金投资为代表的委托投资中，通常 $\pi(p)<p$。在投资者无法把买入责任完全归因于他人时，如朋友推荐股票等，买入决策依然是投资者做出，仍需把大部分买入责任归因于自己，很多投资者依然受处置效应影响，此时通常 $\pi(p)>p$。

第三，第三方立场，$\pi(p)=p$。

当投资者站在第三方立场对亏损股票决策时，可以做到 $\pi(p)=p$。股票投资其实也并非那么难，只是投资者难以做到站在第三方的立场思考并做出最优决策，尤其是严格执行最优策略。站在第三方立场，处置效应非常容易克服，但几乎没有投资者能完全站在第三方立场审视自己的投资并严格执行。

五、本章研究主要结论及局限性

本章对 Weber 和 Camerer（1998）的实验进行了改进，摒弃了实验中不合理的设计和处置效应指标计算方法。实验采用电脑交易模式，抓住处置效应的本质，采用全新的方式检验处置效应是否存在，并采用全新的指标衡量处置效应倾向强度。依据实验结果，辨析了以往对处置效应解释的不足，提出了产生处置效应的心理原因。

（一）主要结论

本章实验一共有 300 名被试参与，分为 3 组，每组 100 人，分别进行正常交易、自动清仓交易和网络交易实验，前两组在金融实验室中进行，最后一组受新冠疫情影响，通过网络一对一进行。现将依据实验结果得出的结论及依据实验结果对处置效应的解释进行总结。

1. 模拟交易实验结论

摒弃过往研究中有缺陷的统计方法，采用较为合理的全新统计方法，证实了投资者在模拟交易中存在处置效应倾向。严格控制买入理由，用全新方法统计被试买入理由消失后的交易数据，证实了处置效应的存在。处置效应的存在无人怀疑，但过往的统计结果并不能证明处置效应的存在。在平衡市交易阶段，从第 8 期开始 65% 概率上涨的股票 D 的持有率逐渐增加，处置效应导致实验结束时持有率为 58%，远未达 100%。在弱市交易阶段，从第 8 期开始 55% 概率上涨的股票 C 的持有率逐渐增加，处置效应和空仓导致实验结束时持有率为 46%，远未达 100%。

处置效应与投资收益率之间存在显著负相关关系，处置效应倾向越强，投资收益率越低。在平衡市交易阶段，把投资者买入强势上涨股票的时间作为衡量其处置效应倾向强弱的指标，用该指标与投资者自陈的过往投资收益率做相关研究，发现处置效应与投资收益率之间存在显著负相关关系（$r=-0.562$，$P<0.01$，$N=80$）。

随着亏损比例的增加，被试卖出意愿逐渐减弱。在弱市交易阶段，用卖出次数与发生次数之比衡量卖出意愿，发现不同亏损比例下投资者的卖出意愿不同，随着亏损比例的增加，被试卖出意愿逐渐减弱。

每期自动清仓帮助投资者消除了处置效应影响。在平衡市交易实验中，每期自动清仓帮助投资者消除了处置效应影响。被试判断出强势上涨股票后会立即买入，导致强势上涨股票的持有率大于正常交易时的持有率，最终强势上涨股票的持有率高达 96%。在弱市交易实验中，每期自动清仓帮助投资者消除了处置效应影响，被试判断出 55% 概率上涨股票后会立即买入，导致 55% 概率上涨股票的持有率大于正常交易时的持有率，最终 55% 概率上涨股票的持有率高达 86%。

选择过空仓的被试与未选择过空仓的被试的平均收益率之间存在显著差异，且前者的平均收益率较高。选择过空仓的被试与未选择过空仓的被试的平均收益率数据分布不同，Mann-Whitney U 检验结果显示，选择过空仓的被试（平均秩次为 62.84）与未选择过空仓的被试（平均秩次为 47.60）平均收益率之间存在显著差异，$U=535$，$Z=-2.261$，$P=0.024 < 0.05$。

被试能准确识别出平衡市交易阶段的强势上涨股票和弱市交易阶段的 55% 概率上涨股票。网络交易阶段在第 8 期图表已显示且完成交易决策后，采访被试是否已识别出最优投资标的股票，发现所有被试均准确识别出，不愿意换股的主要原因是受处置效应影响，亏损后不愿意卖出股票。

根据模拟交易研究结论，进一步修正处置效应定义为“投资者在股票亏损，买入逻辑消失后，且无新逻辑支撑其继续持有时，不愿意及时止损卖出亏损股票的倾向，表现为长期持有亏损股票”。

第三章在修正处置效应定义时，已指出投资者在“售盈”时不存在认知偏差，而认知偏差仅发生在“持亏”时。在实验室平衡市交易和网络平衡市交易中，一共 5 名被试在第 8 期后卖出过股票 D，访谈后发现，5 名被试均判断股票涨幅过大，预测短期要下跌，因此卖出股票，等下跌后再买回，这 5 名被试的卖出行为再次支持了处置效应定义的修正。

2. 处置效应金融心理

投资者在股票亏损后，经历了复杂的心理活动，在不同的亏损幅度下又经历着不同的心理活动，但每种情形下都有其最主要的心理活动。

亏损幅度较小时，产生处置效应的主要心理原因体现为过度自信认知偏差。投资者在买入后的较短时间内，由于盈亏幅度都比较小，坚信自己的买入理由，采用观望策略，是过度自信认知偏差的表现。他们认为短期的下跌并不能说明买入决策错误，非常自信下跌只是短期正常波动，将来一定能涨回去，所以无须卖出。

在亏损幅度加大后，产生处置效应的主要心理原因体现为认知失调、嵌陷和金钱损失规避。

投资者合理化最初的决策和负面反馈的结果是错判概率，错判概率支撑其长期持有亏损股票。当投资者把买入责任归因于自己时，$\pi(p) > p$；当投资者把买入责任归因于他人时，通常 $\pi(p) \leqslant p$；当投资者站在第三方立场时，$\pi(p)=p$。极端情况为：当 $p=0$ 时，$\pi(p)=0$；当 $p=1$ 时，$\pi(p)=1$。

3. 处置效应应对方法

根据研究提出应对处置效应方法之一是把买入责任归因于他人。本章研究证实该方法可行。依据本章研究，再提出 4 种应对处置效应的方法，依据可行性和方法优劣排序如下。

第一，向投资者提供更具确定性的更优选择。网络交易部分的实验证实了这一点。在真实交易中，若给出某明星基金经理推荐、某证监会朋友内幕消息、巴菲特买入某股等投资人认为的更优选择，多数投资者会卖出亏损股票而买入新标的。

第二，强制止损。自动清仓交易实验证实了这一点。在真实交易中，帮助投资者强制止损的方法有自动交易（条件单止损）、请朋友帮忙卖出等。

第三，对损失客观而频繁地反馈，而非视而不见；客观分析持亏的机会成本。这是心理学家提出的方法，在实际操作中较为困难。

第四，向投资者提供认知自我的积极信息，提高其自尊心，降低其自我辩护的欲望。这也是心理学家提出的方法，在实际操作中也较为困难。

（二）局限性

本章研究虽有所创新，但也存在一定局限性，主要体现在模拟交易与真实交易的不同，例如，未研究投资者亏损后经常采用的补仓交易行为。

首先，模拟交易与真实交易相去甚远。在真实交易中，处置效应倾向远强于模拟交易实验，模拟交易实验中卖出亏损股票不涉及真实的金钱损失，最大损失也只是减少了不到 50 元人民币的实验酬劳，真实交易中一旦卖出亏损股票，真实财富损失已确认，如割肉一样痛。金钱损失规避导致投资者在真实交易中处置效应倾向更为明显。其次，未研究补仓交易行为。为了严格控制参照点，本章实验限制了被试补仓交易。但在真实交易中，投资者受嵌陷心理影响，补仓交易十分常见。最后，对盈利时卖出的金融心理研究甚少。虽然修正过的处置效应定义不涉及“售盈”，但售盈心理依然值得深入研究。

第五章

处置效应金融心理个案研究

经过前两章的问卷模拟交易研究和实验模拟交易研究，本章回到真实交易研究。研究目的是验证前两章模拟交易研究得出的结论，从真实交易行为中探索处置效应金融心理，并竭力挖掘与处置效应相关的交易行为和心理。纯粹数理统计、数学推理建模的研究方法多为经济学研究所采用，本章将采用心理学领域常用的个案研究方法来研究处置效应金融心理问题。

一、引言

通过个案研究探索处置效应金融心理时，较为简单的方法是分析投资者的历史交易数据，并访谈其交易时的金融心理。但这样的研究方法又存在问题，早在 20 世纪 70 年代，Loftus（1975）已发现个体的记忆偏差，即在回忆时会对信息进行重新构建，有时会增加信息。本书通过该方法对个案进行研究后发现，被试为了维护自身形象，访谈中会刻意增加或遗漏重要的信息，找各种理由为自己的投资失败辩解，而非客观地回忆当时的真实心理，这样研究结论的可信会降低。为了解决这些问题，本书的个案研究直接观测被试交易行为并进行访谈。

此种研究模式的困难之处在于，被试须把账户交易密码提供给笔者，所有交易行为暴露，罕有投资者愿意接受这种模式，寻找个案研究对象变得尤为困难。我国著名心理学家申荷永教授在授课时常言："心理分析要适可而止。"意思是，心理分析必须让来访者的情结和阴影在无意识中浮现出来，暴露于来访者自我和分析师之前，但来访者在较短时间内不一定能承受这些情结和阴影，因此需要循序渐进、适可而止。当投资者把账户信息和交易行为直接暴露，正如暴露了情结和阴影，并非每个投资者都能承受。若投资者的账户处于盈利状态，暴露交易行为相对容易，可以增加自豪感，但遗憾的是，绝大多数个人投资者很难盈利。若投资者账户处于亏损状态，他们正经历着焦虑、恐惧、贪婪等心理活动，很难让他人直接观测自己的交易行为，接受访谈就更难了。

二、研究方法

本书采用的处置效应金融心理个案研究方法为直接观测投资者的交易行为，访谈其买入理由、持有理由和卖出理由。访谈中只聆听，不提任何交易建议，不对投资者的交易造成任何影响。访谈分三类情形：

情形一：针对研究对象已有持仓股票的访谈。研究开始时若研究对象已有持仓，对盈利的持仓股票不做访谈，除非研究对象主动谈及，对亏损的持仓股票访谈其买入理由和持股理由。

情形二：针对研究对象新买入的股票进行访谈。在研究期间，研究对象若买入新的股票，对其买入理由进行访谈；研究对象若卖出初始持仓股，对其卖出理由进行访谈，重点访谈其卖出亏损股票的理由。

情形三：针对研究对象的持股理由进行访谈。访谈不必每天进行，而是亏损比例达到预设值后进行访谈，亏损的具体比例没有固定，依据研究对象的亏损承受能力和心理变化进行调整。访谈次数也依具体情况而定。访谈后比较买入理由与持有理由的差别，检验股票亏损时研究对象是否因受处置效应影响而合理化初始决策，增加不合理的理由支持其持有已亏损的股票。

典型的股票账户资产显示模式分为电脑端显示模式和手机移动端显示模式，各家证券公司显示模式大同小异。下文中关于股票价格的信息均为前复权价，即以目前股价为基准，经分红或送股后重新计算的价格，对投资者的市值无任何影响。

三、个案研究

为了研究不同策略投资者的处置效应金融心理问题，拟找到 5 名交易策略分别为价值投资、杠杆交易、听消息交易、动量交易和市场中性的研究对象。最终找到 6 名愿意接受研究的对象，其中动量交易策略投资者 2 名。由于一般投资者很难接受账户暴露于一个陌生的研究者面前，因此 6 名研究对象均与笔者认识，且 6 名研究对象均有自己鲜明的交易方法，确保完全不受笔者的交易方法影响。

由于真实交易中的交易频率远低于实验中的交易频率，且实验只需做简单的访谈，访谈内容为买入理由、持股理由等，6 名研究对象同时进行研究，起始时间和结束时间不同。此外，下文在表述股票名称时，为了表述方便，通常不加“股票”二字，特此说明。

（一）价值投资个案研究

本小节研究对象的主要交易策略为价值投资，但并不代表投资中其不采用其他交易策略。价值型投资者认为市场通常对消息反应过度，导致股价与公司的基本面不符，这种过度反应给其提供了一个以折扣价买入股票获利的机会。

1. 投资者简要背景

研究对象为某大型央企财务人员，拥有注册会计师（CPA）资格，研究生学历，股龄 6 年（截至 2020 年，以下研究对象均按此截止年份计算股龄），6 年总收益为亏损。为了叙述方便，以下称其为“小 V”,“V”即价值（Value）之意。由于财务能力突出，该研究对象主要投资方法为价值投资，遵循巴菲特的理念，在股票低估时买入，持有等待股票价值回归。无论从何种渠道获得的股票，他都会用专业的财务知识研究公司价值，进而决定是否买入。

2. 研究过程

小 V 于 2019 年 11 月 2 日接受研究，彼时的账户持股情况如表 5-1 所示，其他账户信息包括总资产为 102992 元、总市值为 74292 元、总盈亏为 −55970 元、现金为 28700 元、总盈亏比例为 −42.97%。

表 5-1　价值投资研究对象账户初始状态

股票名称	股票数量（股）	成本（元）	现价（元）	最新市值（元）	浮动盈亏（元）	盈亏比例（%）
银信科技	5000	18.96	7.42	37100	−57700	−60.86
中集集团	2400	10.15	9.57	22968	−1392	−5.71
玲珑轮胎	700	15.86	20.32	14224	3122	28.12

从表 5-1 中可以看出，小 V 整体亏损比例较大，3 只股票中仅玲珑轮胎盈利，虽然盈利比例高达 28.12%，但持有数量较少，对账户的总体收益贡献较小。中集集团亏损比例为 5.71%，亏损金额为 1392 元，最重仓的银信科技亏损比例高达 60.86%，亏损金额为 57700 元。按照研究计划，需对小 V 买入

银信科技和中集集团两只股票的理由和持股理由进行访谈。

（1）**银信科技**

①买入理由及持股过程简述。

小V持有银信科技的时间很长，他在2015年牛市高点买入，买入理由是银信科技价值低估，初次买入价格在30元左右。从最终结果看，银信科技亏损幅度如此大，价值是否低估值得商榷。小V对公司价值的判断是否准确属于其认知能力问题，而非认知偏差。研究处置效应金融心理时需要观察投资者在买入理由消失后，如何处置亏损股票及处置时的心理。小V在雪球社区上经常发文章，有一定的知名度，但粉丝不知道其投资业绩。笔者曾阅览过数篇小V的文章，他在分析公司价值时均以财务角度为主，其他角度为辅的方法。这是典型的价值投资方法，巴菲特的价值投资方法不仅看公司财务数据，还看管理层的能力和诚信、行业前景等。

随着上证指数从2015年牛市最高点5178.19点逐级下跌到最低点2440.91点，银信科技跌幅巨大。小V在银信科技的下跌过程中数次补仓交易，平均持仓成本逐渐下降为18.96元，但从来没有出现过账面盈利。正因为数次补仓，银信科技成了小V的第一重仓股。重仓股的涨跌通常对账户整体收益影响巨大，轻仓股则反之。

②补仓理由及心理。

2015上证指数达到牛市顶点后，出现三波大幅下跌，分别被称作大跌1.0、大跌2.0、大跌3.0。每波大跌中都有“千股跌停”的景象，几乎所有股票封死10%跌停板，无人有勇气买入股票，股市完全失去流动性，银信科技也未能幸免。大跌1.0后，小V在银信科技上亏损比例约为35%，小V第一次对银信科技补仓交易，反弹上涨后亏损比例收窄至约20%。横向波动一段时间后，大跌2.0来临，银信科技完全失去抵抗，亏损比例一度达到70%。之后数年里，小V对银信科技进行过数次小金额补仓，接受研究时亏损比例为60.86%。

经过访谈，小V对银信科技的补仓理由可总结为：初次补仓的理由是坚信公司的价值，且预测大盘只是短期回调，但事与愿违。之后的数次补仓，已没有信心短期能涨回成本，仅希望通过反复波段交易，不断摊低成本，有一天能解套，但不愿意在账面亏损时卖出。

小V的补仓理由和心理，验证了第四章的三条结论：

第一，亏损幅度较小时，产生处置效应的心理原因体现为过度自信认知偏差。在大跌1.0后，小V坚信自己的价值投资理念，认为亏损的银信科技能涨回去。第二，嵌陷是产生处置效应的原因之一。面对下跌后账面浮亏与聪明投资者两种认知冲突带来的失调感，小V选择了补仓，而非止损出局，导致亏损幅度越来越大。此外，小V为了合理化自己的投资亏损，把责任归因于股市下跌。第三，当投资者把买入责任归因于自己时，决策权重 $\pi(p)>$ 真实概率 p。

③持股理由与持股心理。

可把小V持股理由和持股心态总结为三点：第一，已不相信银信科技还能涨回自己的成本价；第二，亏损太大，卖出也没意思，暂时拿着，没准突发利好；第三，计划找个较好的机会，考虑止损出局。

小V的补仓心理验证了第四章的四条结论：

第一，亏损幅度加大时，产生处置效应的心理原因已不再是过度自信。在大跌2.0之后，小V对自己的股票还能涨回成本价失去信心，更无过度自信可言，而是被动持有。第二，随着亏损比例的增加，投资者卖出意愿逐渐减弱。股灾2.0后，亏损比例已超过50%，即使小V认为很难回本，依然选择持有补仓自救，卖出意愿非常弱。第三，p=0时，$\pi(p)$=0。在确认完全回本无望时，投资者会选择卖出。第四，处置效应确实存在，小V在投资逻辑已消失，不相信银信科技还能涨回成本价时，依然选择持有该亏损股票。

④后期持股理由和卖出交易。

由于银信科技亏损幅度巨大，后期在针对此股的访谈中，已无新的发现，小V的持股心理亦无太大变化。银信科技在小V接受访谈后，一路缓慢上涨到2020年1月22日，当日最高价为8.99元，亏损幅度已收窄到52.58%，这让小V看到一丝希望。但肆虐全球的新冠疫情让中国股市在2020年春节后全线大跌，银信科技也跟随大盘最低跌至7.39元。之后中国股市顽强地涨回到春节前的高点附近，银信科技也跟随大盘上涨，到2020年2月24日最高价达10.15元，亏损幅度已收窄到46.47%。其间由于亏损幅度太大，小V的持股心理几乎无变化。

小V一直持有银信科技到2020年6月17日，当日公司发布《银信科技（300231）关于高管股份减持计划的公告》，公司副总经理李洪刚计划自公告之日起15个交易日后的6个月内以集中竞价方式减持公司股份不超过84000股，拟减持股份不超过公司总股本的0.02%。客观而论，该减持数量按当时公司股价计算不过几十万元金额，对资本市场而言如同九牛一毛。但市场对减持的理解是高管已不看好公司股票，当日银信科技应声下跌，收盘跌幅为1.41%。小V于当日卖出了股票，卖出价为9.01元，亏损49750元，亏损比例为 52.48%。

经过访谈，可将小 V 卖出银信科技的理由按权重从大到小总结为：

第一，小 V 的一个研究股票投资的老师向其推荐了晶澳科技和双星新材两只股票，小 V 已反复验证过老师的选股能力，决定卖出银信科技，买入老师推荐的股票。第二，彼时股票市场赚钱效应强，买入什么股都大概率能涨，而持有银信科技不是最优选择。第三，小 V 在 2015 年牛市中赚了不少钱，止损银信科技后按整体计算依然赚钱。第四，长痛不如短痛。

第一点卖出理由验证了应对处置效应的方法“向投资者提供更具确定性的更优选择”的正确性。第二点卖出理由验证了应对处置效应的方法“对损失客观而频繁地反馈，而非视而不见；客观分析持亏的机会成本”的正确性。依据第三点卖出理由，可以提出新的应对处置效应的一种方法：组合投资。组合投资中投资者看整体的投资表现，组合中每个资产之间相互对冲，投资者通常不看单个资产的收益。第四点既是卖出理由，也是卖出时的心理。

（2）中集集团

①买入理由。

与小 V 交流其过往投资经验后，发现他喜欢看关于价值投资的文章，而后用自己专业的财务知识分析文中推荐的股票是否真的有价值，一旦发现有价值就会考虑买入。中集集团于 2019 年 4 月 30 日发布第一季度财务报表，小 V 经过分析后坚定了买入信心，决定节后第一个交易日买入。2019 年 5 月 6 日股市开市后，中集集团大跌，收盘跌 9.37%，小 V 当日以 10.15 元买入 2400 股中集集团。小 V 的买入习惯代表了价值投资者的普遍买入习惯，在低估时买入股票，等待价值回归。中集集团的大跌让小 V 觉得捡到了大便宜，以较低价买入了心仪的标的，他买入时预期目标收益率在 50% 以上。

②持股理由与持股心理。

小 V 买入中集集团后股价波动幅度很小，一个月内都处于微幅亏损状态。2019 年 7 月该股曾有一波小幅上涨，盈利幅度最高超过 10%，但远未达到小 V 预期，因此他一直持有。之后该股总体趋势往下，但跌幅较小，小 V 接受研究时（2019 年 11 月 2 日）亏损幅度为 5.71%。小 V 从买入该股到小幅盈利（略超 10%），再到小幅亏损，其持股心态非常稳定，坚信自己的买入逻辑：价值投资就是用时间换取财富。

2020 年 2 月 3 日为春节后第一个交易日，受新冠疫情影响，大多数股票当日跌停，中集集团也未能幸免。接下来数日大盘指数顽强上涨回去，但中集集团略微上涨后掉头往下，最低跌至 6.74 元，最大亏损幅度达 33.60%，最大亏损金额为 8184 元。

第一次访谈在 2020 年 2 月 3 日中集集团跌停当日，笔者就持股心态访谈了小 V。小 V 对股票跌停表现得很平静，认为这是突发事件，不会影响股票价值，亏钱虽然有点难受，但绝大多数股票跌停，自己买的股票跌停正常。

第二次访谈时，中集集团春节后首日跌停，未随大盘涨回去，小 V 开始怀疑自己的买入理由，认为自己仅从财务角度考虑，忽略了其他因素，把股票的下跌归因于运气不好，认为新冠疫情对集装箱产业的冲击导致中集集团股价下跌。当被问及既然中集集团前景那么暗淡，为什么不卖出股票时，小 V 的理由有三：首先，亏损幅度已较大，割肉下不了手；其次，反正也没其他好股票，先持有着；最后，新冠疫情的冲击只是暂时的。访谈中笔者会尽量避免问及带有建议性的问题，以免影响到研究对象的交易选择。

在中集集团继续下跌，亏损幅度超过 25% 后，笔者第三次访谈了小 V。由于亏损幅度相当大，小 V 对 50% 的盈利预期已无信心，能回本已是幸事。直到研究结束，小 V 也未卖出中集集团股票。

对小 V 交易中集集团的行为和心理的研究可总结为：

第一，“持亏”心理明显，处置效应倾向明显。在买入逻辑消失后，受认知失调和金钱损失规避心理的影响，投资者选择长期持有亏损股票。

第二，持股心态随着亏损幅度加大而变化。在亏损幅度较小时，投资者过度自信，持股心态较好；在亏损幅度大到一定程度后，投资者开始怀疑买入理由，但并不会卖出股票，决策权重 $\pi(p)>$ 真实概率 p；当亏损幅度过大时，投资者信心已崩溃，能回本就是最大的愿望，但依然不会卖出股票，寄希望于各种小概率事件，决策权重 $\pi(p)$ 远大于真实概率 p。

第三，投资者亏损后的负面情绪给访谈带来困难。在亏损幅度较小时，投资者持股心态较好，负面情绪对访谈的影响可以忽略不计。在亏损幅度大到一定程度时，投资者的负面情绪已较强，账面浮亏加大带来的负面情绪与认知失调带来的负面情绪相叠加。在亏损幅度过大时，投资者的负面情绪反而减弱了，原因是短期回本已无望，寄希望于将来回本，因此坦然面对访谈。

第四，参照点效应明显。股票的跌停本该是令人沮丧的事，但由于其他投资者的股票也跌停，面对跌停小 V 情绪比较稳定，但当大多数股票涨回去，而中集集团不随大盘涨回去时，小 V 的负面情绪明显，开始怀疑自己的交易逻辑。

③后记。

针对小 V 交易中集集团股票的金融心理研究已结束，由于后期小 V 主动找笔者谈及该股票交易，因此简要描述一下中集集团之后的走势。中集集团在2020年5月27日最低跌至6.74元后，获中信保诚举牌，股价慢慢上涨，但即使在2020年6月、7月的一波小牛市中，其股价也未回到小V的买入成本价。2020年10月13日，中集集团签署股权转让协议，大股东易主，股价一度被炒到2020年11月9日的最高价16.28元，走出了不到一个月股价接近翻倍的行情，小V也在这波行情中卖出了中集集团，盈利超过50%。

（3）双星新材

小V对双星新材的投资可谓顺风顺水，买入后立刻大涨出局。由于该笔交易属于“售盈”行为，不是研究的重点，但小V卖出后的心理与认知失调有关，因此用较小篇幅进行描述。

①买入理由及持股过程。

正如前文所述，对小V卖出银信科技决策影响权重最大的是其一个研究股票投资的老师向他推荐了更优秀的晶澳科技和双星新材两只股票，小V在老师推荐的双星新材和晶澳科技中，根据自己专业的财务分析，选择了双星新材，并于2020年6月22日第一次买入，6月24日补仓买入，共买入12600股，平均成本为5.49元。之后股市因端午节放假而休市，6月29日开盘后，双星新材当日上涨4.95%，收于5.72元，当晚双星新材公告上半年业绩，属于重大利好，次日（6月30日）直接封死涨停。7月1日双星新材涨停开盘，但没封住，尾盘也未涨停，收于6.68元，小V按此价格卖出。小V在双星新材交易中，盈利21.68%，盈利金额为14994元。在如此短的时间内有如此大幅的盈利，小V本该高兴，但他却诉苦，因为卖出双星新材后，股价连续上涨到9元附近，横盘一段时间后，最高上涨至11.17元，小V感觉自己卖早了。

②交易心理分析。

此处仅分析小V交易双星新材过程中的行为和心理，并不涉及无意识层面的深度分析。

小V买入双星新材后小幅亏损，处于过度自信阶段，果断补仓。据小V介绍，果断补仓的另外一个原因是其老师推荐的另外一只股票晶澳科技从推荐开始连续上涨，后期晶澳科技的涨幅比双星新材更大，数月内涨了约2倍。真实交易中其他股票的涨跌经常会影响到投资者对某一只股票的交易决策。

小V卖出双星新材后叹息卖早了，否则银信科技亏损的钱也赚回来了。这促使笔者思考真实交易中卖出后的心理。在卖出盈利股票后，该股票的走势分为继续上涨、横盘、下跌3种。

继续上涨：如果投资者卖出盈利股票后该股票继续上涨，投资者体验到复杂的情绪，会认为自己“少赚”了很多钱，并把“少赚”理解为损失，损失和决策错误的认知与明智投资者认知产生了冲突，投资者产生了认知失调的不适感。投资者为了缓解不适感，会增加一种新认知——自身的选股能力很强。在此种情形下，投资者一方面有“少赚”和认知失调产生的消极情绪，另一方面有向他人炫耀自己选股能力强而产生的积极情绪，整体情绪略消极，因为投资中金钱的得失通常更为重要。

横盘：如果投资者卖出盈利股票后该股票横盘，投资者体验到略积极的情绪。因为卖出股票后股票没有继续上涨，说明投资者的决策是对的。货币是有时间成本的，卖出股票后所得的现金可用于买入其他股票或理财，继续赚取利润。

下跌：如果投资者卖出盈利股票后该股票下跌，投资者体验到积极情绪。已卖出股票的下跌让投资者一方面规避了下跌带来的损失，另一方面强化了明智投资者这一认知。投资者通常在卖出股票后会继续观察其走势，为的是验证自己的决策正确与否。

小 V 对双星新材的投资可谓悲喜交加，喜的是快速盈利，悲的是卖出后继续大涨，在小 V 卖出双星新材后，笔者主动终止了研究，因为市场转好，多数投资者已处于盈利状态，而处置效应研究的是投资者的“持亏”行为与心理。

3. 研究讨论与结论

本节研究了价值投资者小 V 的交易行为与心理，包括他对银信科技、中集集团、双星新材 3 只股票的交易。本节的研究验证了第三章和第四章实验研究中的诸多结论，处置效应是投资者最为广泛的认知偏差之一。

（1）讨论

在对小 V 交易银信科技和中集集团的研究中发现，价值投资者仍然受处置效应影响。在怀疑买入理由甚至买入理由消失后，小 V 并未卖出亏损股票，而是继续持有，甚至补仓，嵌限心理明显。可能像巴菲特这样的价值投资大师也或多或少受处置效应影响。被巴菲特视为平生最糟糕的一次投资为 1993 年他以价值 4 亿美元的自家股票伯克希尔换股收购德克斯特鞋业，14 年后 4 亿美元的伯克希尔股票价值变为 57 亿美元，而对德克斯特的投资却亏损了 35 亿美元。在投资过程中，巴菲特本人已发现这家公司的产品——男士皮鞋无可口可乐一样的护城河，用户的转移成本非常低，亚太新兴市场的发展让美国本土鞋业处于劣势地位。如此糟糕的投资标的，巴菲特坚持了 14 年，可能股神也受处置效应的影响，坚持用追加投入来缓解认知失调引起的不适感。

小 V 在对银信科技的投资中进行了数次补仓，但他补仓后长期持有，并未利用反弹卖出补仓部分。因此，他补仓交易后的参照点为平均成本，而非最新的买入价格。当然，这并不代表价值投资者补仓后都把平均成本作为参照点，也可能有价值投资者希望用反复波段交易降低平均成本。

（2）结论

经过对以小 V 为代表的价值投资者处置效应倾向的研究，验证了模拟交易实验研究的结论，并有新的发现，可总结如下。

第一，价值投资交易者在买入理由消失后，同样受处置效应的影响，选择长期持有亏损股票，并可能选择补仓交易来摊低成本。

第二，验证了模拟交易实验研究的结论：亏损幅度较小时，产生处置效应的主要心理原因体现为过度自信认知偏差，亏损幅度加大时，产生处置效应的心理原因不再是过度自信；嵌陷是产生处置效应的原因之一；随着亏损比例的增加，投资者卖出意愿逐渐减弱；当投资者把买入责任归因于自己时，决策权重 $\pi(p)>$ 真实概率 p；$p=0$ 时，$\pi(p)=0$。

第三，持股心理随着亏损幅度加大而变化。当亏损幅度较小时，投资者过度自信，持股心态较好；当亏损幅度到一定程度时，投资者开始怀疑买入理由，但并不会卖出股票，决策权重 $\pi(p)>$ 真实概率 p；当亏损幅度较大时，投资者信心已崩溃，后悔没有早点卖出，能回本就是最大的愿望，但依然不会卖出股票，寄希望于各种小概率事件，决策权重 $\pi(p)$ 远大于真实概率 p。

第四，投资者卖出盈利股票后，情绪由已卖出股票的后期走势所决定。如果投资者卖出盈利股票后该股票继续上涨，投资者认知失调，之后增加新认知“选股能力强”来应对认知失调，但投资者把“少赚”视为亏损，整体情绪略消极；如果投资者卖出盈利股票后该股票横盘，投资者体验到略积极的情绪；如果投资者卖出盈利股票后该股票下跌，投资者体验到积极的情绪。

第五，应对处置效应的方法之一是组合投资。

（3）对价值投资者的建议

虽然小 V 的投资结局不算太坏，但这其中有很大的运气成分，其投资中存在诸多问题，尤其是应对处置效应乏力。因此，对以小 V 为代表的价值投资者，笔者有以下三点投资建议。

第一，买入逻辑不在时，应该客观看待投资标的，市场中多数股票下跌后无涨回机会。在股票下跌后，应客观分析投资标的的投资价值。如果自己没买入，是否愿意新开仓买入并持有，如果答案为否，那应该果断卖出股票，完成止损交易。我国股市正慢慢与成熟国家的资本市场接轨，退市会越发频繁，齐涨齐跌的时代正逐渐成为历史，未来多数股票下跌后或许无法再涨回去。

第二，选股时应该考虑增长，不能仅用历史财务数据选低估的股票。小V过于在意股票的低估值，忽略了公司未来的增长。这也是巴菲特早期的选股逻辑，巴菲特在遇见终生搭档查理·芒格之后，才把对公司未来的增长纳入价值分析体系，之后几乎未有选股失败的案例。

第三，货币有时间价值，因此价值投资也要适当考虑动量交易因素。巴菲特的价值投资模式有巨量资金作为后盾，可以做到越跌越买，而普通的个人投资者无法做到这点。普通投资者通常只有一笔钱，买入后只能等待股票上涨，在等待的过程中，货币有时间成本。例如小V持有了银信科技5年，这5年中按银行定期存款利息计算，这笔资金能产生不少利息收入，而投资者通常忽略了货币的时间成本。因此，即使是价值投资，也可以适当考虑动量交易因素，在向上趋势形成后且低估时买入，以节约货币的时间成本。

（二）杠杆交易个案研究

本小节的研究对象多采用杠杆交易，其选股策略比较多样。杠杆交易亦称保证金交易，期货交易、融资融券交易等均属杠杆交易，本书仅研究融资交易。

1. 投资者简要背景

研究对象为金融研究人员，研究生学历，股龄19年，亏损10多年后，近年来略有盈利，男性，44岁。为了叙述方便，以下称其为“L君”，“L”即杠杆交易（Leverage）之意。

L君长期从事金融研究，熟悉和尝试过几乎所有的交易品种与交易方式。因其常年采用融资方式交易，因此他的资产市值大起大落，市场好时快速积累资金，市场差时又快速把盈利回吐出去。

2. 研究过程

L君于2020年7月14日欣然接受研究，因为过去一个月股市有一波小牛市，L君通过杠杆交易盈利约60万元，向他人展示自己的卓越投资成就更容易增强自尊感。笔者当时预判股市即将下跌，理由是成交量过大，L君可能即将亏损，因此在该时点选择对L君进行研究。

彼时L君的持股情况如表5-2所示。融资融券账户与普通账户的显示方式有所差别，融资融券账户会显示更多信息，包括总负债、净资产、维持担保比例等。L 君账户中其他信息包括总资产 2276110 元、总负债 925478 元、净资产 1350632 元、总市值 2247410 元、总盈亏 397410 元、总盈亏比例 21.48%。L 君持有 3 只股票，即中国人保、美团—W 和卓胜微，美团—W 为港股通标的，无法融资买入，中国人保与卓胜微均用自有资金加融资买入，一共融资 925478 元，而自有资产净值为 1350632 元。中国人保微幅亏损，卓胜微与美团—W 均大幅盈利。L 君接受研究之后大盘未继续上涨，其不久后相继卖出美团—W 与卓胜微，持有中国人保，并买入闻泰科技。

表 5-2　杠杆交易研究对象账户初始状态

股票名称	股票数量（股）	成本（元）	现价（元）	最新市值（元）	浮动盈亏（元）	盈亏比例（%）
中国人保	100000	7.65	7.4	740000	-12000	-3.27
美团—W	5000	140	197.1	985500	285500	40.79
卓胜微	1000	398	521.91	521910	123910	31.13

（1）中国人保买入理由

由于 L 君的账户中只有中国人保亏损，因此对 L 君交易中国人保的行为与心理进行研究。L 君于 2020 年 7 月 13 日买入中国人保，2020 年 7 月 14 日便接受研究。L 君买入中国人保与当时市场环境有关，大盘过去一个月涨幅约为 20%，各种媒体铺天盖地报道涨幅将远超上一轮牛市。L 君也相信即将迎来一轮大牛市，所以采用激进的方式交易——融资交易。L 君买入中国人保后，大盘并未如期迎来一轮大牛市，中国人保也随大盘小幅波动。但 L 君仍然判断大盘为上涨过程中的整固、短期的回调和横盘走势，正在为酝酿一轮大牛市做准备。L 君此时处于亏损幅度的自信区，持股心态较好。

（2）闻泰科技买入理由

L 君在持有中国人保的同时，于 2020 年 7 月 29 日卖出卓胜微和美团—W。卖出理由是有更好的标的闻泰科技，且卓胜微和美团—W 涨幅过大，已大幅盈利，可以止盈锁住利润。L 君于 2020 年 7 月 29 日用自有资金加融资买入闻泰科技共 1 万股，平均成本为 146.28 元，市值达 146.28 万元。L 君直接提供给笔者买入闻泰科技的理由，并按权重从大到小排序：

第一，判断大盘即将迎来大牛市。第二，重组后的闻泰科技价值被严重低估。第三，国家支持芯片产业。

闻泰科技买入当日以涨停收盘，L 君主动分享喜悦，认为自己卖出卓胜微和美团—W 的决定是正确的。

（3）闻泰科技与中国人保持股过程

买入闻泰科技后该股连续小涨了 3 天，之后掉头往下，跌破了 L 君的平均成本，但亏损幅度未超过 10%，之后横向波动了约一个月。其间笔者对 L 君做过数次访谈，他持股心态较好，坚信牛市即将来临，并坚信自己的选股能力。

中国人保同样横向波动且微幅下跌，在数次访谈中，L 君持股心态都较好。直到 L 君卖出中国人保时，该股亏损幅度仍较小。

2020 年 9 月 8 日与 9 月 9 日，闻泰科技分别出现 7.31%、7.34% 的大跌，该股累计亏损幅度已达 19.81%，账面亏损金额为 28.98 万元，这两日交易结束后笔者都对 L 君进行了访谈，他在止损与持有之间犹豫不决，一方面亏损比例和绝对金额如此之大，卖出后账面亏损将变成真实亏损，将来购买其他股票时，由于本金变少，可融资额度也相应变少；另一方面如果股价继续下跌，亏损更大，甚至爆仓。L 君的保证金比例为 50%，上涨时盈利金额翻倍，下跌时亏损金额翻倍，如果股票下跌 50%，L 君将爆仓，亏完本金。

经过艰难抉择后，最终 L 君选择继续持有观望，原因有二：其一，当时大盘并未破位下行，一直横盘小幅波动，大盘系统性风险较小；其二，L 君坚信选股逻辑还在。但 L 君制订了严格的交易计划，如果闻泰科技继续破位下行，将无条件止损。由此可见，此时 L 君产生处置效应的主要原因是金钱损失规避，而非认知失调，再次说明认知失调并非产生处置效应的唯一原因。

之后闻泰科技横向波动约一个月，涨跌幅均不大，股价一直未跌破 2020 年 9 月 9 日的最低价，但 2020 年 10 月 16 日，闻泰科技放量跌破前低，收盘时 L 君以 109 元卖出闻泰科技，亏损幅度达 25.49%，亏损金额高达 37.28 万元。有趣的是，L 君于当日收盘以 7 元同时卖出了中国人保，卖出时该股亏损幅度为 8.5%，亏损金额为 6.5 万元。

经过访谈，L 君同时卖出两只股票的理由可总结为：

第一，卖出闻泰科技的理由为防止因融资买入而爆仓。如果继续持有，本金损失可能会非常大，甚至爆仓。但 L 君依然看好该股未来的表现，时机好时会再买回。

第二，卖出中国人保的理由与闻泰科技亏损太大有关。既然闻泰科技大幅亏损，说明股市整体赚钱效应弱，应该空仓休息。这再次证明了真实交易中其他股票的涨跌经常会影响到投资者整体的交易决策。L 君卖出中国人保时，亏损幅度在其可承受范围内，且买入理由仍在，卖出决策完全因闻泰科技的大跌所致。

第三，亏损金额已接近 2020 年利润。L 君在两只股票上的亏损金额一共为 43.78 万元，卖出后其净资产已不足 100 万元，而接受研究之前其利润约为 60 万元，L 君想保住一些利润，否则 2020 年一波小牛市就白干了。

（4）美团—W 大涨

闻泰科技与中国人保的亏损已让 L 君体验到强烈的负面情绪，然而美团 -W 的大涨让其负面情绪加剧。

L 君于 2020 年 7 月 29 日卖出美团—W 和卓胜微后买入闻泰科技，美团—W 的卖出价约为 190 港元（该股为陆股通标的，用港币结算），卖出后该股一路上涨到 280 港元附近，涨幅约 50%，在 2020 年 10 月 16 日（L 君卖出闻泰科技当日）收盘价为 265.8 港元，与卖出价相比约上涨了 40%。L 君在研究过程中主动与笔者分享错卖了美团—W，错买了闻泰科技，叹息运气不好。

这验证了价值投资个案研究部分的结论：投资者卖出盈利股票后，情绪不仅由该股票后期的走势所决定，还由新买入股票的表现所决定。如果新买入的股票表现差于已卖出股票，投资者将体验到相对消极的情绪；如果新买入的股票表现强于已卖出股票，投资者将体验到相对积极的情绪。相对情绪的强度由新买入股票与已卖出股票的表现差异所决定。

3. 本小节研究讨论与结论

本小节研究了杠杆交易投资者 L 君的交易行为与心理，包括他对中国人保、闻泰科技、美团—W3 只股票的交易。本小节研究验证了价值投资个案研究部分的结论，发现杠杆交易投资者并未表现出处置效应现象。

（1）讨论

本处重点讨论杠杆交易投资者未受处置效应影响的原因。

L 君在卖出闻泰科技时，看似不受处置效应影响，其实不然。在产生处置效应的心理原因中，最主要的是认知失调和金钱损失规避。L 君在卖出闻泰科技之前，同时经历了这两种心理纠结。止损意味着把大幅度的账面浮亏变为确定性损失，金钱损失规避心理强烈；止损同时意味着买入决策的错误，这与明智投资者的认知不一致，产生了认知失调。之所以这两种心理没有阻止 L 君止损，是由杠杆交易的特性决定的，不严格止损易导致本金损失过大而无法翻身，甚至爆仓。由于杠杆交易的这一特性，投资者无法再把买入决策合理化为将来一定能涨回来。标的股票将来虽有希望涨回，但在没涨回来之前可能已经爆仓了，历史上很多伟大的基金因杠杆交易而破产在黎明之前。

因此，杠杆交易投资者体验到了处置效应心理，但未表现出处置效应所产生的行为——长期持有亏损股票，这是因为本金损失过大或爆仓的认知对决策的影响权重，远大于金钱损失规避和认知失调对决策的影响权重。

这一结论是否对所有杠杆交易投资者都适用，需要深入讨论。在 2015 年的股灾中，无数配资投资者爆仓。在配资交易中，杠杆比例远大于融资交易，在融资交易中可融资的额度根据抵押品的价值而定，一般不会超过抵押品价值的 2 倍，L 君的融资额度约为抵押品价值的 1 倍。配资交易中可配资的额度最大可达抵押品价值的 9 倍以上，例如，10 万元本金可配资 90 万元，一共可操作 100 万元资金。在如此高的杠杆比例之下交易，买入标的跌 10% 就会亏光本金，当然，买入标的涨 10%，本金也会翻倍。2015 年无数配资者爆仓的原因有二：第一，配资者多为新入市投资者，并未深入理解配资的规则与风险，更不清楚杠杆交易的风险，直到爆仓了才反应过来自己已亏光本金。第二，连续跌停让配资者无法止损。经验丰富的杠杆交易投资者一定知道止损的重要性，但是 2015 年大跌走势中很多股票连续开盘即跌停，根本没有机会卖出，最后只能面对被配资公司强制平仓而本金亏光的结局，甚至还欠了配资公司的钱。

股票交易属于非确定性决策，不可能所有的投资者行为都相同，我们研究的是大多数投资者的行为，可把结论修正为：杠杆交易投资者体验到了认识失调和金钱损失规避心理，但大多数经验丰富的杠杆交易投资者未表现出处置效应所产生的行为——长期持有亏损股票，是因为他们为了避免本金损失过大或爆仓。

经验丰富的杠杆交易投资者不受处置效应影响，验证了第四章提出的应对处置效应的方法：对损失客观而频繁地反馈，客观分析持亏的机会成本。该方法由心理学家提出，看似过于抽象而难以实施，但杠杆交易投资者的止损行为验证了其可行性。因为杠杆交易投资者无法像普通投资者一样，在亏损幅度很大时视而不见。

（2）结论

杠杆交易投资者处置效应的倾向结论。杠杆交易投资者体验到了认知失调与金钱损失规避心理，但大多数经验丰富的杠杆交易投资者未表现出处置效应所产生的行为——长期持有亏损股票，这是因为他们为了避免本金损失过大或爆仓，本金损失过大或爆仓的认知对决策的影响权重，远大于金钱损失规避和认知失调对决策的影响权重。

投资者卖出盈利股票后的情绪结论。根据本小节的研究，如果投资者卖出盈利股票后，继续买入新股票，其情绪不仅由已卖出股票后期的走势所决定，还由新买入股票的表现所决定，但主要由新买入股票的表现所决定。如果新买入的股票表现弱于已卖出股票，投资者将体验到相对消极的情绪；如果新买入的股票表现强于已卖出股票，投资者将体验到相对积极的情绪。相对情绪的强度由新买入股票与已卖出股票的表现差异所决定。

（3）对杠杆交易投资者的建议

杠杆交易与普通交易不同，风险巨大，中国股市上无数叱咤风云的人物，都因为杠杆交易而破产。美国历史上最伟大的投机大师利弗莫尔历经了3次破产，究其原因，也是杠杆交易所致。因此，需要给杠杆交易投资者如下建议。

尽量避免杠杆交易。杠杆交易投资者经常通过杠杆交易赚小钱，但容易亏大钱，甚至直接破产。幸存者偏差导致人们以为通过杠杆交易更容易发财，巴菲特给投资者的忠告是永远不要使用杠杆交易，因为他看到无数优秀的投资者因为使用杠杆而被股市消灭。

杠杆交易仅适合短期使用。杠杆交易有利息成本，我国证券公司提供融资时的利息率通常为年化8%，而每年盈利能超过8%的投资者比例非常小，专业的基金经理能常年保持投资收益率超过8%都很难。如果长期融资，即使选对投资标的，利息也会蚕食掉一大部分利润，选错标的时，既要承担亏损，还要承担利息支出。因此，杠杆仅适合市场赚钱效应强时短期使用，我国股市赚钱效应强的时间通常非常短，俗称牛短熊长。

严格止损。使用杠杆交易时，必须预先设定好止损价格或止损幅度。一旦触发，必须无条件止损。盈利可以没有上限，而亏损时本金却有限，亏完本金就无翻本机会了。

（三）听消息交易个案研究

听消息交易投资者的消息来源较为广泛，如媒体、股评家、专家、周围人、微信群、QQ群等。在获得股票消息后，略懂专业知识的投资者会用自己的专业知识简单分析后买入，但其分析对买入决策权重影响甚小，获得股票消息时几乎已决定买入。大多数投资者获得股票消息后，选择相信消息源，直接买入。

1. 投资者简要背景

研究对象为男性，40多岁，股龄7年，7年内其总收益处于巨额亏损状态，男性。为了叙述方便，以下称其为“C先生”，“C”取自Common一词，即普通之意，他代表了市场中的大多数个人投资者。

在接受研究过程中，C先生曾向笔者展示2015年牛市时他的股票账户资产状况，其总资产为4000万元以上，普通投资者有如此多资金属于极少数。但他当时配资交易，第一波股灾中已被配资公司强制平仓，最后个人资产余额只有8元，已在股市中破产。他的职业给他带来的收入颇丰，但基本都投入股市，并未从股票账户中取钱出来，所以一直处于在股市中消耗财富的状态。由于他持仓的股票很多，所以经常买到市场热点股票，这样的股票通常上涨速度非常快，很快翻倍，甚至数倍。同样由于他持仓股票很多，即使买上大牛股，对整体市值贡献也较小，平均收益仍然为负数。虽然总体收益为负数，但是他可以在别人面前炫耀自己买过的牛股，而不谈让自己亏损的股票。其他普通投资者很容易被此类行为欺骗，以为对方投资能力很强而想跟买，但只需问其平均年化收益率，此类吹牛投资者的谈资瞬间消失。

C先生的消息源主要是其在上海某证券公司的朋友，由于C先生的专业知识缺乏，选择完全相信对方提供的股票消息，并问清什么价位可以买入，什么价位可以卖出。买入时C先生通常按消息源所说价位执行，卖出时经常由于贪婪和恐惧而不按消息源所说价位执行。

2. 研究过程

C先生于2020年4月22日接受研究，由于其持股太多，不再列出其持股详情。彼时正处于新冠疫情集中暴发后不久，很多医药股连续大幅上涨，C先生持股中既有大幅上涨并大幅盈利的医药股，也有其他大幅亏损的股票。C先生账户显示其持股17只，账户总资产为38.6万元，处于亏损状态。

C先生在接受研究的次日2020年4月23日（星期四）买入瀚叶股份，买入均价为2.8元，共买入5万股，市值14万元，瀚叶股份当日收盘价为2.82元，C先生小幅盈利。

（1）瀚叶股份买入理由

C先生买入瀚叶股份的理由是他得到消息有私募基金要操盘该股票，很快翻两倍。在如此大的诱惑之前，C先生选择重仓该股。在C先生买入之前的数月，瀚叶股份多次收到监管工作函，控股股东股份遭冻结，股价也处于长期下跌中。正常分析的话，该股属于比较差的投资标的。但股市变幻莫测，很多被借壳的垃圾股走势，都和瀚叶股份当时的走势相似，这些股经常借壳成功后股价翻数倍。

（2）补仓理由及心理

①第一次补仓。

C先生买入瀚叶股份的下一个交易日（2020年4月24日），瀚叶股份并未如期上涨，反而低开低走。C 先生转入现金到股票账户，对瀚叶股份进行了补仓交易。共买入 2 万股，买入价格为 2.65 元，补仓后平均持仓成本为 2.757 元，持有数量为 7 万股，该股持仓总市值为 19.3 万元，瀚叶股份当日收盘价为 2.67 元，亏损幅度为 3.16%，小幅亏损。

访谈后得知，C 先生处于瀚叶股份亏损幅度的自信区，不但不担心股票下跌，反而感觉幸运，以更低的价格买到更多股票，只恨手里的现金太少，否则多买点。C 先生短期内并未打算卖出该股票，因此他彼时的参照点是平均持仓成本 2.757 元 / 股。

②第二次补仓。

C 先生第一次补仓当晚咨询了股票情况，得到的回复还是建议持有，周末有足够长的时间思考，他决定再次补仓，但已无现金，C 先生决定卖出持有的其他股票进行补仓。2020 年 4 月 27 日，瀚叶股份开盘后小幅波动，临近午时收盘，从下跌约 1.5% 直线拉升到上涨约 3%，下午缓慢回落。快速拉升过程中，C 先生卖出了持仓的其他 3 只盈利股票进行补仓，以 2.68 元补仓 2.3 万股，补仓后平均持仓成本为 2.738 元，持有数量为 9.3 万股，该股持仓总市值为25.46万元，瀚叶股份当日收盘价为2.61元，C先生小幅亏损，幅度为4.67%，账面亏损金额为 1.19 万元。

访谈后得知，C 先生依然处于瀚叶股份亏损幅度的自信区，对股票未来的上涨走势很有信心。当问及为什么选择卖出其他 3 只盈利股票而不是其他亏损股票时，C 先生的理由是已经赚钱了，估计也涨不了多少，应该把资金挪到更优秀的瀚叶股份上，而亏损的股票将来还能涨回来。由此可见 C 先生处置效应倾向明显，在卖出盈利股或亏损股之间选择时，完全受认知失调和金钱损失规避的影响。C 先生第二次补仓后仍未打算短期内卖出瀚叶股份，因此他彼时的参照点为第二次补仓后的平均持仓成本 2.738 元。

③第三次补仓。

C 先生第二次补仓后的下一个交易日 2020 年 4 月 28 日，瀚叶股份开盘后一直下跌，最低触及跌停，之后缓慢上升。C 先生联系并确认股票没问题后，觉得跌幅如此大，补仓相当划算。但 C 先生再次面临无现金的尴尬，C 先生选择卖出亏损幅度较小且持仓金额较大的其他 4 只股票，腾挪出现金买入瀚叶股份。C 先生本次一共补仓 3.8 万股，价格为 2.41 元，补仓后平均持仓成本为 2.643 元，持有数量为 13.1 万股，该股持仓总市值为 34.62 万元。瀚叶股份当日早盘触及跌停价 2.35 元后，最高反弹至 2.48 元，C 先生当日买入的部分曾一度盈利，遗憾的是该股午后逐波下跌，尾盘收于 2.36 元，距跌停价仅 1 分钱。当日收盘，C 先生持仓的瀚叶股份亏损幅度为 10.7%，账面亏损金额为 3.71 万元。

笔者当晚对 C 先生进行访谈，其持股信心已没那么强，主要原因有二：其一，当日抄底补仓，本以为抄在低点，可以摊低平均成本，但瀚叶股份收盘又到跌停附近，当日补仓部分也被套住；其二，累计亏损幅度超过 10%，这已经跌到了短线承受幅度的极限了。

由于亏损幅度较大，C 先生的负面情绪较强。

他于当晚再次询问交易建议，得到的回答是继续持有，有钱可以再买点。这样的回答增强了 C 先生的持股信心，他决定找朋友借钱继续补仓，但交易方法改为"做 T"，补仓部分盈利后快速卖出，把借款还上，并于当晚向朋友借入 30 万元，承诺一个月后还钱。

④第四次、第五次补仓。

第三次补仓后的下一个交易日 2020 年 4 月 29 日，C 先生于集合竞价直接买入 12.9 万股瀚叶股份，买入价为 2.32 元。瀚叶股份开盘后直接上冲，C 先生并没有一直持有，以 2.41 元通过做 T 卖出补仓的 12.9 万股，本笔交易一共盈利 11610 元。此笔交易完成后，C 先生仍然持有 13.1 万股瀚叶股份，但平均成本已降为 2.483 元，亏损幅度缩小至 5.36%。C 先生对本笔交易非常满意，由于原持仓股数为 13.1 万股，根据交易规则，如果当日再次买入，最多只能再卖出 2000 股。

因此，C 先生没有贸然盘中再次买入，而是决定尾盘再次买入，计划次日上午冲高卖出继续做 T。瀚叶股份尾盘收于 2.35 元，C 先生以该价格第五次补仓，买入瀚叶股份 132600 股，累计持股为 263600 股，持股市值为 61.95 万元，亏损幅度缩减至 2.73%，累计亏损 17398 元。

2020 年 4 月 29 日晚，瀚叶股份收到上交所股票监管工作函，要求公司回复为什么不能按期披露年报和一季报，公司同时发布《瀚叶股份关于无法在法定期限披露定期报告及公司股票停牌的公告》，公司股票自 2020 年 4 月 30 日开始停牌。瀚叶股份停牌前 C 先生的交易记录如表 5-3 所示，停牌前 C 先生亏损幅度已相当小，缘于最后两次补仓大幅摊低了成本。

表 5-3　瀚叶股份停牌前 C 先生交易记录

交易	交易价格（元）	数量（股）	持股金额（元）	平均成本（元）	盈亏比例（%）
买入	2.8	50000	140000	2.8	0.71
第一次补仓	2.65	20000	53000	2.757	−3.16

续表

交易	交易价格（元）	数量（股）	持股金额（元）	平均成本（元）	盈亏比例（%）
第二次补仓	2.68	23000	61640	2.738	-4.67
第三次补仓	2.41	38000	91580	2.643	-10.7
第四次补仓	2.32	129000	299280	2.483	-5.36
第五次补仓	2.35	132600	311610	2.416	-2.73

第四次、第五次补仓当晚笔者对C先生进行了访谈，焦点集中于最后两次补仓和股票停牌。C先生最后两次补仓的目的是自救，通过反复做T摊低平均成本到收盘价之下，让账面处于盈利状态。因此，最后两次补仓的决策参照点是补仓买入价，而非平均成本。补仓后，当股价高于补仓买入价，既视为盈利，即使平均成本仍高于现价；当股价低于补仓买入价，既视为亏损。补仓部分亏损后，投资者通常再次受到处置效应影响，持有补仓股票。

对于瀚叶股份的停牌，C先生乐观心理大于悲观心理。C先生的乐观心理来自两点：其一，预期瀚叶股份停牌后将被优质公司借壳。被借壳的公司都要先停牌，借壳方案出来后复牌，复牌后股价通常会上涨数倍。其二，信任自己咨询的朋友。个人投资者通常对越模糊的消息信心越强，反而对那些稳定盈利的投资视而不见，这种模糊偏爱的心理正好与模糊规避心理相悖，可能源于对财富的贪欲，模糊意味着盈利机会可以有无限的想象空间。

C先生的悲观心理来自瀚叶股份的公告。公司收到监管工作函通常属于利空消息，C先生对此有些担忧，但同时又猜测公司会利用重组的机会把所有的财务问题一并解决，这也是重组中常见的运作模式。这种把利空理解为利好的心理在股市中尤为常见，牛市中公司不断辟谣没有利好，投资者通常理解为公司隐藏利好消息，踊跃买入；而熊市中则相反，公司反复公告有利好，投资者会理解为公司与庄家勾结，骗散户接盘。

由于不知道何时复牌，C先生与债权人商议复牌后再还30万元借款，且信心满满地承诺支付给对方较高利息（依据复牌后涨幅而定）。由于股票停牌为不可抗因素，债权人无异议。

（3）复牌后交易行为及心理

瀚叶股份停牌期间，并未如C先生预期那样重组，而是相继发布利空公告《瀚叶股份关于诉讼及可能涉及违规担保的公告》《瀚叶股份关于涉及诉讼及资产冻结的公告》《瀚叶股份关于公司收到中国证券监督管理委员会调查通知书的公告》《瀚叶股份关于参股公司股权被冻结的公告》《瀚叶股份关于控股股东股份冻结的公告》《瀚叶股份关于公司股票实施退市风险警示暨停复牌相关安排公告》等，这里面“杀伤”力最大的公告是被证监会立案调查和实施退市风险警示。瀚叶股份于 2020 年 7 月 1 日复牌，股票名称由瀚叶股份改为 *ST 瀚叶，日涨跌幅限制为最大 5%。*ST 中 ST 为英文单词 Special Treatment 的缩写，被实施退市风险警示的股票都需要这样改名，主要是为了提醒投资者注意风险。为了叙述方便，以下仍称 *ST 瀚叶为瀚叶股份。

在瀚叶股份停牌过程中，C 先生逐渐由乐观心理转为悲观心理，利空连连，尤其是被证监会立案调查和实施退市风险警示，犹如当头棒喝。瀚叶股份复牌后，经历了 16 个 5% 跌停，历时 22 个自然日，2020 年 7 月 22 日最后一个跌停的收盘价为 1.03 元，股价与停牌前的 2.35 元相比，已跌去 56.17%，与 C 先生的平均持仓成本 2.416 元相比，已跌去 57.37%，账面市值仅剩 27.15 万元，账面浮亏 36.53 万元，股票市值已不够还 C 先生向朋友的借款（30 万元）。连续跌停的初期，C 先生计划继续借钱补仓。在该股一路跌停过程中，如果想卖，每天很早挂单，按价格与时间优先规则，也有可能卖出，因为每天仍旧有一定的成交量，但 C 先生直到连续跌停后期才有了此念头，可见其处置效应倾向明显，嵌陷心理明显。

根据退市规则，若股票连续 20 个交易日收盘价格均低于股票面值（即 1 元），股票自动退市，退市意味着几乎血本无归。C 先生在了解该规则后，决定不惜代价卖出瀚叶股份，因为再一个跌停之后，股价将低于面值 1 元。因此 C 先生决定打开跌停板即卖出，防止退市后血本无归。瀚叶股份公司为了防止退市或提振投资者信心，在停牌期间曾发布《*ST 瀚叶关于以集中竞价交易方式回购股份方案的公告》。

2020 年 7 月 23 日，瀚叶股份再次以跌停价 0.98 元开盘，直接跌到面值 1 元之下，但开盘后股价直线拉升至 1.07 元，距涨停价 1.08 元仅 1 分钱。C 先生没有在此波上冲动卖出，因为这种连续跌停的股票容易连续涨停。瀚叶股份之后逐级回落，C 先生在回落到 1 元时卖出了全部的瀚叶股份，因为害怕继续跌停，血本无归。卖出后 C 先生在瀚叶股份上累计亏损 37.32 万元，亏损幅度高达 58.60%。C 先生本为处置效应倾向非常强的投资者，但在瀚叶股份亏损幅度如此之大时摆脱处置效应影响，果断止损，是为了避免损失全部本金。

C 先生以 1 元价格卖出瀚叶股份当日，瀚叶股份继续下跌，并重新跌到跌停价 0.98 元，C 先生庆幸自己成功卖出，否则可能血本无归。当日午后，瀚叶股份逐级上涨，从 0.98 元涨回 1 元以上，并最终以涨停价 1.08 元收盘。这让 C 先生体会到极强的负面情绪，叹息卖错了，严重认知失调。

C先生卖出瀚叶股份次日，瀚叶股份继续上涨，并连涨数日，最高摸到1.29元，与卖出价相比已上涨29%。之后数日，瀚叶股份略微下跌并横向波动，然后重拾升势，于2020年9月4日最高摸至2.02元，与C先生的卖出价1元相比已翻倍。瀚叶股份的翻倍上涨行情让C先生体验到极度负面的情绪，他把瀚叶股份的上涨视为自己的亏损。C先生交易瀚叶股份的行为和心理，是普通投资者卖出亏损股票后的普遍心理。

（4）售亏后的交易行为及心理

更为雪上加霜的是，C先生在卖出瀚叶股份后，买入了已涨幅过大的蓝帆医疗，仍然是听消息后买入。该股属于新冠疫情受益股，彼时海外疫情仍然严重，C先生坚信该股还要大涨。一般来说，投资者在卖出亏损股票后，通常会想通过另外一只股票快速赚回亏损，这会导致严重高估概率。蓝帆医疗并未按C先生的预期大涨，而是逐波下跌，C先生依然受处置效应影响，经历了跌幅较小时的过度自信、跌幅加大后的认知失调与金钱损失规避。

根据C先生对瀚叶股份和蓝帆医疗的交易可以得出结论，投资者卖出亏损股票后，情绪不仅由该股票后期的走势所决定，还由新买入股票的表现所决定。如果新买入的股票表现弱于已卖出股票，投资者体验到相对消极的情绪，如果新买入的股票表现强于已卖出股票，投资者体验到相对积极的情绪。相对情绪的强度由新买入股票与已卖出股票的表现差异所决定。

3. 本小节研究讨论与结论

本小节的研究对象为C先生，他代表的是大多数个人投资者，对股票交易无专业知识，主要靠听消息进行交易，是专业投资机构获利的主要对手盘，此类投资者在个人投资者中占比最大。在研究了C先生的交易行为与心理后，笔者发现此类投资者处置效应倾向非常强，在投资中喜欢补仓，嵌陷心理明显。

（1）讨论

①补仓。

C先生交易瀚叶股份过程中的5次补仓交易行为，以及价值投资者小V的补仓交易行为，证实了笔者对过往研究中未明确和控制参照点而研究处置效应的质疑是对的。无论是以Odean（1998）为代表的真实交易数据研究，还是以Weber和Camerer（1998）为代表的实验方式研究，均未考虑补仓行为会导致参照点的改变，贸然把买入价或补仓价作为参照点而计算盈亏，结论难以让人信服。

投资者补仓后的参照点会依据交易计划而定。C先生前3次补仓时，对股票的未来表现充满信心，补仓的目的是不断摊低平均成本，拥有更多的廉价筹码，计划较远期盈利后卖出，因此参照点为平均成本价，而非补仓价格，股价高于平均成本价视为盈利，股价低于平均成本价视为亏损。第四次、第五次补仓时，交易计划是通过反复做 T 不断摊低成本，当日或次日卖出补仓部分，因此参照点为补仓价格，股价高于补仓价格视为盈利，股价低于补仓价格视为亏损。研究处置效应必须先确定投资者的参照点，进而研究其在亏损时的交易行为和心理。C 先生的补仓交易心理具有代表性，为个人投资者通常的补仓交易心理。

补仓部分在较远期整体盈利后卖出。当投资者计划在较远期股票整体盈利后卖出时，补仓后的参照点为平均价格而非补仓价格。假设投资者初始买入价格为 P，买入数量为 Q，之后经历了 n 次补仓，补仓价格分别为 P_1，P_2，P_3，…，P_n，补仓数量分别为 Q_1，Q_2，Q_3，…，Q_n，则平均价格为投资者的决策参照点，用 $R\ point$ 表示。股价高于 $R\ point$ 时视为盈利，股价低于 $R\ point$ 时视为亏损，公式如下：

$$R\ point = \frac{PQ + \sum_{i=1}^{n} P_i Q_i}{Q + \sum_{i=1}^{n} Q_i}$$

补仓部分近期卖出。当投资者计划在近期卖出补仓部分股票，反复做 T 降低平均成本时，决策参照点为补仓价格而非平均价格。假设投资者初始买入价格为 P，之后经历了 n 次补仓，补仓价格分别为 P_1，P_2，P_3，…，P_n，则每次的补仓价格 P_n 为投资者决策参照点，用 $R\ point$ 表示。股价高于 P_n 时视为盈利，股价低于 P_n 时视为亏损，公式如下：

$$R\ point = P_n$$

投资者的补仓交易行为因受处置效应倾向影响而产生，面对最初决策的负面反馈结果，他们不愿意承认之前的投入徒劳无功，为最初的决策自我辩护，采用的方式是追加投入，即补仓。这种心理和行为属于认知失调范畴，更确切的表达是嵌陷。C 先生的 5 次补仓交易行为，以及跌停初期计划再次补仓的心理，均为嵌陷。

②卖出股票后的心理。

本小节研究了投资者卖出亏损股票后的心理，结论是，投资者卖出亏损股票后，情绪由已卖出股票后期的走势所决定。如果投资者卖出亏损股票后该股票上涨，投资者体验到消极的情绪。卖出亏损股票后损失已确认，卖出后的上涨部分，投资者视为损失，两份损失和决策错误的认知与明智投资者认知产生了冲突，给投资者带来了认知失调的不适感。虽然已卖出股票的上涨能或多或少证明当初的选股决策是正确的，但这种认知带来的积极情绪已远不如金钱损失与认知失调带来的消极情绪强烈。如果投资者卖出亏损股票后该股票横盘，投资者体验到略积极的情绪。如果投资者卖出亏损股票后该股票下跌，投资者体验到积极的情绪。已卖出股票的下跌让投资者一方面规避了下跌带来的损失，另一方面证明了卖出决策的正确性。

本小节还研究了投资者卖出亏损股票后继续买入新股票的心理，结论是，其情绪不仅由已卖出股票后期的走势所决定，还由新买入股票的表现所决定，但主要由新买入股票的表现所决定。如果新买入的股票表现弱于已卖出股票，投资者体验到相对消极的情绪；如果新买入的股票表现强于已卖出股票，投资者体验到相对积极的情绪。相对情绪的强度由新买入股票与已卖出股票的表现差异所决定。

卖出股票后的心理及情绪的研究，与投资者的交易方法无关，所以以上结论是投资者卖出股票后的心理及情绪的一般性结论。为了更直观地进行浏览，需把以上结论抽象为模型，结果如图 5-1 所示。

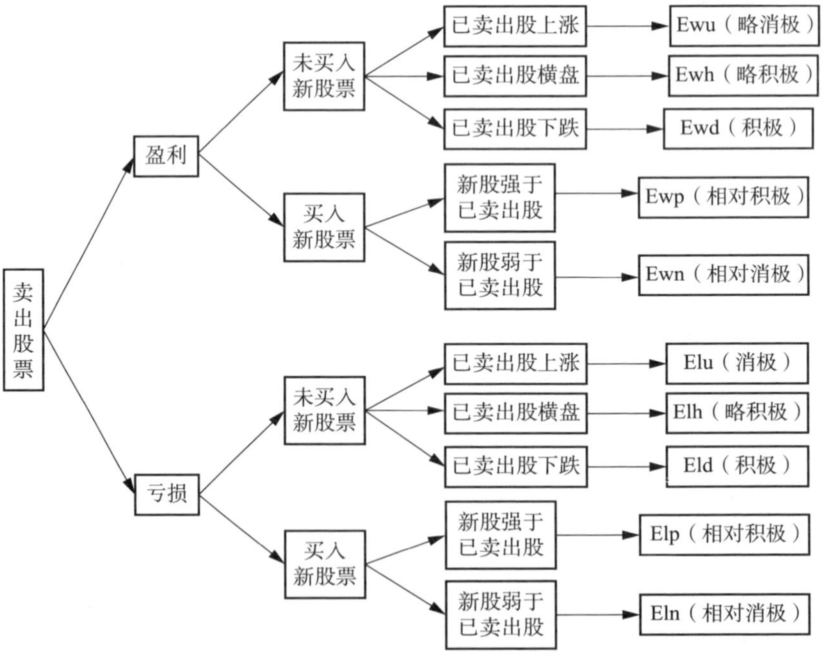

图 5-1　投资者卖出股票后的情绪模型

图 5-1 中的字母组合中，第一个字母 E 为英语单词 emotion 的首字母，表示投资者卖出股票后的情绪。第二个字母 w 和 l 分别为英语单词 win 和 lose 的首字母，分别表示盈利卖出和亏损卖出。第三个字母 u、h、d 分别为英语单词 up、horizonal 和 down 的首字母，分别表示已卖出股票上涨、横盘和下跌；第三个字母 p 和 n 分别为英文单词 positive 和 negative 的首字母，分别表示新买入股票表现强于已卖出股票和弱于已卖出股票。例如，Ewu 表示的是投资者卖出盈利股票且已卖出股票上涨时的情绪；Eln 表示的是投资者卖出亏损股票并买入新股票，且新股票表现弱于已卖出股票时的情绪。图 5-1 中括号里的内容用以描述情绪的强度，各情绪之间存在强度的差异，可分为未买入新股票比较、买入新股票比较，比较结果如下。

未买入新股票情绪强度比较。未买入新股票情绪强度比较时须有一前提，即盈利卖出和亏损卖出的股票相同。如果已卖出股票不相同，后期走势不一致，则无法进行比较。比较结果为 3 个不等式，分别为 Ewu < Elu、Ewh < Elh、Ewd < Eld。产生这 3 个比较结果的原因是投资者卖出亏损股票时已产生消极情绪，卖出盈利股票时已产生积极情绪，其他变量均相同，卖出股票产生的情绪决定了比较结果。

买入新股票情绪强度比较。买入新股票情绪强度比较时须有两个前提，即盈利卖出和亏损卖出的股票相同，以及新买入的股票相同。如果不相同，股票的走势不一致，则无法进行比较。比较结果为两个不等式，分别为 Ewp > Elp、Ewn > Eln。产生这两个比较结果的原因是投资者卖出亏损股票时，已产生消极情绪，卖出盈利股票时已产生积极情绪，其他变量均相同。

（2）结论

本节通过对代表大多数个人投资者的主要靠听消息交易的投资者 C 先生的交易行为与心理的研究，可得到如下结论。

①听消息交易投资者处置效应倾向。听消息交易投资者的处置效应倾向非常强，他们代表着资本市场中大多数个人投资者。在亏损后，若无外力驱使他们卖出，会一直持有，并倾向于通过补仓来降低成本，嵌陷心理明显。但若持有的股票面临退市等极端情形，可能血本无归时，他们会摆脱处置效应影响，保住仅剩本金的决策权重远大于金钱损失规避和认知失调的决策权重。

②投资者补仓交易行为研究结论。第一，投资者进行补仓交易通常是受处置效应的影响，属于认知失调范畴，更确切地说是嵌陷心理。第二，投资者补仓交易后的决策参照点依据其交易计划而定，可能是平均成本，也可能

是补仓买入价，但已不是初始买入价。

投资者计划在较远期股票整体盈利后卖出股票时，补仓交易后的决策参照点为平均成本。投资者计划在近期卖出补仓部分股票，反复做T降低平均成本时，决策参照点为补仓价格。

（3）对听消息交易投资者的建议

①听消息交易需谨慎，成功概率极低。听消息炒股成功的概率非常低，所以投资大师们都极力排斥并劝诫投资者不要听消息交易。个人投资者通常处于信息金字塔的最底层，听到的消息是“坑”的概率远大于是机会的概率。“杀猪盘”就是典型例子，该词入选“2019年度中国媒体十大新词语”，指的是一种通过网络交友散布消息诱导别人股票投资、赌博等类型的诈骗方式，放长线“养猪”，养得越久，杀得越狠。通常的步骤是寻找目标、取得信任、怂恿投资、大量投入、无法提现、销声匿迹。

②不宜持股过多。持股过多是个人投资者最典型的特点之一，尤其是听消息交易投资者。原因是个人投资者对财富的贪欲导致其生怕错过任何一次投资机会，殊不知资本市场的坑远多于机会。持股过多时，碰到极端下跌市场行情，无法快速卖出全部股票。

③把资金交给专业机构打理。随着我国资本市场逐步成熟，个人投资者的生存空间越来越小，个人投资者的收益率根本无法与专业机构同日而语。因此把资金交给专业机构管理不失为理财的好方式，一些优秀的基金也能连续多年做到两位数的复合增长率。笔者的建议是把大部分资金交给专业机构打理，仅留下小部分资金自己炒股寻找乐趣，即使亏损，损失金额也相对较小。

（四）动量交易个案研究

本小节的研究有两名研究对象，他们的主要交易策略为动量交易策略，但并不代表投资中他们不采用其他交易策略。

我国股市中最典型的动量交易策略是利用涨跌停制度进行追涨杀跌，股票涨跌停时为动量最强之时。涨跌停制度设置之初是为了限制过度投机，对股票交易采取单日最大涨跌幅限制，即涨停板与跌停板制度。截至2020年12月，主要交易品种的涨跌幅限制为创业板与科创板股票单日涨跌幅限制为20%，主板股票单日涨跌幅限制为10%，ST板块单日涨跌幅限制为5%。动量交易投资者主要选择创业板、科创板和主板股票。

当股票涨停时，通常无人愿意卖出，因为投资者预测次日股价将继续上涨，而排队等待买入的投资者非常多，这强化了投资者持股的意愿。股票跌停亦如此，但我国股市做空制度匮乏，个人投资者几乎无法通过做空盈利。在如此涨停板制度下，投资者的最优策略是预测涨停并在涨停前买入，等待次日上涨卖出获利，涨停后投资者蜂拥般挂买单排队等待成交，寄希望于有投资者卖出股票。当然，庄家也常利用这些蜂拥而至的买单出货，很多股票涨停板封一会儿后打开，涨停买入的投资者日内即发生亏损。

1. 投资者简要背景

本动量交易研究对象为两名，分别代表凤毛麟角的动量交易成功者和十有八九失败的动量交易投资者，为了叙述方便，以下称前者为“股神 M”，“M”即动量（Momentum）之意，称后者为“韭菜 M”，即总给主力资金收割之意。

股神 M，职业投资者，江湖人称“保哥”，股龄 13 年，仅用 10 年（2007—2016 年）时间，从未融资，把本金 20 万元炒到上亿元，至 2020 年已拥有数亿元资产。交易方法为涨停板战法，在股票即将涨停前买入，等待次日，甚至接下来数日股票上涨带来的利润。股神 M 在判断市场为牛市时，会投入大资金趋势交易，但不是涨停板战法，因为涨停板战法容不下大资金交易，投入资金过多时次日难以卖出。

韭菜 M 为公司白领，男性，工作清闲，有足够多的时间看盘炒股，股龄 8 年。主要投资方法为追逐市场热点，典型的动量交易策略，如新冠疫情期间炒生物医药股、牛市炒券商股、有色金属涨价时炒有色股。追逐市场热点导致其账户总资产大起大落，8 年股龄整体收益处于亏损状态。韭菜 M 与笔者认识多年，以前为毫无专业知识的听消息交易投资者，近年逐渐变为追逐市场热点的动量交易投资者。

2. 研究过程

股神 M 与韭菜 M 分别处于市场食物链金字塔的顶部与底部，本小节分别研究他们的交易行为和心理。

（1）股神 M 处置效应心理研究

股神 M 接受研究的方式与其他研究对象有所不同，他没有提供账户密码让笔者直接观察他的交易行为，因为他的交易模式无须进入其账户观察。他每天只交易一只股票，次日大概率卖出，市场赚钱效应弱时不买入股票。

①交易模式。

股神 M 的交易模式为预判股票将涨停，并在股票涨停前买入，等待次日卖出。由于股票封住涨停后为动量最强之时，次日大概率继续上涨。T+1 交易制度决定了他必须等待次日上涨时卖出，如果次日股票快速封板或直接开盘封板且封单量很大，他会考虑再持有一日，继续观察下一交易日是否涨停，再决定是否卖出。他每天最多只买入一只股，次日除非涨停或跌停，否则必然卖出。

在征得股神 M 同意后，笔者把他的交易方法分为以下几步介绍。

第一步，初步选股。股神 M 会经常翻阅股票，全市场每只股票的基本信息他都了然于心。符合以下特征的股票属于重点标的：其一，低价股，股价在 5 元至 20 元之间；其二，形态为长期横盘；其三，成交额大于 5000 万元；其四，业绩不亏损，非 ST 股。不符合以上特征的股，只观察，偶尔会交易。

第二步，盘中缩小监控标的范围。盘中依据涨速和成交量监控重点标的，符合标准的股票加入一个板块统一观察，再加上市场热点与题材，把当日计划交易的标的缩小到 10 只以内。

第三步，监控主力大单确定买入时点。在确定完当日拟买入标的后，用通达信软件的市场雷达功能，监控单笔在 150 万元以上的买单，一旦监控到，挂涨停价一键买入。根据交易规则，成交价通常低于涨停挂单价，当日可浮盈 0~5%，T+1 日只要能按 T 日收盘价卖出已盈利，但由于涨停时动量最强，T+1 日通常还有很大涨幅。股神 M 还有个买入规则：必须 10:00 前买入，因为 10:00 前涨停的股票，通常都是主力资金前一天已提前计划好拉涨停的股票，这样确保了动量的强度。10:00 以后涨停的股票，多为大资金临时决定拉涨停的股票，分歧较大，不但 T+1 日不一定能盈利卖出，T 日炸板（即涨停后封不住涨停板）的概率也很大，炸板会让在涨停板价格买入的投资者 T 日即亏损，而投资者受处置效应影响，T+1 日不愿意亏损卖出股票。股神 M 的另一个买入规则是，股票的涨停必须为长期横盘后的第一个涨停。此规则是为了控制风险，第一个涨停后出现的涨停，动量已减弱。

第四步，卖出。若 T+1 日股票快速封板或直接开盘封板且封单量很大，股神 M 会考虑多持有一天，否则 9:45 前必卖出，并买入新的股票。卖出时把 K 线周期设为 5 分钟，股价不跌破 MA5 均线不卖出。根据他的经验，他交易的股票 9:45 时点附近大概率为全天最高点。他卖出股票的平均收益为 5%~8%，每次交易平均盈利为 5 万 ~15 万元不等。

虽然股神 M 坐拥数亿元资产，但他账户中的资金不超过 200 万元，每次盈利后把利润直接取出。不超过 200 万元的原因是确保 T+1 日可以卖出股票，卖出量较大时，会影响股价。主力资金发现有大资金跟风时，有时会倒戈一击，把跟风资金封杀在里面，直到跟风资金亏损离场。

股神 M 交易方法的难点在于预判股票将涨停且能封住涨停，一旦这两条中的任何一条失败，将大幅亏损。

②交易案例。

股神 M 的交易成功率超过 95%，但本书研究的重点在于他交易失败且亏损后的交易行为及心理。股神 M 于 2019 年 11 月 1 日接受研究，研究时他会用手机把交易详情对准屏幕拍摄后传给笔者。由于他的交易几乎都成功，每笔交易都能从市场赚走 8 万 ~10 万元，并非每天都交易，大势不好时不交易或投入 50 万元以下资金进行交易。他的大概率成功导致笔者难以研究其交易失败后的行为及心理，每天重复发送成功交易记录，让笔者无从知晓其处置效应倾向如何。如此持续了一段时间之后，笔者要求股神 M 只发送打板失败的交易记录。

第一，炸板股大元泵业。

股神 M 发给笔者数次买入后炸板的股票，但“遗憾”的是这些炸板股并没有给股神 M 带来损失，虽然没有封住涨停，但次日这些股票依旧冲高大涨。如 2019 年 12 月 11 日买入的天风证券、2020 年 3 月 18 日买入的韩建河山、2020 年 4 月 29 日买入的胜宏科技等，次日都大幅上涨。股神 M 在炸板后还能盈利的原因可能是他所选之股均为短期动量最强之股，这也是他能力所在，普通投资者望尘莫及。直到 2020 年 8 月 19 日，股神 M 买入的大元泵业股票炸板，次日亏损卖出。

大元泵业符合股神 M 的所有买入条件，其所属的水利板块在他买入当日表现抢眼。大元泵业 9:30 以 17.26 元开盘，开盘后直线拉升，9:32 已触及涨停价 18.92 元。股神 M 判断该股为板块动量最强之股，在拉升过程中挂涨停价买入并以涨停价成交 5 万股。不幸的是，大元泵业触及涨停价后即刻打开涨停板，一路震荡下行，维持 4% 以上涨幅，下午开盘后试图回封涨停板，失败后缓慢下行，收盘于 18.21 元，涨幅为 5.87%，股神 M 账面浮亏 3.55 万元。大元泵业次日以 17.02 元开盘，并低开低走，在 9:45 时，股神 M 判断涨回无望，以 17.75 元卖出大元泵业，累计亏损 5.85 万元，亏损幅度为 6.18%。卖出当日股价收于 17.37 元，与股神 M 的卖出价相比又跌去了 0.38 元。但数日后大元泵业连续上涨摸高到 29.01 元，股神 M 的选股能力在所有研究对象里确实无人能及。

当晚笔者访谈了股神 M，他对偶尔失手很淡然，叹息庄家那么快“反水”。“反水”一词他经常提及，指的是庄家把股价拉高到涨停板后，吸引资金跟风排队买入，然后乘机出货，把手里的筹码卖给跟风资金。

谈及卖出理由时，股神 M 提到两点：其一，大元泵业短期已无机会；其二，有更优秀的标的，不必持有大元泵业浪费时间。当谈及卖出的心理时，股神 M 提到三点：其一，一天亏损 5.85 万元卖出确实有些难受，但理智告诉他必须马上卖出；其二，应该把时间放在复盘上，找到交易失败的原因，不能轻易放宽选股条件；其三，不能被情绪控制，而要控制情绪，做错了就要认错。股神 M 还提及，他在 2010 年因为交易失败后未卖出亏损股票，几乎破产，惨痛的教训让他定下铁的纪律，才修炼到目前的交易境界。

由此可见，股神 M 在亏损时同样有认知失调和金钱损失规避心理，但他已经完全克服了处置效应倾向，果断卖出亏损股票。卖出原因可总结为两点：其一，其从认知上彻底摆脱了处置效应的影响；其二，有更优秀的投资标的可供选择。第一点所占比重远大于第二点，即使没有更优秀的投资标的可供选择，他依旧会卖出亏损股票。

之后股神 M 未有失败交易记录，由于 2020 年股市投资环境一般，他约有 2/3 的时间空仓，只看不交易。基于无更多失败案例可供研究，他主动提及 2016 年投资股票匹凸匹的失败经历。

第二，重组股匹凸匹。

截至 2020 年 12 月 10 日，曾经的股票匹凸匹已改名为 ST 岩石，由于股神 M 买入时股票名称为匹凸匹，因此以下仍用匹凸匹叙述。这是一只卖壳专业户股票，历史股票名称曾有福建豪盛、ST 豪盛、利嘉股份、G 利嘉、G 多伦、多伦股份、匹凸匹、*ST 匹凸、ST 匹凸。交易卖壳重组股曾是在股市盈利非常快速的方法，在筹划卖壳停牌前买入，复牌后若卖壳成功，通常股价连续涨停，并可能连续上涨数倍之多。

股神 M 于 2016 年 4 月 19 日买入匹凸匹，买入理由是该股符合他所有的选股条件。他于 9:58 以 15.15 元买入 10 万股，股票数秒后立即封住涨停，价格为 15.4 元，账面浮盈 2.5 万元。

买入次日（2016 年 4 月 20 日）大盘暴跌，但匹凸匹股价表现抢眼，高开后快速拉升，早盘一直维持 6% 左右的涨幅，午后随大盘跳水，但资金疯狂抢筹，一度封住涨停价 16.94 元，尾盘从涨停价回落 0.04 元，收盘于 16.9 元。按股神 M 的交易规则，4 月 20 日必定会卖出匹凸匹，然而当天他家里有重要事情，错过了卖出时间。但可能“因祸得福”，收盘时仅持有一天账户浮盈已高达 17.5 万元，他计划次日卖出。然而，当晚公司发布了停牌重组公告，打乱了他的卖出计划，但重组完成后或许能赚取更大幅度的利润。

不幸的是，匹凸匹停牌一个月后公告终止重组并于 2016 年 5 月 20 日复牌，复牌当日全天跌停，股神 M 挂跌停排队卖出未成交。当日跌停价为 15.21 元，若能成交，他仍盈利卖出。由于跌停当日已有 1230 万元的成交额，说明下一交易日该股大概率打开跌停板，因此下一交易日股神 M 没有挂跌停价卖出，而是等开盘后视情况而定。下一交易日匹凸匹仍旧以跌停价 13.69 元开盘，开盘后开始上冲，股神 M 在判断其已无力上涨时，以 14.34 元卖出全部持股，亏损 8.1 万元，亏损幅度为 5.35%。

从股神 M 交易匹凸匹的行为可以看出，他亏损后并非长时间持有股票，而是急于用最优的方式卖出亏损股票，完全摆脱处置效应的影响。在问及账面从浮盈 17.5 万元到亏损 8.1 万元，卖出是否有心理障碍时，他的回答是他只选择当前的最优策略，而不管以前账面盈利多少，由此可以看出他已经完全不受参照点效应影响，如古典经济学假设的理性人一样思考。

股神 M 的交易行为验证了本书的结论之一：处置效应与投资收益率之间存在显著负相关关系，处置效应倾向越强，投资收益率越低。他已经几乎完全不受包括处置效应在内的各种认知偏差所影响，即使受影响也影响甚微，但这并不能说明趋势交易投资者不受处置效应的影响，毕竟股神 M 是一位投资奇才。因此，很有必要研究代表大多数趋势交易投资者的韭菜 M 的交易行为。

（2）韭菜 M 处置效应心理研究

韭菜 M 于 2020 年 9 月 9 日接受研究，彼时其账户信息包括总资产 17.32 万元、总市值 17.11 万元，持有中信证券和中信建投两只证券股，两只股票均微幅亏损 3% 以内。笔者翻阅了他 2020 年上半年的交易记录，发现他参与了由新冠疫情引发的医药股炒作，在沃森生物和长春高新两只股票上的交易都获利颇丰，虽然他在医药股大幅上涨后才买入，但由于医药股涨幅实在太大，很多股上涨了数倍，因此即使他追高买入仍然盈利颇丰。

①中信证券与中信建投。

第一，买入理由。

韭菜 M 持有的中信证券和中信建投两只股票均为 2020 年 7 月 8 日买入，彼时有一波小牛市，证券股均已大涨，两周内中信证券涨幅已超过 50%，中信建投涨幅已超过 80%。由于股市上涨带来的赚钱效应极强，媒体铺天盖地地报道又一轮大牛市的到来，场外资金疯狂涌入。在大牛市中，证券股通常一马当先地涨，涨幅都会有数倍之多。当时市场传闻中信证券与中信建投两家公司要合并重组为中国最大的证券公司，这给市场带来了更大的想象空间。韭菜 M 的买入理由可总结为两条：其一，坚信牛市到来，券商股为最优投资标的；其二，中信证券与中信建投传闻要合并重组，将为上涨带来更强的催化剂。

韭菜 M 买入两只证券公司股票均属追高买入，2020 年 7 月 8 日两股都逐渐上涨后到达涨停，韭菜 M 把医药股卖出，挂涨停价排队买入中信证券与中信建投，尾盘两股涨停均打开，他顺利买到两股，买入及持股详情如表 5-4 所示，其中盈亏比例和盈亏额为其接受研究当日（2020 年 9 月 9 日）的数值。

表 5-4　韭菜 M 买入及持有证券股详情

股票名称	买入价（元）	数量（股）	盈亏比例（%）	盈亏额（元）
中信证券	33.74	3000	-9.16	8961
中信建投	55.18	1800	-8.43	6975

第二，持股过程及心理。

接受研究之前：韭菜 M 买入两只证券股后，虽然短期出现了浮亏，最大亏损幅度约 20%，但传闻两家公司将合并重组的消息此起彼伏，每次传闻起股票就上涨。虽然两家公司数度澄清未收到控股股东中信集团的任何重组信息，但当时投资者认定两家公司一定会合并重组。韭菜 M 买入后一个月内，中信证券最高摸到 33.85 元，中信建投最高摸到 60.14 元，他一度处于盈利状态。之后随着市场的交易清淡，两只股票的股价也逐波回落。

访谈后得知，韭菜 M 对目前浮亏的状态比较沮丧，但仍然对两家公司的合并重组充满信心，认为亏损是暂时的，两家公司合并重组后应该有数倍涨幅。可见韭菜 M 此时处于亏损幅度的自信区，但浮亏仍旧给他带来了负面情绪。谈及两只股票一度盈利后不卖出的原因，他的回答是判断未来两只股票将有巨大涨幅，等着合并重组兑现后再考虑卖出。

在韭菜 M 接受研究之后，两只证券股并未有任何合并重组动作，合并重组传闻也逐渐销声匿迹，两只股票的股价也逐波回落。2020 年 10 月 26 日，两只股票股价同时下了一个台阶，由于两只股票同为证券板块，且有合并重组传闻，所以走势也异常相似。当日收盘韭菜 M 账户中中信证券已亏损 13.99%，亏损金额为 1.37 万元，中信建投已亏损 22.13%，亏损金额为 1.83 万元。从经典技术分析角度而言，两只股票的 30 日移动平均线（MA30）已下行，且股价处于 MA30 之下已有较长时间，动量的方向已不是向上，而是向下。

当日访谈后得知，韭菜 M 已不再相信股市即将有大牛市，并且极度怀疑两家公司合并重组是庄家为了出货而刻意编造的故事。谈及为何在趋势已走坏，买入理由消失后依旧持股时，他解释为亏损幅度较大，不忍下手割肉，且无其他好的标的可以买，先拿着看是否有机会回本。

可见韭菜 M 已处于亏损幅度的怀疑区，受认知失调和金钱损失规避影响，处置效应倾向明显。代表大多数动量交易投资者的韭菜 M 在买入理由消失后选择“持亏”，表明典型动量交易投资者处置效应倾向明显。他提出无其他可买标的这点值得深入研究，言外之意是有更优秀标的时会卖出换股，其他标的可能是促使投资者卖出股票的重要因素之一。韭菜 M 持有的两只证券股在 2020 年 11 月 5 日卖出，卖出理由是需要买入他认为更优秀的标的东风汽车。当日两只证券股高开低走，开盘不久韭菜 M 卖出了两只股票，中信证券亏损 13.60%，亏损金额为 1.31 万元，中信建投已亏损 20.66%，亏损金额为 1.71 万元，两只股票共亏损 3.04 万元。

②板块热点股东风汽车。

韭菜 M 于 2020 年 11 月 5 日卖出两只证券股，以 6.85 元价格买入 2.6 万股东风汽车。这两笔交易之间显然有联系，两只证券股占了他绝大部分仓位，卖出后的资金买入了东风汽车。韭菜 M 有一定的技术分析能力，在东风汽车突破两天前的最高价 6.79 元后，他根据利弗莫尔的最小阻力线理论，预测东风汽车要继续上涨，追高买入。买入当日东风汽车涨停，收于 7.17 元，账面浮盈 4.67%，盈利金额为 8320 元，他幻想着再一个涨停就能挽回交易两只证券股造成的亏损。

第一，买入理由。

韭菜 M 买入东风汽车的理由是汽车板块为当年顺周期板块，东风汽车处于低估状态，同板块的汽车股比亚迪、长安汽车、长城汽车等均已大幅上涨，走出至少翻倍的行情。但韭菜 M 只看不动，因为东风汽车并没有连续大幅上涨。

2020 年 11 月 3 日，《中共中央关于制定国民经济和社会发展第十四个五年规划和二〇三五年远景目标的建议》发布，该规划里涉及数条关于支持新能源汽车发展的内容，因此发布前的数日汽车板块的股票均已大涨，包括东风汽车。这是我国股市的典型现状，先知先觉的资金早已提前布局，等待利好消息公布，该股价已大幅上涨，先知先觉的主力资金乘机派发手里的筹码给消息链末端的投资者。该规划公布后汽车股几乎都下跌，韭菜 M 预测汽车股还要大涨，因此追高买入东风汽车。

第二，持股过程及心理。

韭菜 M 买入东风汽车的次日，股价如期上冲，最大涨幅达到 5% 以上，但之后逐渐回落，收盘时下跌 1.26%。前一交易日涨停收盘，次日股价走势如此疲软，大概率短期动量已耗尽并转势。东风汽车股价在接下来的 6 个交易日连续下跌，最低跌至 6.1 元，最低价当日收盘于 6.25 元，与韭菜 M 的买入价相比，已跌去 8.76%，亏损金额为 1.56 万元。由于当日盘中最大亏损幅度已超过10%，笔者对韭菜M进行了访谈。

访谈结果为韭菜M未有主动卖出之意，其处于亏损幅度的自信区与怀疑区的过渡地带，一方面认为新能源汽车受国家如此大力度的政策支持，应该还有很大上涨空间；另一方面担忧该板块前期已涨幅过大，尤其是长安汽车涨幅已超过3倍。这是典型的个人投资者在股市投资中的心态，亏损时同时经历着贪婪与恐惧两种心理，一方面恐惧卖出后股价上涨，错过巨额财富，即贪；另一方面恐惧股价继续下跌，亏损越来越大。这两种心理通常发生在亏损幅度的怀疑区，一旦股价跌至亏损幅度的无助区，个人投资者通常选择不闻不看，俗称“装死”。未有主动卖出之意说明韭菜M与之前持证券股时的心理一样，处置效应倾向明显。

第三，卖出理由及心理。

之后数日东风汽车股价反弹，最高涨至7.16元，重新回到韭菜M的买入价之上。他在此过程中一直持股未动，对买入理由重拾信心。之后东风汽车股价重拾跌势，于2020年12月10日最低跌至5.62元，账面浮亏已超过15%，当日盘中韭菜M以5.71元清仓了东风汽车，并同时全仓买入了上市不久的芯片股立昂微，立昂微当日涨停。卖出时东风汽车亏损16.64%，亏损金额为2.96万元。

对韭菜M访谈后得知，他的卖出理由有二：其一，根据趋势判断，东风汽车短期已破位，应该没太大机会了；其二，立昂微为国产芯片替代股，在美国限制芯片出口时，该股应该有极大机会，且该股为次新股，没有历史套牢筹码，庄家容易炒作。

从韭菜M的卖出理由可以看出，他作为一名经验颇丰富的动量交易投资者，虽长期投资未盈利，但还是有一定的技术分析能力和止损意识。当亏损达到一定幅度后，会考虑止损，处置效应倾向相比其他普通投资者略弱。但驱使他卖出的主要原因还是有其他更优秀的投资标的，动量交易投资者通常都渴望从股市快速赚钱，因此一旦发现更优秀的标的，对财富的贪欲促使投资者止损当前股票，买入更优标的。

当被问及止损是否心痛时，韭菜M表现得很坦然。这其中的原因可能有二：其一，止损次数多了，止损带来的负面情绪逐渐减弱，类似于系统脱敏法；其二，新买入的立昂微股票当日涨停。第二点原因可能才是导致韭菜M对止损东风汽车坦然的主要原因。

立昂微在韭菜M买入后连续3个交易日涨停，他在东风汽车上的亏损早已赚回。如果他已卖出的东风汽车股价继续下跌或横盘，他对立昂微的交易会非常满意，但东风汽车在他卖出后的第二个交易日公布东方集团整体上市，走出了 7 个交易日 5 涨停的走势。韭菜 M 虽然投资立昂微赚到了 3 个涨停，但也因东风汽车的 7 天 5 涨停有了负面情绪。这再次验证了上一节的结论：投资者卖出亏损股票后继续买入新股票的情绪不仅由已卖出股票后期的走势所决定，还由新买入股票的表现所决定，但主要由新买入股票的表现所决定。

3. 本小节研究讨论与结论

本小节通过对两位动量交易投资者交易行为和心理的研究，验证了实验研究部分和已完成的个案研究部分的很多结论，并有新发现。

（1）讨论

通过对分别代表绝顶高手的动量交易投资者股神 M 和普通动量交易投资者韭菜 M 的交易行为和心理的研究，本书发现前者交易中几乎不受处置效应影响，而后者的处置效应倾向相较普通个人投资者也较弱。前者从认知上已摆脱处置效应的影响，后者因为新的更优标的而较普通投资者处置效应倾向较弱。虽然各类投资者都或多或少受处置效应影响，但并非受影响后一定表现为“持亏”，无论牛熊，股市每天都有交易量，说明每天都有人盈利或亏损卖出。因此，有必要讨论在处置效应影响下驱使投资者最终卖出亏损股票的动机。

股市有谚语云“买入要谨慎，卖出要果断”，其中“卖出要果断”本质上而言是从认知层面解决处置效应。卖出亏损股票时投资者受认知失调和金钱损失规避心理的影响，通常瞻前顾后，一方面害怕继续跌，另一方面担心卖出后又涨回去。此处总结和讨论投资者卖出亏损股票时的动机，并按境界从高到低排序。

境界一：有计划主动卖出。

该境界的投资者在交易之前已有完整的交易计划，买入后严格执行卖出计划。交易计划包括买入后股票可能出现的各种走势，每种走势如何卖出，尤其是达到预设的止损点时，绝不抱任何幻想，严格执行止损。动量交易者股神 M 就属于此类投资者，此类投资者的交易境界已经和专业的基金经理相似，甚至超越了基金经理，属于市场中能长存且稳定盈利的投资者。

境界二：意识到交易逻辑错误时严格止损。

该境界投资者通常有自己的独门交易方法，成功率也较高，但交易前未有完整交易计划。由于该境界投资者常有过度自信认知偏差，对自己精挑细选的标的非常有信心，因此未提前计划好走势不按预期上涨反而下跌时如何处理。一旦出现股票走势与其交易逻辑相悖时，会止损出局，而不抱幻想。但与境界一的投资者相比，止损时亏损幅度通常已较大。

境界三：避免本金损失过大或破产而主动卖出。

该境界的投资者在意识到不止损会遭受本金损失过大或破产风险时，主动卖出股票。典型的例子是杠杆交易投资者和面临股票退市的投资者，杠杆投资者 L 君可归为此境界。

境界四：有更优投资标的时方卖出换股。

该境界的投资者通常不设止损，亏损后死扛，在没有新投资标的前一直持有，因此常年满仓。一旦有新的投资标的后，会对新的投资标的赋予接近 100% 的决策权重。这也是普通投资者容易犯的认知偏差，买入之前未想过该笔交易可能会亏损，自然也不会提前计划好亏损后如何处理。价值投资者小 V、听消息投资者 C 先生、动量交易投资者韭菜 M 均可归为此境界。

境界五：忍无可忍被迫卖出。

该境界的投资者通常交易经验较少，且投入的资金较大。亏损幅度较小时，过度自信；随着亏损幅度的加大，严重认知失调和金钱损失规避。亏损幅度加大后，一直在贪婪与恐惧之间挣扎，但通常选择不卖出，随着股票一波又一波地下跌，反复后悔上一次挣扎时未卖出。由于投入资金较大，亏损幅度大到无法忍受时，会被迫卖出。

境界六：死了都不卖。

该境界的投资者已完全被处置效应所控制，无论如何都不卖出，号称“死了都不卖”，扬言不回本的话把股票留给自己的子孙后代。持有中国石油的投资者多为此心理，更有甚者股票即将退市仍不卖出，其原因可能是由于对账户完全不闻不问，不知道股票即将退市，或是幻想着退市的股票仍旧能盈利后回归。任何一只退市的股票退市之前仍有大量交易，退市时仍有大量投资者持有股票，因此“死了都不卖”境界的投资者确实大有人在。

境界一至境界五既表达了投资者的卖出境界，也是投资者卖出亏损股票的动机，境界六的投资者已无卖出动机。

（2）结论

本小节的主要研究结论可总结如下。

第一，动量交易投资者处置效应倾向。顶尖的动量交易投资者几乎不受处置效应影响，亏损时按交易计划严格止损。普通的动量交易投资者的处置效应倾向弱于普通投资者，主要原因是市场会不断产生新的热点，为动量交易投资者提供新的更优标的。

第二，投资者亏损时的卖出境界和动机。投资者卖出亏损股票时按境界从高到低排序分别为有计划主动卖出、意识到交易逻辑错误时方严格止损、避免本金损失过大或破产而主动卖出、有更优投资标的时方卖出换股、忍无可忍被迫卖出、死了都不卖。

（3）对动量交易投资者的建议

股神 M 的交易方法让笔者望尘莫及，此处给出的建议仅针对普通动量交易投资者，这些建议基本为股神 M 交易方法的总结。

第一，买入最佳时点应为趋势形成之初，不宜过度追高。动量有终结之时，动量方向有反转之时，如果买入已大幅上涨股票，动量可能即将反转，风险极大，风险收益比极低。因此，买入最佳时点应为趋势形成之初，不宜过度追高。

第二，有判断趋势反转之指标，趋势反转后严格止损。动量交易中，有一些成功率较高的判断趋势反转指标，如 VOB、PSY 指标等，动量交易投资者须熟悉这些指标的用法或自创指标。一旦趋势反转，必须严格止损，不抱任何幻想，把亏损控制在最小范围内。

第三，不宜设定太高的收益目标。动量交易中应根据动量的强度与方向进行交易，而不应该提前设定太高的收益目标并依据该目标进行交易，设定太高的收益目标容易产生参照点效应。

第四，利好消息公布后应该卖出而非买入。“利好出尽是利空”“消息一出就要卖”分别是中国和美国股市中的谚语，韭菜 M 犯了此类错误。利好消息公布后，通常提前埋伏的资金蜂拥而出，乘机卖给后知后觉的投资者。当然，不排除一些未提前布局的大资金参与炒作，但这是小概率事件，股市投资应该做成功概率高且频率高的交易。

（五）市场中性策略个案研究

1. 投资者简要背景

研究对象要求不公布其身份信息，仅配合研究，可公布其研究方法、交易记录、历史交易数据等。研究对象喜欢别人称其为老师，为了方便叙述，以下称其为“H 老师”，“H”即对冲（Hedge）之意。

H 老师可能是本书所有研究对象里投资能力最全面的一位，虽然其收益远不如股神 M 那样一骑绝尘，但他如投资百科全书一样，对各种投资方法了然于心，且有自己独到的投资方法，长期稳定盈利，收益曲线平滑，波动甚小。据H老师介绍，他想找出过滤完噪音后股票波动背后的本质，找出能在股市长期生存的方法，而不是赚很多钱后被市场一把梭哈，把钱再还给市场。他研究了大量的机构投资者和个人投资者，发现个人投资者长存者甚少，历史上著名的顶尖对冲基金，都最终被市场打败且清盘关闭。H老师在2015年牛市中有着惨痛投资经历，在大盘高点附近，其持仓的鱼跃医疗停牌策划重组，虽然数月后重组成功，但上证指数已经历第一波大跌共跌去1000多点，鱼跃医疗复牌后连续4个跌停，H老师每天亏损数十万元而无法卖出。他持仓的另一只股票江西长运在大盘点位较低时停牌重组，重组成功复牌后，本以为会连续涨停，出乎预料的是连续6个跌停，不但错过牛市的上涨，还下跌得如此惨烈。两只股票的连续跌停，以简单粗暴的方式耗尽了H老师牛市中所有的盈利。在经历了如此惨痛的投资经历之后，他开始思考如何能在股市中长期生存。

多年的投资经验，加上其数学天赋，H老师最终悟出市场中性策略交易方法，通过对冲规避风险。他也不时使用其他方法交易，但投入资金量甚小。H老师同时管理多个交易账户，能同时交易A股、港股、美股，并能交易其他国家的指数基金。他可在多账户间套利、打新股等，其中数个账户是用亲戚朋友的身份开设，分布在不同的证券公司，但账户里的资金为H老师所有。开设在不同证券公司的目的是融券做空交易时，确保在有券源的证券公司有账户。发现交易机会时现开设账户通常已来不及，交易机会稍纵即逝，因为开设融资融券账户需要该账户交易已满两年，且连续30个交易日账户内证券价值超过50万元。

2. 研究过程

H老师于2020年1月10日接受研究，虽然他把股票账户的登录密码全告诉了笔者，但由于他在多账户间交易，账户间的交易相互关联，若不解释完全洞悉不了他的交易思路。经商量后改为由H老师主动说明交易思路，笔者需要对任何一笔交易研究时，他主动配合，详细解释。他数个账户资金之和约1000万元，由于他经常交易衍生品种，持仓怪异。

接受研究后不久，新冠疫情导致A股大跌一波，下跌过程中H老师交易过浦东建设和四川路桥，交易逻辑均为要约收购套利，由于买入后都盈利，对研究处置效应无意义，在此不详述。H老师之后又做过多笔套利交易。

（1）美股股灾跨市场套利

新冠疫情导致美股在2020年2月发生股灾，道琼斯指数数次熔断，股灾之前巴菲特见过一次美股熔断，此次股灾让巴菲特一个月内4次见到美股熔断，可见下跌之凶猛。这让 H 老师有了跨市场套利的机会，以下关于其交易的逻辑来自其口述。

①交易逻辑及过程。

由于我国的新冠疫情暴发早于欧美，我国的股市下跌也提前于欧美股市，因此 2020 年 2 月美国股灾发生之时，虽然我国股市也跟随下跌，但下跌幅度远不如美国股市。A 股市场有追踪道琼斯、标普 500 和纳斯达克 ETF（指数基金），由于美国股灾期间我国股市跌幅较小，因此此类 ETF 大幅溢价。

图 5–2 利用股票软件东方财富的百分比坐标自动叠加功能而产生，颜色较深的线为美国纳指 ETF 的走势，代码为 QQQ，颜色较浅的线为国内纳指 ETF 的走势，代码为 513100。由于同类产品较多，且名字一样，因此以下叙述用代码表示两个 ETF，防止混淆。图 5–2 中大跌部分为 2020 年美国股灾期间两个 ETF 产品的走势图，H 老师正是在大跌期间发现了跨市场套利机会。二者在股市平稳运行时走势几乎一致，无法套利；而股灾开始后，二者趋势线开始分开，513100 一直处于溢价状态，且溢价率超过 10%。H 老师的交易思路是融券卖空 513100，同时买入 QQQ 做多，等待溢价收敛二者走势一致后同时平仓，赚取溢价收敛的利润。但融券卖空 513100 有门槛，该笔交易需要向证券公司借入 513100，而证券公司通常没有太多的券源库存。H 老师在股灾后开始寻找券源，但各家证券公司均没有 513100 的券源，后来终于向某基金公司借到 513100 证券 50 万股。由于该基金公司计划较长时期内持有 513100，因此同意借出 513100 以收取利息，约定借期为 2 个月，年息为 9.8%。

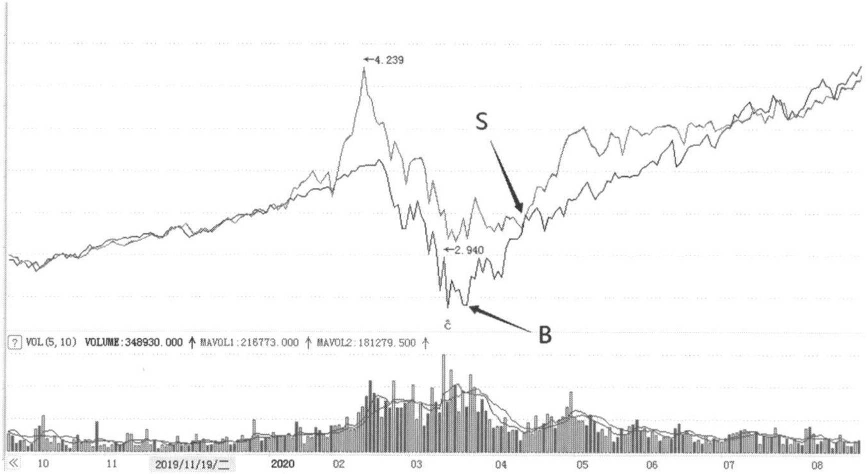

图 5–2　QQQ 与 513100 走势对照图

H 老师于 2020 年 3 月 23 日融券卖出 50 万股 513100，当晚同时买入约相同市值的美股指数基金 QQQ，即图 5-2 中的 B 点，平仓日期为 2020 年 4 月 14 日，即图 5-2 中的 S 点，交易详情如表 5-5 所示，表中的货币金额均已转换为人民币计算。

表 5-5　美国股灾跨市场套利交易详情

标的	开仓价格（元）	开仓市值（万元）	平仓价格（元）	盈亏（万元）
513100	3.07	153.5	3.14	-3.5
QQQ	166	153.8	208.2	39.1

在这次对冲交易中，未计算融券利息和交易费用的情况下，513100 亏损 3.5 万元，QQQ 盈利 39.1 万元。H 老师融券不到一个月后还回去，但仍需支付约定的两个月融券利息，扣除融券利息和交易费用后，该笔交易共盈利超过 30 万元人民币。

②持仓过程及心理。

单独看 H 老师的美股账户和 A 股账户，这次交易中 A 股账户一直亏损，美股账户一直盈利。处置效应需要研究投资者亏损时的交易行为及心理，理论上应该研究 H 老师的 A 股账户。但访谈后得知，H 老师把两个账户作为一个整体看待，观察总市值的变化。

H 老师做多 QQQ 时几乎在市场最低点，因此美股账户一直盈利，按他的话说，那几天任何时点买入都一样，交易的目的是通过对冲赚取 513100 溢价收敛的利润，看溢价率而不看市场点位的高低。如果美股继续下跌，那美股账户会亏损，但 A 股账户会盈利。

在融券卖出 513100 之后的两个交易日，该 ETF 分别上涨了 5.37%、3.80%，由于 H 老师是融券做空，513100 越涨做空亏损越大，这两日 A 股账户已浮亏 11.6 万元人民币。这两个交易日结束后笔者访谈了 H 老师，他非常淡定，告诉笔者对冲交易只看整体收益，不单独看一个方向（做多或做空）的盈亏，因为必然有一个方向的交易是亏损，为了对冲风险必须这样做。因此，他持有亏损的 513100 的原因并不是受处置效应影响，而是为了对冲风险。他提醒笔者次日看美股账户的盈亏，因为美股开盘时间为北京时间 21:30，北京时间次日凌晨 4:00 收市后方能看到全天的收益情况。开仓后的两个交易日，QQQ 分别上涨了 7.74%、-0.74%，美股账户浮盈为 14.25 万元人民币。两个账户作为一个整体来看，这两天的交易处于盈利状态。

虽然在对冲交易中H老师完全不受处置效应影响，但这笔交易还是有风险的。如果美股继续下跌，那513100的溢价率会更高，两个账户作为整体看也会处于亏损加大状态。虽然美股200多年的历史告诉我们每次股灾都会有一些公司倒闭，但是指数一定能涨回并不断创新高，涨回的时间长短不一。如果两个月内513100的溢价不收窄和抹平，到期需要强制平仓归还借入的513100，这笔交易必然亏损。但这种可性能极小，彼时美股已一个月内连续4次熔断，道琼斯指数跌幅超过30%，美联储已承诺为市场提供无限流动性，按历史经验马上会反弹。市场如H老师预期那样反弹，仅3个星期抹平了513100的溢价，顺利平仓赚到30多万元。H老师平仓后，由于美股反弹后稍作休整，513100再次溢价了一段时间，但H老师并未再次参与套利，主要考虑到美股大幅下跌已完成，且融券部分有还券期限，2020年7月之后513100和QQQ重新回到走势一致状态。

H老师强调，如果美股继续下跌，513100溢价率继续上升，融券到期后A股账户会盈利，美股账户会亏损，但整体一定处于亏损状态，他必须同时平仓两个账户。可见对冲交易投资者完全不受处置效应影响，亏损时持股是为了对冲风险，亏损时卖出不会有任何割肉的体验，仅为对冲交易的一部分。此外，对冲交易通常有门槛，比如H老师的这次套利，必须拥有交易美股的权限。

（2）可转债与正股套利

可转债套利属于低风险投资策略的一种，很多专业的投资者只做此类投资，市场中性策略的奠基人爱德华·索普创建基金时的投资策略就是期权套利，与可转债套利相似。可转债套利种类繁多，H老师的套利案例属于高技巧、高门槛套利，几乎达到无风险。可转债是指债券持有人可按照发行时约定的价格将债券转换成公司的普通股票的债券，债券持有人可以选择持有债券享受期满时的本金和利息，也可以在二级市场出售变现，还可以在看好发债公司股票增值潜力时转换成股票。巴菲特在2008年股灾后投资了中国公司比亚迪并获得巨额收益，他正是通过可转债投资比亚迪公司，以确保投资最低收益为债券利息收益，而之后比亚迪公司股票大涨，他转股后赚取了巨额收益。

①交易逻辑及结果。

我国的上市公司可转债发行上市半年后方能转股，转股起始日前转股溢价率为正和负均正常，即使为负也不一定是套利机会，因为未来可转债价格若下跌超过套利利润空间，套利将发生亏损，这个利润空间通常不会超过

10%，该利润空间的安全垫过小。图 5-3 为国轩转债价值走势图，数据来源于东方财富网。该债券于 2019 年 12 月 18 日上市交易，转股起始日为 2020 年 6 月 23 日。

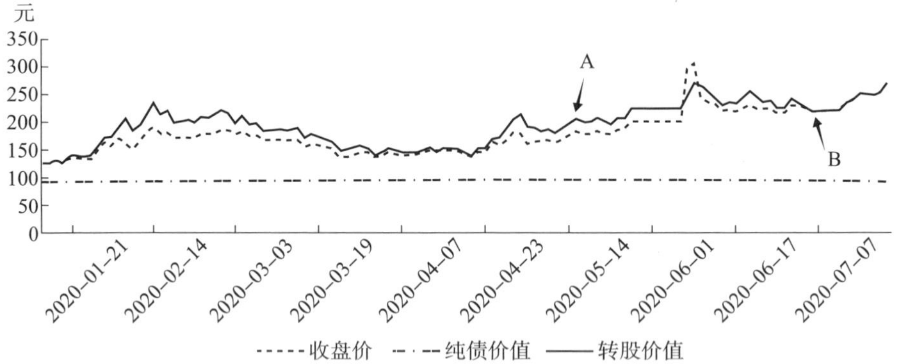

图 5-3 国轩转债价值走势图

从图 5-3 中可以看出，债券上市后，由于对应的正股国轩高科大幅上涨，转股溢价率很快超过 -10%，但由于距转股起始日较远，无套利机会。之后转股溢价率收窄，直到 2020 年 4 月 15 日开始，转股溢价率又逐渐上升到 -10% 附近，最高时已超过 -16%。由于距转股起始日只有约两个月，国轩转债进入 H 老师的视线。他的交易思路是融券卖空国轩高科股票，同时买入同等金额的国轩转债做多，到转股起始日后可转债负溢价会被市场套利资金抹平，即使不被抹平，把可转债转为股票，归还借入的股票，还会剩下约 10%（约等于可转债负溢价率）的股票，即为套利利润。

2020 年 4 月 23 日开始，H 老师开始向各家证券公司寻找国轩高科融券券源，但未发现任何证券公司有公开券源，当日收盘国轩转债转股溢价率为 -16.44%。之后 H 老师向各家证券公司寻找自营盘券源，即证券公司开设的基金中若持有国轩高科，且短期未打算卖出，可暂时借出收取利息，但依然未找到券源。在找自营盘券源过程中，H 老师的某位证券公司朋友劝其不要做空，因为证券公司会评估持有的证券是否值得借出，融券其实在和证券公司对赌，证券公司通常比个人投资者精明且处于消息链前端。这多少有暗示该股即将上涨之意，做空会带来亏损。但 H 老师坚信自己的投资逻辑，继续寻找券源，请证券公司向私募基金寻找券源。直到 2020 年 4 月 30 日，H 老师仍然未找到券源，内心已基本放弃，觉得自己看到的套利机会，别人也会看到。但劳动节长假期间峰回路转，某私募基金愿意借出国轩高科股票 50 万股，期限为 14 日、28 日或 56 日，年息按 10% 计算，证券公司还需要按年息 1% 抽佣。这给 H 老师出了个难题，按 4 月 30 日国轩高科收盘价 22.85 元计算，该笔融券价值 1142.5 万元，约等于他的所有账户市值之和，但账户里的很多资产以股票形式存在，因此需要卖出股票后把资金归拢于这家抽佣的证券公司账户里。

经过认真思考，H 老师决定使用自有的约 600 万元现金，再向现金过剩的企业家朋友借入 600 万元，支付两个月利息。最终 H 老师顺利借到 600 万元现金，按年息 6% 支付两个月利息，并于 2020 年 5 月 7 日开仓融券卖空 50 万股国轩高科股票，同时买入约同等金额的国轩转债，交易详情如表 5-6 所示。图 5-3 中的 A 点为 2020 年 5 月 7 日开仓点，B 点为 2020 年 6 月 23 日转股点。

表 5-6　国轩高科可转债套利交易详情

标的	开仓价格（元）	开仓市值（万元）	转股日价格（元）	数量（万股）	转股日浮盈（万元）
国轩高科	23.87	1193.5	27.68	50	−190.5
国轩转债	179.45	1193.34	222.8	6.65	288.3

由表 5-6 可以看出，如果 H 老师在起始转股日 2020 年 6 月 23 日平仓，在不计算各种费用时该笔对冲套利盈利约为 100 万元。但起始转股日当日国轩高科仍然折价，收盘时折价 1.88%，因此 H 老师并未选择平仓，而是选择转股继续套取这 1.88% 的利润。该日 H 老师把 6.65 万股国轩转债按转股价 12.19 元转换为国轩高科股票，次日到账后一共有 545529 股，归还融券借入的 50 万股后，还剩下 45529 股，即为该笔套利的毛利润。当日（2020 年 6 月 24 日）按 27.38 元卖出，一共产生现金 149.37 万元，除去融资成本、交易费用等，净利润超过 100 万元。

②持仓过程及心理。

若仅从交易结果看，H 老师这笔套利精妙至极，但持仓过程却跌宕起伏。2020 年 5 月 7 日开仓后，国轩转债的转股折价率一直维持在 10% 附近，所以 H 老师的账户整体未出现大幅盈亏状态，他盼望着折价率尽快收窄，提前平仓出局锁住利润。做多国轩转债账面盈亏经常是数十万元，做空国轩高科账面盈亏也是数十万元，但相互对冲后整体账户盈亏幅度处于非常小的状态。在做多或做空出现数十万元亏损时笔者访谈了 H 老师，他的回应是根本不关注单一方向（做多或做空）的盈亏，只关注转股折价率是否收窄。和美国股灾套利一样，H 老师完全不受处置效应影响，其原因是单方向亏损只是对冲的一部分，只看整体盈亏。

时间推移到 2020 年 5 月 19 日，当日国轩高科大涨 8.11%，收盘价为 27.18 元，做空国轩高科浮亏 165.5 万元；当日国轩转债也大涨 6.77%，收盘价为 200.2 元，做多国轩转债浮动盈利 137.99 万元，该笔对冲交易浮亏不到 20 万元。访谈后得知，H 老师对做空国轩高科亏损 165.5 万元毫不在意，完全不受处置效应影响，整体看待对冲交易，等待国轩转债转股折价率收窄。

2020 年 5 月 19 日当晚风云突变，国轩高科发布关于筹划重大事项停牌的公告，筹划股权转让事宜，预计停牌时间不超过 5 个交易日，国轩高科与国轩转债同时停牌了。如果停牌时间真的不超过 5 个交易日，那完全不影响对冲交易。但投资经验丰富的 H 老师清楚，“预计停牌时间不超过 5 个交易日”仅为 A 股上市公司发布公告时的套话，5 个交易日后又会发布同样的“预计停牌时间不超过 N 个交易日”的公告。深深宝曾连续每月发布一次“预计停牌时间不超过 1 个月”的公告，直到 4 年后恒大借壳重组失败才复牌，让投资者失去 4 年的交易机会。H 老师陷入担忧，如果国轩高科如深深宝一样长期停牌，他会陷入两重危机：其一是到期后无法归还国轩高科股票和向朋友借入的 600 万元现金，其二是利息支出就会拖到他破产。H 老师立刻采取行动，与证券公司商议，如果融券到期后国轩高科仍然不复牌，属于不可抗因素，请求证券公司与借出方的私募基金商议，等待国轩高科复牌第一天还券，由于国轩高科停牌中私募基金本身也无法卖出，所以不应该由 H 老师支付融券到期后停牌期间的利息。由于 H 老师为该证券公司的大客户，该证券公司积极与私募基金沟通。私募基金提出，若融券期满后国轩高科不复牌，在融券到期日至国轩高科复牌日期间，H 老师需支付年息 3% 的利息，因为他们停牌期间虽不能交易国轩高科股票，但可以抵押融资，国轩高科复牌当日 H 老师必须归还股票，若复牌当日国轩高科涨停无法买入股票归还，须在打开涨停板当日买入股票归还。H 老师只能同意该方案，这意味着国轩高科若停牌一年，他需支付每年 30 多万元的利息。对于向朋友借入的 600 万元现金，H 老师计划，若国轩高科在借款到期后不复牌，卖出其他账户的股票先还钱，否则利息支出压力过大。

在与证券公司协商完国轩高科停牌相关事项，并制订完还款计划后，H 老师压力有所减轻。他预计国轩高科停牌不会超过一年，最多数月，市场一直在传闻德国大众公司要入股国轩高科，私营企业处理此类事项会较快。但他强调，交易一定要有计划，需要做好最坏打算，他的任何一笔交易均有完整交易计划。问及他过往交易中是否受处置效应影响时，他坦言在对冲交易中完全不会，但在其他类型的交易中会有持亏的倾向，不愿意在交易中止损，但理性告诉他必须止损，因此他很少出现大幅亏损情形，收益曲线较平滑向上。

令 H 老师惊喜的是，国轩高科仅停牌 10 天，于 2020 年 5 月 29 日复牌，果然是德国大众入股国轩高科并成为其第一大股东。这对于资本市场是重要的炒作题材，复牌当日国轩高科毫无悬念地开盘涨停，由于彼时可转债单日涨跌幅没有限制，国轩转债当日最高涨至 348 元，最高涨幅达 73.83%，收盘价回落至 295.8 元，涨幅高达 47.75%，国轩转债转股溢价率已变为正数，该笔交易平仓出局将大幅盈利。在国轩转债盘中最高点时，H 老师做多国轩转债浮盈 1120.86 万元，令人目瞪口呆，在如此短时间内盈利超过千万元。H 老师开盘挂单买入国轩高科，但涨停时通常无法买入，他仅为碰运气看是否能平仓，但他并未挂单卖出盈利如此之大的国轩转债。当日收盘，做多国轩转债浮盈 773.73 万元，做空国轩高科浮亏 301.5 万元，该笔对冲交易账面浮盈为 472.23 万元，但未平仓成功。当日访谈后得知，他不卖出国轩转债的理由是如果国轩高科持续涨停，做空亏损幅度会越来越大，有可能超过当前国轩转债的盈利，一旦卖出国轩转债，将起不到对冲的效果，最终可能会导致大幅亏损。

下一交易日国轩高科依旧开盘涨停，国轩转债收盘上涨 3.11%，H 老师依旧开盘挂单买入国轩高科，依旧未成功，为了对冲控制风险，他依旧未挂单卖出国轩转债。当日收盘做多国轩转债浮盈 834.91 万元，做空国轩高科浮亏 451 万元，该笔对冲交易账面浮盈为 383.91 万元，相比上一交易日已减少约 90 万元。在下一交易日 2020 年 6 月 2 日，国轩高科虽涨停开盘，但集合竞价成交量巨大，说明涨停板要打开了，按照国轩高科和国轩转债当日的开盘价计算，该笔对冲浮盈已不足 200 万元。H 老师为了稳妥起见，并未挂单买入国轩高科，他担心若买入后大幅下跌，且不能同时平仓国轩转债，可能导致对冲失败。当日国轩高科从涨停开盘后一直下跌，收盘下跌 1.73%，国轩转债当日低开后一路走低，收盘下跌 20.33%。由于国轩转债下跌太快，账面浮盈不断收窄，H 老师放弃了当日平仓的念头。当日收盘做多国轩转债浮盈为 422.61 万元，做空国轩高科浮亏为 422.5 万元，该笔对冲交易账面浮盈仅剩 0.11 万元。账面富贵来去如此之快，H 老师只能等到国轩转债起始转股日平仓了。国轩高科复牌后连续 3 日账户浮动盈亏详情如表 5-7 所示。

表 5-7　国轩高科复牌后连续 3 日账户浮动盈亏详情

标的	5 月 29 日浮盈	6 月 1 日浮盈	6 月 2 日浮盈
国轩高科	-301.5 万元	-451 万元	-422.5 万元
国轩转债	773.73 万元	834.91 万元	422.61 万元
浮盈合计	472.23 万元	383.91 万元	0.11 万元

国轩高科复牌后连续 3 日，H 老师做空国轩高科亏损金额分别为 301.5 万元、451 万元、422.5 万元。笔者访谈了 H 老师，询问其是否因为亏损幅度太大而持有国轩高科不愿意卖出，他的回答仍是不看对冲中单个交易方向的盈亏，而看整体盈亏。由此可见，H 老师在对冲交易中，严格控制风险，严格执行交易计划，没有任何处置效应倾向。

H 老师完成这笔令普通投资者眼花缭乱的可转债对冲套利后，笔者主动结束了研究，因为对冲交易策略投资者完全不受处置效应倾影响这一结论已非常明显。他在研究期间还做过多笔交易，并非每次都盈利。如在欧美新冠疫情严重期间国际原油价格暴跌之时，他曾小仓位做多近期原油期货，同时做空远期原油期货，没想到史无前例的事情发生，2020 年 5 月交货的轻质原油期货价格下跌为负数，最低时每桶 -37.63 美元，导致他做多部分直接爆仓，但他毫不犹豫地平仓了远期空单，毫不受处置效应影响。

3. 本小节研究讨论与结论

本小节通过对市场中性策略投资者 H 老师交易行为与心理的研究，验证了本书中反复提及的“持亏行为并不一定是受处置效应影响而产生”的结论。

（1）讨论

本小节重点研究了 H 老师的两笔对冲套利交易，所采用的是市场中性策略。在两笔对冲交易中，大盘的涨跌与套利无关，因此对于 H 老师来说，市场是中性的，不存在好与坏。两笔套利交易都精彩绝伦，虽然国轩转债折价套利有些波折，但结果令人满意。

本书在综述部分曾提出，过往研究未考虑投资者的买入理由，如此会导致误判投资者持有亏损股票是受处置效应影响。在本小节的研究中，H 老师在对冲交易中必然有一个方向的交易是亏损的，尤其在可转债折价套利交易中，做空国轩高科最大亏损已超过 400 万元，H 老师之所以继续持有股票，并非受处置效应影响，而是为了对冲风险。因此，过往研究中把长期持有亏损股票直接视为受处置效应影响并不妥。H 老师在对冲交易中，平仓亏损时完全没有心理障碍，完全不受认知失调和金钱损失规避影响，把两个方向的对冲交易视为整体看待。平仓亏损方向的交易时，他不会去评估该标的未来是否还有价值，或是从动量角度预测未来可能会盈利，而是毫不犹豫平仓，与处置效应心理无关。

（2）结论

市场中性策略投资者H老师的交易精彩绝伦，结论却异常的简单且毫无争议：对于市场中性策略投资者而言，其持亏行为与处置效应无任何关系，或者说完全不受处置效应心理影响，持亏仅为对冲交易的一部分。

（3）建议

对于市场中性策略投资者H老师的交易水平而言，笔者难以望其项背，因此提建议便是在班门弄斧。因此，只能转述H老师给出的建议：在采用市场中性策略的对冲交易中，需提前制订好交易计划，并严格按交易计划执行。

四、讨论与结论

本章研究回到真实交易，但并未采用过往研究中分析投资者历史交易数据的方法，而是采用心理学常见的个案研究方法，直观观察投资者正在进行的交易并进行访谈。

（一）讨论

本章研究的目的是解决模拟交易研究部分的局限性，回到真实交易研究投资者的处置效应金融心理，打破过往研究中未对投资者交易策略进行分类，未知晓投资者交易逻辑而研究处置效应心理的局限性。本章验证了实验研究所得出的结论，并重点研究了为控制实验变量而在实验研究部分未涉及的补仓交易行为、投资者卖出股票后的心理等，研究的核心依然是采用不同交易策略投资者的处置效应心理。

根据前文研究的结论，不同交易策略投资者的处置效应倾向有强弱之分。价值投资者在买入理由消失后，同样受处置效应的影响，选择长期持有亏损股票，并可能选择补仓交易来摊低成本。杠杆交易投资者体验到了处置效应心理，但大多数经验丰富的杠杆交易投资者未表现出“持亏”行为，因为他们为了避免本金损失过大或破产，本金损失过大或破产的认知对决策的影响权重远大于金钱损失规避和认知失调对决策的影响权重。听消息交易投资者的处置效应倾向非常强，他们代表着资本市场中大多数个人投资者。在亏损后，若无外力驱使他们卖出，会一直持有，并倾向于通过补仓来降低成本，嵌陷心理明显。但若持有股票面临退市等极端情形，可能血本无归时，他们会摆脱处置效应影响，保住仅剩本金的决策权重远大于金钱损失规避和认知失调的决策权重。顶尖的动量交易投资者几乎不受处置效应影响，亏损时按计划严格止损；普通的动量交易投资者的处置效应倾向弱于普通投资者，主要原因是市场会不断产生新的热点，为动量交易投资者提供新的更优标的。市场中性策略投资者的持亏行为与处置效应无任何关系，或者说完全不受处置效应心理影响，持亏仅为对冲交易的一部分。

根据这些结论，各类投资者虽有着鲜明的投资策略，但在买入理由消失、买入标的不按预期运行时，处置效应倾向强弱各不相同。投资者处置效应倾向由弱到强依次为市场中性策略投资者、杠杆交易投资者、动量交易投资者、价值投资者、听消息交易投资者，不同交易策略投资者处置效应倾向强弱模型如图 5–4 所示。

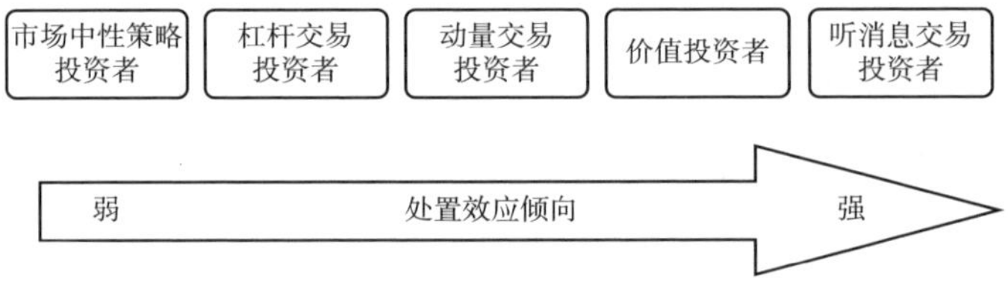

图 5–4　不同交易策略投资者处置效应倾向强弱模型

需要强调的是，图 5–4 的模型代表的是绝大多数投资者的处置效应倾向状况，各类策略投资者中均有绝顶高手，这些高手几乎不受处置效应心理影响，在买入理由消失且无新的持有理由时严格止损。本章研究对象中的 H 老师和股神 M 就属于此类高手，综合能力让一般投资者望尘莫及。本章研究发现，有几位研究对象虽然采用不同的交易策略，但在买入理由消失且无新的持有理由时，会完全忽视自己的投资策略和买入理由，选择长期持有亏损股票，幻想着持有的标的将来能涨回成本价，这种行为和心理在真实市场中尤为常见。价值投资者、听消息交易投资者、动量交易投资者尤为如此，市场中性策略投资者和杠杆交易投资者的处置效应倾向通常很弱或不存在，这是由交易策略的特性所决定的。

如果买入理由持续存在，那“持亏”行为就不是受处置效应心理影响而产生的。对于市场中性策略投资者而言，“持亏”的原因与处置效应无关，而是由其交易策略的特性所决定的。对于价值投资者而言，如果买入理由没有消失，公司价值持续被低估，那么市场扭曲产生的价格下跌而导致的“持亏”行为也与处置效应无关。对于听消息交易投资者而言，如果消息所指向的投资理由未发生变化，“持亏”行为同样与处置效应无关。对于杠杆交易投资者而言，易发生本金损失过大或爆仓的交易特性决定了投资者必须放弃长期持有亏损股票，即使买入理由依然存在，也需要严格止损。对于动量交易投资者而言，亏损意味着动量的方向可能已发生改变，“持亏”行为通常是受处置效应心理影响。

需要强调的是，本章的个案研究对象均为具有代表性的投资者，交易相对活跃，但不影响所得结论。真实市场中还有很多资金量较小的个人投资者，他们处置效应倾向非常强，一旦亏损通常一直持有。

（二）结论

本章对采用不同交易策略的 6 名研究对象的交易行为和心理进行了研究，验证了模拟交易研究中所得出的多数结论，且未推翻前两章研究所得出的结论，此处仅总结本章研究中新发现的结论。

1. 不同交易策略投资者的处置效应倾向有强弱之分

不同交易策略投资者的处置效应倾向由弱到强依次为市场中性策略投资者、杠杆交易投资者、动量交易投资者、价值投资者、听消息交易投资者，采用市场中性策略的投资者甚至完全不受处置效应影响。

2. 投资者的“持亏”行为不一定是受处置效应心理影响

如果买入理由依然存在，投资者的“持亏”行为不一定与处置效应有关。价值投资者、听消息交易投资者的“持亏”行为并不一定是受处置效应心理影响，动量交易投资者的“持亏”行为通常受处置效应心理影响，市场中性策略投资者的“持亏”行为与处置效应心理无关，杠杆交易投资者通常为防止爆仓或本金损失过大而“持亏”倾向较弱。

3. 真实交易中投资者的处置效应倾向远比实验研究中所观察到的强

真实交易中投资者虽然采用不同的交易策略，在买入理由消失且无新的持有理由时，大多数投资者会完全忽视自己的投资策略和买入理由，选择长期持有亏损股票，幻想着持有的股票将来能涨回成本价。价值投资者、听消息交易投资者、动量交易投资者尤为如此，杠杆交易投资者和市场中性策略投资者的处置效应倾向通常很弱或不存在，这是交易策略的特性决定的。

4. 持股心理随着亏损幅度加大而变化

当股票亏损幅度较小时，投资者过度自信，持股心态较好；亏损幅度增大时，投资者开始怀疑买入理由，合理化当前的下跌，但并不会卖出股票，决策权重 $\pi(p)$ 大于真实概率 p；当亏损幅度很大时，投资者信心已崩溃，已不指望能盈利回本，而是后悔没有早点卖出，但依然不会卖出股票，寄希望于各种小概率事件，决策权重 $\pi(p)$ 远大于真实概率 p。

5. 投资者补仓交易行为研究结论

投资者进行补仓交易通常是受处置效应影响，属于认知失调范畴，更确切地说是嵌陷心理。

投资者补仓交易中的决策参照点依据其交易计划而定，可能是平均成本，也可能是补仓买入价，但已不是初始买入价。投资者计划在较远期股票整体盈利后卖出股票时，补仓交易后的决策参照点为平均成本。投资者计划在近期卖出补仓部分股票，反复做 T 降低平均成本时，决策参照点为补仓价格。

6. 投资者卖出股票后的情绪结论

投资者卖出盈利股票后，情绪由已卖出股票后期的走势所决定。如果投资者卖出盈利股票后该股票继续上涨，投资者体验到整体略消极的情绪；如果投资者卖出盈利股票后该股票横盘，投资者体验到略积极的情绪；如果投资者卖出盈利股票后该股票下跌，投资者体验到积极的情绪。

投资者卖出盈利股票后，若继续买入新股票，其情绪不仅由已卖出股票后期的走势所决定，还由新买入股票的表现所决定，但主要由新买入股票的表现所决定。如果新买入的股票表现弱于已卖出股票，投资者体验到相对消极的情绪；如果新买入的股票表现强于已卖出股票，投资者体验到相对积极的情绪。相对情绪的强度由新买入股票与已卖出股票的表现差异所决定。

投资者卖出亏损股票后，情绪由已卖出股票后期的走势所决定。如果投资者卖出亏损股票后该股票上涨，投资者体验到消极的情绪；如果投资者卖出亏损股票后该股票横盘，投资者体验到略积极的情绪；如果投资者卖出亏损股票后该股票下跌，投资者体验到积极的情绪。

投资者卖出亏损股票后，若继续买入新股票，其情绪不仅由已卖出股票后期的走势所决定，还由新买入股票的表现所决定，但主要由新买入股票的表现所决定。如果新买入的股票表现弱于已卖出股票，投资者体验到相对消极的情绪；如果新买入的股票表现强于已卖出股票，投资者体验到相对积极的情绪。相对情绪的强度由新买入股票与已卖出股票的表现差异所决定。

7. 投资者亏损时的卖出境界和动机结论

投资者卖出亏损股票时的境界从高到低排序依次为有计划主动卖出、意识到交易逻辑错误时方严格止损、避免本金损失过大或破产而主动卖出、有更优投资标的时方卖出换股、忍无可忍被迫卖出、死了都不卖。前五层境界既表达了投资者的卖出境界，也是投资者卖出亏损股票的动机，境界六的投资者已无卖出动机。

第六章

结论及建议

在经过两章的实验研究和一章的真实交易个案研究后，本书对处置效应金融心理的探索可能较过往研究更接近真相。本章将简要回顾研究过程，概述所有得出的研究结论，提出完整应对处置效应的措施，并客观评述本书研究的创新点与局限性，展望处置效应未来的研究。

一、研究回顾

过往对处置效应的研究仍存在诸多悬而未决的问题，本书研究竭力解决这些问题，力图在探索的道路上更进一步。过往对处置效应的研究未解决的问题主要有二：其一，处置效应是否真的是认知偏差；其二，对处置效应产生原因的解释多达 11 种而无定论。问题一为本书提出的质疑，质疑处置效应中“售盈”是否为认知偏差，是否所有的“持亏”行为都受处置效应影响而产生。问题二是驱动研究者们前行的动力，争论不休方有继续探索的空间，但把问题一解决后，即使再有争论，争论的空间也缩小了很多。为了解决这些问题，本书一共进行了三项研究，包括两项实验研究和一项真实交易个案研究，各项研究中又包括数项子项目研究。

（一）动量交易下的处置效应金融心理

价值投资策略、市场中性策略、内幕交易策略、组合投资策略等难以通过模拟交易方式完成。为了检验处置效应的确存在，本研究通过问卷方式严格控制被试买入理由或投资逻辑，精确控制了被试仅能把股价走势图作为决策依据。如此设计后，被试无法用价值投资、对冲等策略交易股票，唯一可用的只能是动量交易策略或逆向交易策略。后检验被试是否根据对股票未来趋势的预测进行交易，发现盈利时被试根据对股票趋势的预测进行交易，而亏损时却不一定根据对股票趋势的预测进行交易。

本研究采用真实交易中的股价走势图，但隐去了走势图对应股票的信息，避免被试从记忆中搜寻该股票的走势。股价走势图的趋势分为上涨、下跌、先涨后跌、先跌后涨和平衡几种。本研究中未采用经济学领域最常使用的数学建模方法，而是采用典型的心理学研究方法，用标准差（*SD*）衡量被试预测的波动性，用相关系数（*r*）衡量被试预测的线性，用主观置信区间（*SCI*）衡量被试预测的信心变化。研究发现被试依据股价走势图的线性趋势做延展预测，而非逆向预测。在完成检验被试的预测行为后，继续检验被试是否根据预测进行交易。检验结果为当被试判断趋势将上涨时，无论盈亏都会选择继续持有股票；当被试判断趋势将下跌时，若盈利，则选择卖出，若亏损，则非理性地选择持有。该结果推翻了过往研究对处置效应的定义，投资者并无“售盈”倾向，在盈利时投资者根据对股票未来涨跌的预测进行交易。该结果还证实了投资者的“持亏”倾向明显，即处置效应倾向明显。

本研究为了找出处置效应产生的原因，设计了“操作本人账户交易”和“操作他人账户交易”框架，即买入责任是否归属被试本人。检验结果为当被试把买入责任归因于他人时，处置效应倾向消失了，说明处置效应的产生原因与买入责任有极大关系。

（二）模拟交易处置效应金融心理

第三章研究证实了处置效应的确是一种普遍存在的认知偏差，但原始定义中“售盈”部分不存在认知偏差，认知偏差仅发生在“持亏”部分。带着第三章新的发现和研究中的不足，第四章改进了 Weber 和 Camerer（1998）设计的经典处置效应实验研究，回归到纯粹的模拟交易实验研究，严格控制实验变量，排除了可能影响实验结果的所有其他变量。实验中投资者根据提前预设好涨跌概率和涨跌幅度的股价走势图进行交易，所有的实验设计均为了发现产生处置效应的心理原因。

在解决了 Weber 和 Camerer 的设计缺陷后，第四章实验一共有 300 名被试参与，分为 3 组，每组 100 人，分别进行正常交易实验、自动清仓交易实验和网络交易实验，前两组在金融实验室内完成，最后一组因受新冠疫情影响通过网络一对一进行。研究中采用电脑交易模式，抓住处置效应的本质，采用全新的方式检验处置效应是否存在，并采用全新的指标衡量处置效应倾向强度，摈弃过往模拟交易研究中采用分别统计盈亏时交易次数、交易量来衡量处置效应的统计方法。在采用更合理的统计方法后，在正常交易实验、自动清仓交易实验和网络交易实验中均发现，处置效应是普遍存在的股票交易心理现象。实验还发现，处置效应与投资收益率之间存在显著负相关关系，处置效应倾向越强，投资收益率越低；随着亏损比例的增加，被试卖出意愿逐渐减弱；每期自动清仓帮助投资者消除了处置效应影响；选择过空仓的被试与未选择过空仓的被试平均收益率之间存在显著差异，且前者的平均收益率较高；被试能准确识别出平衡市交易阶段的强势上涨股和弱市交易阶段的55%概率上涨股。根据这些发现，在第三章研究的基础上，第四章将处置效应的定义进一步重塑为"投资者在股票亏损，买入逻辑消失，且无新逻辑支撑其继续持有时，不愿意及时止损卖出亏损股票的倾向，表现为长期持有亏损股票"。

在严格控制实验条件和变量的基础上，笔者对产生处置效应的心理原因进行了进一步的解释。当亏损幅度较小时，产生处置效应的心理原因主要体现为过度自信认知偏差；在亏损幅度加大后，产生处置效应的心理原因主要体现为认知失调、嵌陷和金钱损失规避；投资者合理化最初的决策和负面反馈的结果是错判概率，进而长期持有亏损股票。基于这些发现，本书提出了更多应对处置效应的方法。

（三）处置效应金融心理个案研究

第三章和第四章的问卷研究和实验研究，均未涉及真实交易，对研究处置效应金融心理而言，模拟交易与真实交易中投资者的处置效应倾向差别较大。第五章回到真实交易研究并探索处置效应金融心理，但并未采用经济学的传统研究方法，而是采用心理学常用的个案研究方法，直接观察投资者的交易行为，并访谈分析其交易心理。第五章一共研究了6名投资者的真实交易行为和心理，6名投资者均有自己鲜明的交易策略，其交易策略分别为价值投资、杠杆交易、听消息交易、动量交易、市场中性，其中有2名研究对象为动量交易投资者。由于投资者很难接受账户秘密暴露在陌生人的视线之下，因此6名研究对象均与笔者认识，增强了信任。

第五章通过对6名采用不同交易策略的投资者的交易行为和心理进行研究，验证了问卷研究和实验研究部分所得出的多数结论，且未推翻第三章和第四章研究所得出的结论。第五章研究发现，不同交易策略投资者的处置效应倾向有强弱之分，采用市场中性交易策略的投资者甚至完全不受处置效应影响。投资者的"持亏"行为不一定是受处置效应心理影响而产生；真实交易中投资者的处置效应倾向远比实验研究中所观察到的更强；持股心理随着亏损幅度加大而变化。

第五章还完成了真实交易中与处置效应有关的三项研究：投资者补仓交易行为、投资者卖出股票后的情绪，以及投资者亏损时的卖出境界和动机。研究发现，投资者补仓交易中的决策参照点依据其交易计划而定，可能是平均成本，也可能是补仓买入价，但已不是初始买入价，投资者进行补仓交易通常是受处置效应影响，属于认知失调范畴，更确切地说是嵌陷心理。投资者卖出盈利股票或亏损股票后的情绪由卖出股票后期的走势所决定，若卖出后同时买入新股票，其情绪还由新买入股票的表现所决定，但主要由新买入股票的表现所决定。依据卖出情形不同，卖出股票后的情绪强弱可以进行比较。投资者卖出亏损股票的境界有高低之分。

二、研究结论

本书一共进行了三项研究，采用不同研究方法，从不同角度研究个人投资者的处置效应金融心理。三项研究为递进关系，从问卷方式研究到模拟交易实验研究，再到真实交易研究，后一项研究弥补了前一项研究中的不足与缺陷，三项研究又分别包括数项子研究。三项研究之间虽为递进关系，相互补充但相互独立，结论也相对独立。对处置效应金融心理产生原因的解释是本书研究的重点，在第二项研究完成后已提出，第三项研究对解释进行验证，因此把解释单独列出成为一小节。

（一）动量交易处置效应金融心理研究结论

本项研究以问卷方式研究被试仅把股价走势图作为决策依据时采用动量交易策略或逆向交易策略。在成功通过图表设计控制被试采用动量交易策略后，检验了被试采用动量交易策略时的处置效应倾向。

1. 预测部分结论

被试仅把股价走势图作为决策依据时，会根据股价走势图显示的趋势做线性外延预测，即采用动量交易策略。

（1）预测的波动性

被试根据上涨、下跌走势图预测的价格序列 *SD* 最大，根据先涨后跌、先跌后涨走势图预测的价格序列 *SD* 次之，而根据平衡走势图预测的价格序列 *SD* 最小。

（2）预测的线性

被试根据上涨、先跌后涨走势图预测的价格序列呈正相关，且上涨走势图对应的相关系数大于先跌后涨走势图对应的相关系数；被试根据下跌、先涨后跌走势图预测的价格序列呈负相关，且下跌走势图对应的相关系数大于先涨后跌走势图对应的相关系数；被试根据平衡走势图预测的价格序列呈弱相关，且相关系数最小。总体的相关系数大小关系为上涨、下跌走势最大，先涨后跌、先跌后涨次之，平衡最小。

（3）预测的置信区间

被试根据上涨和下跌走势图预测未来 5 天价格区间时，预测的信心会逐步下降，体现在主观置信区间指标 *SCI* 上为该值逐渐增大，最后一天达到最大；而被试根据先涨后跌、先跌后涨和平衡走势图预测未来 5 天价格区间时，*SCI* 值变化无明显规律，但被试初始预测信心较强。

2. 交易部分结论

被试处置效应倾向明显，但“售盈”时不存在认知偏差，认知偏差仅发生在“持亏”时；当被试操作他人账户交易且不用负责时，处置效应倾向完全消失。

（1）趋势判断与交易行为

从趋势判断角度分析，当被试判断趋势将上涨时，无论盈亏都会选择继续持有股票，账户框架对交易行为无影响。当被试判断趋势将下跌时，若盈利，则选择卖出，账户框架对交易行为无影响；若亏损，操作本人账户交易的被试非理性地选择持有，操作他人账户交易的被试理性地选择卖出。

（2）股票盈亏与交易行为

从股票盈亏角度分析，当股票盈利时，账户框架对交易选择无影响，被试根据对涨跌的预测进行理性交易。当账户亏损时，若被试预测上涨，则两种账户框架下均选择持有。若被试预测下跌，操作本人账户交易的被试非理性地选择持有，操作他人账户交易的被试理性地选择卖出。

3. 人口统计学变量与预测、交易

性别、专业、股市经验对预测的波动性、预测的线性、预测的置信区间以及交易行为，均不构成显著影响。

（二）模拟交易处置效应金融心理研究结论

本项研究对 Weber 和 Camerer（1998）的模拟交易实验进行了改进，改进

后的实验采用电脑交易模式，抓住处置效应的本质。实验一共有 300 名被试参与，分为 3 组，每组 100 人，分别进行正常交易实验、自动清仓交易实验和网络交易实验。

摈弃过往研究中有缺陷的统计方法，采用较合理的全新统计方法，证实了被试在模拟交易中存在处置效应倾向。在平衡市交易阶段，从第 8 期开始 65% 概率上涨的股票 D 持有率逐渐增加，处置效应导致实验结束时其持有率为 58%，远未达 100%。在弱市交易阶段，从第 8 期开始 55% 概率上涨的股票 C 持有率逐渐增加，处置效应和空仓导致实验结束时其持有率为 46%，远未达 100%。

处置效应与投资收益率之间存在显著负相关关系，处置效应倾向越强，投资收益率越低。在平衡市交易阶段，把被试买入强势上涨股的时间作为衡量其处置效应倾向强弱的指标，用该指标与被试自陈的过往投资收益率做相关研究，发现处置效应与投资收益率之间存在显著负相关关系。

随着亏损比例的增加，被试卖出意愿逐渐减弱。在弱市交易阶段，用卖出次数与发生次数之比衡量卖出意愿，发现不同亏损比例下被试的卖出意愿不同，随着亏损比例的增加，被试卖出意愿逐渐减弱。

每期自动清仓帮助投资者消除了处置效应影响。在平衡市交易实验中，每期自动清仓帮助被试消除了处置效应影响。被试判断出强势上涨股票后会立即买入，导致强势上涨股票的持有率大于正常交易时的持有率，最终强势上涨股持有率高达 96%。在弱市交易实验中，每期自动清仓帮助被试消除了处置效应影响，被试判断出 55% 概率上涨股票后会立即买入，导致 55% 概率上涨股票的持有率大于正常交易时的持有率，最终持有率高达 86%。

选择过空仓的被试与未选择过空仓的被试平均收益率之间存在显著差异，且前者的平均收益率较高。选择过空仓的被试与未选择过空仓的被试投资收益率数据分布不同，Mann-Whitney U 检验结果显示，选择过空仓的被试与未选择过空仓的被试平均收益率之间存在显著差异。

被试能准确识别出平衡市交易阶段的强势上涨股和弱市交易阶段的 55% 概率上涨股。网络交易阶段在第 8 期图表已显示且投资者完成交易决策后采访被试是否已识别出最优投资标的股票，发现所有被试均能准确识别出，不愿意换股的主要原因是受处置效应影响，亏损后不愿意卖出股票。

根据模拟交易研究结论，进一步修正处置效应定义为“投资者在股票亏损，买入逻辑消失，且无新逻辑支撑其继续持有时，不愿意及时止损卖出亏损股票的倾向，表现为长期持有亏损股票”。

（三）处置效应金融心理个案研究结论

本项研究对采用不同交易策略的 6 名研究对象的交易行为和心理进行了研究，验证了问卷研究部分和实验研究部分所得出的多数结论，本项研究中新发现的结论在第五章已有详细阐释，此处仅概述。

不同策略投资者的处置效应倾向有强弱之分。投资者的“持亏”行为不一定是受处置效应心理影响而产生。真实交易中投资者的处置效应倾向远比实验研究中所观察到的更强。持股心理随着亏损幅度加大而变化。

投资者进行补仓交易通常是受处置效应影响，属于认知失调范畴，更确切地说是嵌陷心理。投资者补仓交易中的决策参照点依据其交易计划而定，可能是平均成本，也可能是补仓买入价，但已不是初始买入价。

投资者卖出股票后的情绪也分各种情况。投资者亏损时的卖出境界也有高低之分。对处置效应的定义也进行了修正与重塑。

（四）处置效应金融心理产生原因结论

投资者在股票亏损后，经历着复杂的心理活动，不同的亏损幅度下又经历着不同的心理活动，同一亏损幅度下，也经历着多种心理活动，但每种情形下都有最主要的心理活动。

亏损幅度较小时，产生处置效应的心理原因主要体现为过度自信认知偏差。投资者在买入后的较短时间内，由于盈亏幅度都比较小，坚信自己的买入理由，采用观望策略，是过度自信认知偏差的表现。他们认为短期的下跌并不能说明买入决策错误，非常自信下跌只是短期正常波动，将来一定能涨回去，所以无须卖出。

在亏损幅度加大后，产生处置效应的主要心理原因体现为认知失调、嵌陷和金钱损失规避。

认知失调。股票下跌导致账面浮亏时投资者有两个认知：其一，最初的认知——我有充足的理由买入该股票；其二，新认知——股票下跌导致账面亏损。两个认知的冲突让投资者产生不适感，投资者通常选择合理化新认知来缓解和消除不适感，最为常见的合理化方式是亏损只是暂时的，因此长期持有亏损股票。

嵌陷。嵌陷亦属于认知失调的范畴。投资者在亏损后，在继续追加投入和果断放弃之间，会倾向于追加投入，表现为补仓交易。自我辩护可解释嵌陷，决策者面对最初决策的负面反馈，不愿意承认之前的投入徒劳无功，因而合理化最初的决策，为最初的决策自我辩护。合理化的方式通常为“我的投资将会得到回报”“损失只是暂时的”，这些新的认知导致投资者无法客观看待股票未来的走势，而是带有偏见地预测走势，表现为长期持有亏损股票。

金钱损失规避。认知失调和嵌陷不足以解释投资者全部的处置效应倾向，投资者不愿意确认损失，很大部分原因是不能接受彻底失去这笔财富的事实，即金钱损失规避。这种心理来自人类对财富的贪欲，这属于荣格分析心理学集体无意识的范畴。

投资者合理化最初的决策和负面反馈的结果是错判概率，进而长期持有亏损股票。

当投资者把买入责任归因于自己时，决策权重 $\pi(p)>$ 真实概率 p；当投资者把买入责任归因于他人时，大多数时候 $\pi(p)\leqslant p$；当投资者站在第三方立场时，$\pi(p)=p$。

三、处置效应应对方法

本小节将全面梳理前文已经提出的应对方法，从内在动机和外部控制两方面进行分类与整理，并增加前文未提及的一些应对方法。需要强调的是，部分方法兼具内在动机和外部控制，分类时依据其更偏向内在动机或外部控制，但归类不影响方法的有效性。此外，各方法之间虽相互独立，但也有一定的交叉。

（一）内在动机方式应对处置效应的方法

1. 把买入责任归因于他人

研究发现，改变账户框架后处置效应消失，表明处置效应与买入责任有关，即投资者把已形成的持仓亏损归因于他人后处置效应消失了。因此，把买入责任归因于他人可作为应对处置效应的一种方法。例如，投资者交易之前先问自己，如果这是别人的账户，该如何判断与交易，进而按这种理性的判断进行交易。投资者也可以把买入责任归因于他人推荐、受媒体影响等，进而理性判断并进行交易。

2. 对损失客观而频繁地反馈，客观分析持亏的机会成本

这是心理学家提出的方法，貌似实际操作中较为困难，但个案研究部分

证实了该方法可行。一旦投资者意识到不止损可能会造成本金损失过大甚至破产，止损也就变成水到渠成的事。

3. 提高自尊心，降低自我辩护的欲望

这也是心理学家提出的方法，貌似在实际操作中较为困难，但个案研究部分证实了该方法可行。一旦投资者放弃自我辩护，止损就变得相对容易。

4. 交易时不依赖参照点

投资者通常把买入价、最高价等作为参照点，一旦放弃参照点依赖，也就无亏损之说，交易也因此而变得理性。

（二）外部控制方式应对处置效应的方法

1. 提前设定好止损点和卖出条件单

买入后提前设定好止损点，并设定好卖出条件单，一旦股价下跌到止损点，电脑会自动执行卖出交易指令。此方法可防止投资者不断降低止损点，导致浮亏越来越大，保不住本金。若开户的证券公司不支持条件单，可请其他人帮忙卖出，强制止损。

2. 设定跟踪止损（Trailing Stop）条件单

有些投资者会把最高点当作参照点，把股价从最高点回落部分视为亏损，此种参照点效应通常导致投资者从账面盈利持有到账面亏损，被越套越深。设定跟踪止损条件单，一旦卖出指令被触发，计算机自动执行卖出交易指令。此方法也可人工执行，有时亦称动态止盈，在量化交易中尤为常见。

3. 组合投资

把持有的多个资产视为一个整体看盈亏，在卖出时不看单个资产的盈亏，而是同时全部卖出。

4. 获取更具确定性的更优选择

在真实交易中，若给出某明星基金经理推荐、某证监会朋友内幕消息、巴菲特买入某股等投资人认为的更优选择，多数投资者会卖出亏损股票而买入新标的。真实交易中，在投资者卖出亏损股票的动机里，最为常见的就是投资者认为新的标的更具投资价值。

四、研究的创新与局限性

（一）创新性

本书在对处置效应金融心理的研究上取得了一定的突破，其中数项创新为突破性创新。

1. 修正和重塑了处置效应的定义

自 Shefrin 和 Statman（1985）提出处置效应概念以来，无数研究者前赴后继，从不同角度深入研究这一股票交易中蚕食投资者财富的认知偏差。但未有研究者提出处置效应的定义中存在缺陷，即“售盈”时不存在认知偏差，认知偏差仅发生在“持亏”之时。这导致很多研究者努力深入研究后，无法解释“售盈”时的卖出行为，殊不知“售盈”时不存在认知偏差。本书修正和重塑后的处置效应定义为“投资者在股票亏损，买入逻辑消失，且无新逻辑支撑其继续持有时，不愿意及时止损卖出亏损股票的倾向，表现为长期持有亏损股票”。

2. 创造全新的处置效应衡量指标

过往通过模拟交易研究处置效应时采用分别统计盈亏时交易次数、交易量来衡量处置效应，并未抓住处置效应的“持亏”本质，在对处置效应定义修正后，“售盈”时不存在认知偏差，因此过往的衡量方法失效。本书不再统计“售盈”时的交易数据，而是把被试从第 8 期开始换股到 65% 概率上涨股（平衡市交易阶段）和 55% 概率上涨股（弱市交易阶段）的时间作为衡量其处置效应强弱的指标。

过往研究通过分析真实交易历史数据分析处置效应时，仅计算统计 *PGR* 和 *PLR* 值，把二者的差值作为处置效应衡量指标。该衡量方法的缺陷有二：其一，未考虑投资者的买入理由，持有亏损股票未必是认知偏差，如市场中性策略中持有亏损股票完全与处置效应无关；其二，“售盈”不存在认知偏差，而 *PGR* 采用“售盈”数据计算而得，与 *PLR* 做比较而得出处置效应衡量指标的前提不存在。本书采用心理学常用的个案研究方法，访谈每位研究对象的买入理由和交易逻辑，确定投资者在买入理由消失，且无新理由支持其继续持有亏损股票时，方视为有处置效应倾向。

3. 深入心理学的内在动机层面，提出处置效应的产生原因

本书综述了过往研究中对处置效应产生原因的解释多达 11 种，若本书综述中有遗漏，解释将更多。过往研究对处置效应的解释多从一个角度出发，因而对此领域的研究争论不休。本书提出投资者在股票亏损后，经历着复杂的心理活动，单一的解释方法不足以解释全部。本书从亏损幅度的角度出发，当亏损幅度较小时，产生处置效应的心理原因主要体现为过度自信认知偏差；在亏损幅度加大后，产生处置效应的心理原因主要体现为认知失调、嵌陷和金钱损失规避。本书在解释处置效应产生原因时还提出，投资者合理化最初的决策和负面反馈的结果是错判概率，进而长期持有亏损股票。

4. 提出多种应对处置效应的方法

过往研究中提出的应对处置效应的方法过于单一，多集中于止损，但如何让投资者产生止损动机却少有详细论述。本书基于研究结论以及笔者个人交易经验，从内在动机和外部控制角度，分别提出 4 种应对处置效应的方法，其中的任何一种足以应对处置效应，配合使用效果更为明显。

（二）局限性

本书对处置效应金融心理的研究虽有多项创新，尤其是重塑了处置效应的定义，对产生处置效应的心理原因进行了更为合理的解释，但研究中仍然存在一定的局限性。

1. 模拟交易实验中交易模式略少

在模拟交易实验中，花费大量的人力和财力设计交易系统和生成股价走势图，但交易模式略少。实验中设计了平衡市交易、弱市交易、自动清仓交易和网络交易。交易中为了严格控制买入理由，不允许被试进行补仓交易。未来，还可以设计出更多的交易模式，更充分地利用所设计的交易系统和产生的股价走势图。

2. 个案研究部分个案数量有限

个案研究部分一共完成了 6 名投资者真实的交易行为和心理的研究，其中价值投资者 1 名、杠杆交易投资者 1 名、听消息交易投资者 1 名、动量交易投资者 2 名，以及市场中性策略投资者 1 名。由于研究经费和精力有限，个案数量有限，未来研究中可增加个案研究数量，结论会更有说服力。

3. 研究对象仅为个人投资者且交易策略仍可再细分

本书的研究对象仅为股票交易个人投资者，而资本市场的投资者种类繁多，虽然个人投资者人数最多，但除了个人投资者外，还有机构投资者，而机构投资者又可分为不同种类。本书依据交易策略的不同，对个人投资者进行了分类，虽然策略细分已覆盖了绝大多数个人投资者，但仍有投资者采用更为少见的交易策略，未来研究可进行更为细化的分类。

五、未来研究展望

本书把处置效应金融心理的研究推进了一小步，并有新的发现，但仍存在局限性，未来此领域的研究还有足够大的空间值得探索。

从宏观角度而言，经济心理学领域未来的研究至少要形成权威的教科书。经济心理学，或称行为经济学，至今无一本权威的教科书，已出版的教科书理论框架各不相同，多为研究成果的堆积。以“行为经济学”“行为金融学”为书名的著作通常为教科书，但理论框架各不相同。以“经济心理学”为书名的著作为罕见教科书，毕竟在心理学领域，经济心理学属于非常微观的内容，研究者甚少。处置效应因其重要性，在教科书中应有一席之地，但几乎所有的教科书均用前景理论解释处置效应。本书已阐述了前景理论解释处置效应的缺陷，尤其在重塑了处置效应定义后，由于“售盈”时不存在认知偏差，用前景理论的非对称价值函数解释处置效应时，盈利部分的曲线便失去了意义，而损失部分的曲线只有在与盈利部分的曲线对比时才有意义。虽然迄今为止用前景理论解释处置效应最为恰当，但解释重塑过定义的处置效应就显得捉襟见肘了。因此，未来在编撰经济心理学教科书时，对处置效应的解释应该慎用前景理论，本书创新的研究也会带来极大的争议。

从微观角度而言，未来对处置效应金融心理的研究应该多研究投资者真实交易中的行为和心理，且明晰投资者的交易逻辑，增加研究样本数量。模拟交易虽不失为研究处置效应金融心理的好方法，研究中可以通过实验设计精确控制变量，但模拟交易与真实交易差异甚大，模拟交易中不会涉及真实的金钱损失，而本书研究证明，产生处置效应的原因之一为金钱损失规避。分析投资者交易数据时，必须明晰投资者的交易逻辑，因为长期持有亏损股票未必是受处置效应心理影响。本书所做的个案研究已符合这些条件，明晰投资者的交易逻辑后方可分析交易数据，但受经费和精力限制，个案数量甚少。用明晰投资者交易逻辑的大样本个案研究探索处置效应金融心理，留待后来者努力。

参考文献

[1] 窦东徽，于泳红．经济心理学［M］．北京：北京师范大学出版社，2018.

[2] 杜微微．中国机构投资者处置效应研究［D］．杭州：浙江大学，2011.

[3] 花荣．百战成精：沪深股市专业投资原理［M］．北京：经济管理出版社，2012.

[4] 李海滨．“涨停板敢死队”的秘密［J］．股市动态分析，2009（25）：37-38.

[5] 李学峰，王兆宇，苏晨．什么导致了处置效应：基于不同市场环境的模拟研究与经验检验［J］．世界经济，2011（12）：140-155.

[6] 格里格，津巴多．心理学与生活［M］.17 版．北京：北京大学出版社，2005.

[7] 陆蓉，陈百助，徐龙炳，等．基金业绩与投资者的选择：中国开放式基金赎回异常现象的研究［J］．经济研究，2007，42（6）：39-50.

[8] 牛政凯，王保卫．心理学与经济学的分割与融合：从“心理人”到“经济文化人”［J］．甘肃社会科学，2020（5）：171-177.

[9] 任德平，龚旭，文凤华，等．中国股票投资者的处置效应检验和参考价格选择［J］．中国管理科学，2013，21（3）：1-10.

[10] 申荷永，高岚．荣格与中国文化［M］．北京：首都师范大学出版社，2018.

[11] 申荷永．核心心理学：申荷永斐恩讲座［M］．北京：中国人民大学出版社，2020 .

[12] 孙建军，陈耕云，王美今．证券交易中处置效应的实验研究［J］．心理科学，2007，30（3）：731-734.

[13] 王保卫，牛政凯．经济学前沿之行为经济学回顾与展望［J］．西北民族大学学报（哲学社会科学版），2021（1）：1-11.

[14] 武佳薇，汪昌云，陈紫琳．中国个人投资者处置效应研究：一个非理性信念的视角［J］．金融研究，2020，476（2）：147-166.

[15] 杨晓兰，张雪芳．行为金融学［M］．北京：清华大学出版社，2019.

[16] 张军，杨振华．股票是一“只”还是一“支”？［J］．语文建设，2012（1）：50-51.

[17] 张月芳．我国机构投资者处置效应及其影响因素研究［D］．重庆：重庆理工大学，2019 .

[18] 赵学军，王永宏．中国股市“处置效应”的实证分析［J］．金融研究，2001（7）：

92–97.

［19］ABUKARI K, OTCHERE I. Dominance of hybrid contratum strategies over momentum and contrarian strategies: half a century of evidence［J］. Financial Markets and Portfolio Management, 2020: 1–35.

［20］ACKERMAN R, BERNSTEIN D M, KUMAR R. Metacognitive hindsight bias［J］. Memory & Cognition, 2020: 1–14.

［21］AGGARWAL D. Understanding Ambiguity attitudes–ellsberg choices among Indian students. Prabandhan［J］. Indian Journal of Management, , 2018, 11(6): 26–39.

［22］AKERLOF G A, SHILLER R J. Animal spirits: how human psychology drives the economy, and why it matters for global capitalism［M］. Princeton: Princeton University press, 2010.

［23］ALIMORADI M R, KASHAN A H. A league championship algorithm equipped with network structure and backward Q–learning for extracting stock trading rules［J］. Applied Soft Computing, 2018, 68: 478–493.

［24］AMMANN M, ISING A, KESSLER S. Disposition effect and mutual fund performance［J］. Applied Financial Economics, 2012, 22(1): 1–19.

［25］ARKES H R, BLUMER C. The psychology of sunk cost［J］. Organizational Behavior and Human Decision Processes, 1985, 35(1): 124–140.

［26］ARKES H R, HUTZEL L. The role of probability of success estimates in the sunk cost effect［J］. Journal of Behavioral Decision Making, 2000, 13(3): 295–306.

［27］ARONSON E. The theory of cognitive dissonance: the evolution and vicissitudes of an idea［M］. Oxford: Blackwell Publishing, 1997.

［28］AZIZI A. Applications of artificial intelligence techniques in industry 4.0［M］. Berlin: Springer, 2019.

［29］BARBER B M, ODEAN T. Too many cooks spoil the profits: Investment club performance［J］. Financial Analysts Journal, 2000, 56(1): 17–25.

［30］BARBER B, ODEAN T. Boys will be boys: gender, overconfidence, and common stock investment［J］. Quarterly Journal of Economics, 2001, 116: 261–292.

［31］BARBERIS N, XIONG W. What drives the disposition effect? An analysis of a long - standing preference - based explanation［J］. The Journal of Finance, 2009, 64(2): 751–784.

［32］BARBERIS N, XIONG W. Realization utility［J］. Journal of Financial Economics, 2012, 104(2): 251–271.

［33］ BASS T A. The predictions［M］. New York: Henry Holt and Company, LLC. , 1999.

［34］ BAZERMAN M H, MAGLIOZZI T, NEALE M A. Integrative bargaining in a competitive market［J］. Organizational Behaviour and Human Decision Processes, 1985, 35: 294–313.

［35］ BEACH L R, MITCHELL T R. A contingency model for the selection of decision strategies［J］. Academy of Management Review, 1978, 3(3): 439–449.

［36］ BELL D E. Regret in decision making under uncertainty［J］. Operations Research, 1982, 30(5): 961–981.

［37］ BENARTZI S, THALER R H. Myopic loss aversion and the equity premium［J］. Quarterly Journal of Economics, 1995, 110(1): 73–92.

［38］ BEN–DAVID I, DOUKAS J. Overconfidence, trading volume, and the disposition effect: evidence from the trades of institutional investors［M］. Chicago: University of Chicago, 2006.

［39］ BERNOULLI D. Specimen theoriae novae de mensura sortis［J］. Commentarri Academiae Scientiarum Imperialis Petropoloitanae. 1738, 5: 175–192.

［40］ BERNSTEIN P. Capital ideas: the improbable origins of modern Wall Street［M］. New York: John Wiley & Sons, Inc. , 1992.

［41］ BIAŁASZEK W, OSTASZEWSKI F, ZIELONKA P. A discrepancy between "what should you choose?" and "what do you choose?" in intertemporal and risky decision–making［J］. Journal of Management and Business Administration, 2018, 26(4): 2–10.

［42］ BODNARUK A, SIMONOV A. Do financial experts make better investment decisions?［J］. Journal of Financial Intermediation, 2015, 24(4): 514–536.

［43］ BOUTESKA A, REGAIEG B. Loss aversion, overconfidence of investors and their impact on market performance evidence from the US stock markets［J］. Journal of Economics, Finance and Administrative Science, 2018.

［44］ BOWMAN D, MINEHART D, RABIN M. Loss aversion in a consumption–savings model［J］. Journal of Economic Behavior and Organization, 1999, 38(2): 155–178.

［45］ BRADY K, PREMTI A. How do investors determine stock prices after large price shocks?［J］. Journal of Behavioral Finance, 2019, 20(3): 354–368.

［46］ BRINSON G P, HOOD L R, BEEBOWER G L. Determinants of portfolio performance［J］. Financial Analysts Journal, 1986, 42(4): 39–44.

［47］ BROCKNER J. The escalation of commitment to a failing course of action: toward theoretical progress［J］. Academy of Management Review, 1992, 17(1): 39–61.

［48］ BROWNE H. Why the best–laid investment plans usually go wrong［M］. New York:

William Morrow and Company, 1987.

[49] CAKAN E, DOYTCH N, UPADHYAYA K P. Does US macroeconomic news make emerging financial markets riskier? [J]. Borsa Istanbul Review, 2015, 15(1): 37–43.

[50] CARROLL J S, JOHNSON E J. Decision making: a field guide [M]. Newbury Park, CA: SAGE Publications, 1990.

[51] CECCHINI M, BAJO E, RUSSO P M, et al. Individual differences in the disposition effect [J]. Journal of Behavioral Finance, 2019, 20(1): 107–126.

[52] CHANDAR S K. Fusion model of wavelet transform and adaptive neuro fuzzy inference system for stock market prediction [J]. Journal of Ambient Intelligence and Humanized Computing, 2019: 1–9.

[53] CHANG T Y, SOLOMON D H, WESTERFIELD M M. Looking for someone to blame: delegation, cognitive dissonance, and the disposition effect [J]. The Journal of Finance, 2016, 71(1): 267–302.

[54] CHEN G, KIM K A, NOFSINGER J R, et al. Trading performance, disposition effect, overconfidence, representativeness bias, and experience of emerging market investors [J]. Journal of Behavioral Decision Making, 2007, 20(4): 425–451.

[55] CHENG P Y, CHIOU W B. Framing effects in group investment decision making: role of group polarization [J]. Psychological Reports, 2008, 102(1): 283–292.

[56] CHOE H, EOM Y. The disposition effect and investment performance in the futures market [J]. Journal of Futures Markets: Futures, Options, and other Derivative Products, 2009, 29(6): 496–522.

[57] CHRISTIANSEN N, KAGEL J H. Reference point effects in legislative bargaining: experimental evidence [J]. Experimental Economics, 2019, 22(3): 735–752.

[58] CHU W, IM M, JANG H. Overconfidence and emotion regulation failure: how overconfidence leads to the disposition effect in consumer investment behavior [J]. Journal of Financial Services Marketing, 2012, 17(1): 96–116.

[59] CICI G. The prevalence of the disposition effect in mutual funds' trades [J]. Journal of Financial and Quantitative Analysis, 2012, 47(4): 795–820.

[60] CONTRERAS I, HIDALGO J I, NUÑEZ L. Exploring the influence of industries and randomness in stock prices [J]. Empirical Economics, 2018, 55(2): 713–729.

[61] COREN S, MILLER J. Size contrast as a function of figural similarity [J]. Perception & Psychophysics, 1974, 16(2): 355–357.

[62] COUTURE W G. Texas gulf sulphur: a case study on responding to market rumors [J].

SMUL Rev., 2018, 71: 675.

[63] COVAL J D, SHUMWAY T. Do behavioral biases affect prices? [J]. The Journal of Finance, 2005, 60(1): 1–34.

[64] CROONENBROECK C , MATKOVSKYY R. Is the market held by institutional investors? The disposition effect revisited [R]. 2013.

[65] DA COSTA JR N, MINETO C, DA SILVA S. Disposition effect and gender [J]. Applied Economics Letters, 2008, 15(6): 411–416.

[66] DA DALT C, FELDMAN D, GARVEY G, et al. Contrarians or momentum chasers? individual investors' behavior when trading exchange - traded funds [J]. Journal of Futures Markets, 2019, 39(5): 553–578.

[67] DHANKAR R S, KUMAR D. Understanding the behaviour of stock market [M]. New Delhi: Springer, 2019.

[68] DHAR R, KUMAR A. A non–random walk down the main street: Impact of price trends on trading decisions of individual investors [R]. Yale: Yale International Center for Finance, 2001.

[69] DÍAZ J, CORTÉS M, HERNÁNDEZ J, et al. Index fund optimization using a hybrid model: genetic algorithm and mixed–integer nonlinear programming [J]. The Engineering Economist, 2019, 64(3): 298–309.

[70] DOAN M P, ALEXEEV V, BROOKS R. Concurrent momentum and contrarian strategies in the Australian stock market [J]. Australian Journal of Management, 2016, 41(1): 77–106.

[71] EDGCUMBE D R, THOMA V, RIVOLTA D, et al. Anodal transcranial direct current stimulation over the right dorsolateral prefrontal cortex enhances reflective judgment and decision–making [J]. Brain Stimulation, 2019, 12(3): 652–658.

[72] EDINGER E F. Ego and archetype [M]. Shambhala: Shambhala Publications, 2017.

[73] EDWARDS W. Human cognitive capabilities, representativeness, and ground rules for research [J]. In Advances in Psychology , 1983(14): 507–513.

[74] ELLSBERG D. Risk, ambiguity, and the savage axioms [J]. The Quarterly Journal of Economics, 1961: 643–669.

[75] FAMA E F. The behaviour of stock–market prices [J]. Journal of Business, 1965, 35(1): 34–105.

[76] FAMA E F, FRENCH K R. Size, value, and momentum in international stock returns [J]. Journal of Financial Economics, 2012, 105(3): 457–472.

[77] FAN W, ZHANG L. Examining framing effect when subject's perspective matters: evidence from China [J]. Finance Research Letters, 2019.

[78] FATIMA A. Cognitive dissonance and investors decision-making: a review [J]. International Journal of Financial, Accounting, and Management, 2019, 1(1): 39-45.

[79] FENG L, SEASHOLES M. Do investor sophistication and trading experience eliminate behavioral biases in financial markets? [J]. Social ence Electronic Publishing, 2005, 9(3): 305-351.

[80] FESTINGER L. A theory of cognitive dissonance [M]. Stanford: Stanford University Press, 1957.

[81] FISCHHOFF B. Predicting frames [J]. Journal of Experimental Psychology: Learning, Memory, and Cognition, 1983, 9: 103-116.

[82] FOX C R, TVERSKY A. Ambiguity aversion and comparative ignorance [J]. The Quarterly Journal of Economics, 1995, 110(3): 585-603.

[83] FOX J. From "economic man" to behavioral economics [J]. Harvard Business Review, 2015, 93(5): 78-85.

[84] FRINO A, LEPONE G, WRIGHT D. Investor characteristics and the disposition effect [J]. Pacific-basin Finance Journal, 2015, 31: 1-12.

[85] GAO Q, XU D L. An empirical study on the application of the evidential reasoning rule to decision making in financial investment [J]. Knowledge-based Systems, 2019, 164: 226-234.

[86] GAWDE S B, KULKARNI U. Building an expert system based on data mining [J]. Int. J. of multidisciplinary and current research, 2019: 7.

[87] GINYARD J. Position-sizing effects on trader performance: an experimental analysis [D]. Uppsala: Uppsala University, 2001.

[88] GLASER M, LANGER T, WEBER M. On the trend recognition ability of professional traders: are they better or just more overconfident than lay people? [J]. Journal of Economic Literature, 2003.

[89] GLASER M, LANGER T, REYNDERS J, et al. Framing effects in stock market forecasts: the difference between asking for prices and asking for returns [J]. Review of Finance, 2007, 11(2): 325-357.

[90] GOETZMANN W N, MASSA M. Disposition matters: volume, volatility and price impact of a behavioral bias [J]. The Journal of Portfolio Management, 2008, 34(2): 103-125.

[91] GONG C, XU C, ANDO M, et al. A new method of portfolio optimization under

cumulative prospect theory [J]. Tsinghua Science and Technology, 2018, 23(1): 75-86.

[92] GRINBLATT M, HAN B. Prospect theory, mental accounting, and momentum [J]. Journal of Financial Economics, 2005, 78(2): 311-339.

[93] GRINBLATT M, KELOHARJU M. Tax-loss trading and wash sales [J]. Journal of Financial Economics, 2004, 71(1): 51-76.

[94] GUO P. Focus theory of choice and its application to resolving the St. Petersburg, Allais, and Ellsberg paradoxes and other anomalies [J]. European Journal of Operational Research, 2019, 276(3): 1034-1043.

[95] HABBE A H. Estimation error of earnings information: a test of representativeness and anchoring-adjustment heuristic [J]. International Journal of Economics and Financial Issues, 2017, 7(1): 224-233.

[96] HARLESS D W. Actions versus prospects: the effect of problem representation on regret [J]. The American economic review, 1992, 82(3): 634-649.

[97] HEIDER E R. OLIVER D C. The structure of color space in naming and memory of two languages [J]. Foreign Language Teaching and Research, 1999(3): 62 – 67.

[98] HEIMER R Z. Peer pressure: social interaction and the disposition effect [J]. The Review of Financial Studies, 2016, 29(11): 3177-3209.

[99] HENS T, VLCEK M. Does prospect theory explain the disposition effect? [J]. Journal of Behavioral Finance, 2011, 12(3): 141-157.

[100] HERMANN D, MUßHOFF O, RAU H A. The disposition effect when deciding on behalf of others [J]. Journal of Economic Psychology, 2019, 74: 102, 192.

[101] HOGARTH R M. Judgement and choice: the psychology of decision [M]. New York: Wiley, 1980.

[102] HU Z, LIU W, BIAN J, LIU X, et al. Listening to chaotic whispers: a deep learning framework for news-oriented stock trend prediction [J]. In proceedings of the eleventh acm international conference on web search and data mining, 2018(2): 261-269.

[103] HUR J, PRITAMANI M, SHARMA V. Momentum and the disposition effect: the role of individual investors [J]. Financial management, 2010, 39(3): 1155-1176.

[104] IQBAL J. Managerial self-attribution bias and banks' future performance: evidence from emerging economies [J]. Journal of risk and financial management, 2019, 12(2): 73.

[105] IRSHAD S, BADSHAH W, HAKAM U. Effect of representativeness bias on investment decision making [J]. Management and administrative sciences review, 2016, 5(1): 26-30.

[106] JACOBS B I, LEVY K N. Market neutral strategies: vol. 112 [M]. New York: John Wiley & Sons, 2005.

[107] JAVED H, BAGH T, RAZZAQ S. Herding effects, over confidence, availability bias and representativeness as behavioral determinants of perceived investment performance: an empirical evidence from Pakistan stock exchange (PSX) [J]. Journal of global economics, 2017, 6(1): 1–13.

[108] JIAO P. Belief in mean reversion and the disposition effect: an experimental test [J]. Journal of behavioral finance, 2017, 18(1): 29–44.

[109] JIN H, GUO C, LIU X, et al. Emerging two–dimensional nanomaterials for electrocatalysis [J]. Chemical reviews, 2018, 118(13): 6337–6408.

[110] JOHNSON E J, HERSHEY J, MESZAROS J, et al. Framing, probability distortions, and insurance decisions [J]. Journal of risk and uncertainty, 1993, 7: 35–51.

[111] KAHNEMAN D, TVERSKY A. Prospect theory: an analysis of decision under risk [J]. Econometrica, 1979, 47: 263–291.

[112] KAHNEMAN D. Reference points, anchors, norms, and mixed feelings. special issue: decision processes in negotiation [J]. Organizational behaviour and human decision processes, 1992, 51(2): 296–312

[113] KAHNEMAN D, TVERSKY A. Choices, values, and frames [M]. New York: Russell Sage Foundation and Cambridge University Press, 2000.

[114] KAHNEMAN D, KNETSCH J L, THALER R H. Experimental tests of the endowment effect and the coarse theorem [J]. Quasi rational economics, 1991, 7(8): 167–188.

[115] KAHNEMAN D, TVERSKY A. On the psychology of prediction [J]. Psychological review, 1974, 80: 288–299.

[116] KAUSTIA M. Market–wide impact of the disposition effect: evidence from IPO trading volume [J]. Journal of financial markets, 2004, 7(2): 207–235.

[117] KAUSTIA M. Prospect theory and the disposition effect [J]. Journal of financial and quantitative analysis, 2010, 45(3): 791–812.

[118] KAUSTIA M. Disposition effect [J]. Behavioral finance: investors, corporations, and markets, 2011: 169–189.

[119] KHAN M Z U. Impact of availability bias and loss aversion bias on investment decision making, moderating role of risk perception [J]. Management & administration, 2017, 1(1): 17–28.

[120] KLAYMAN J. Varieties of confirmation bias [J]. Psychology of learning and motivation,

1995, 32: 385–418.

[121] KONG Q, GRANIC G D, LAMBERT N S, et al. Judgment error in lottery play: when the hot hand meets the gambler’s fallacy [J] . Management science, 2020, 66(2): 844–862.

[122] KORN C W, HEEKEREN H R, OGANIAN Y. The framing effect in a monetary gambling task is robust in minimally verbal language switching contexts [J] . Quarterly journal of experimental psychology, 2019, 72(1): 52–59.

[123] KOVIC M, KRISTIANSEN S. The gambler’s fallacy fallacy [J] . Journal of risk research, 2019, 22(3): 291–302.

[124] kühberger A. Theoretical conceptions of framing effects in risky decisions [J] . Decision making: cognitive models and explanations, 1997: 128–144.

[125] KUMAR A, & LIM S S. How do decision frames influence the stock investment choices of individual investors? [J] . Management science, 2008, 54(6): 1052–1064.

[126] LAKONISHOK J, SMIDT S. Volume for winners and losers: taxation and other motives for stock trading [J] . Journal of finance, 1986, 41(4): 951–974.

[127] LARRICK R P. Motivational factors in decision theories: the role of self-protection [J] . Psychological bulletin, 1993, 113(3): 440.

[128] LEAL C C, ARMADA M J R, LOUREIRO G. Individual investors repurchasing behaviour: evidence from the portuguese stock market [J] . The European journal of finance, 2018, 24(11): 976–999.

[129] LEFEVRE E, MARKMAN J D. The reminiscences of a stock operator collection: the classic book, the illustrated edition [M] . New York: John Wiley & Sons, 2012.

[130] LEHENKARI M. In search of the underlying mechanism of the disposition effect [J] . Journal of behavioral decision making, 2012, 25(2): 196–209.

[131] LI J J, MASSA M, ZHANG H. Culture vs. bias: can social trust mitigate the disposition effect? [J] . SSRN electronic journal, 2016 .

[132] LIN Q. Technical analysis and stock return predictability: an aligned approach [J] . Journal of financial markets, 2018, 38: 103–123.

[133] LINNAINMAA J T. Do limit orders alter inferences about investor performance and behavior. Journal of finance, 2010, 65(4): 1473–1506.

[134] LIU B, TAN M. Overconfidence and forecast accuracy [J] . Studies in economics and finance, 2019 .

[135] LOFTUS E F. Leading questions and the eyewitness report [J] . Cognitive psychology, 1975, 7(4): 560–572.

[136] LUCCHESI E P, YOSHINAGA C E, CASTRO JUNIOR F H F D. Disposition effect among Brazilian equity fund managers [J] . Rae revista de administrao de empresas, 2015, 55(1): 26–37.

[137] MAJUMDAR A, BOSE I. Detection of financial rumors using big data analytics: the case of the Bombay Stock Exchange [J] . Journal of organizational computing and electronic commerce, 2018, 28(2): 79–97.

[138] MALKIEL B G. A random walk down Wall Street [M] . New York: W. W. Norton, 1973.

[139] MASE A S, CHO H, PROKOPY L S. Enhancing the Social Amplification of Risk Framework (SARF) by exploring trust, the availability heuristic, and agricultural advisors' belief in climate change [J] . Journal of environmental psychology, 2015, 41, 166–176.

[140] MCKENZIE C R, SHER S. Gamble evaluation and evoked reference sets: why adding a small loss to a gamble increases its attractiveness [J] . Cognition, 2020, 194: 43, 104.

[141] MELIONES A, MAKRIDES G. Automated stock price motion prediction using technical analysis [J] . Machine learning paradigms: applications of learning and analytics in intelligent systems, 2019, 1: 207.

[142] MERELLO S, RATTO A P, ONETO L, et al. Predicting future market trends: which is the optimal window? [M] . Cham: Springer, 2019.

[143] MERKLE C, MÜLLER–DETHARD J, WEBER M. Closing a mental account: the realization effect for gains and losses [j] . Experimental economics, 2021, 24(1): 303–329.

[144] MURPHY J J. Technical analysis of the financial markets: comprehensive guide to trading methods & applications [M] . Upper Saddle Rive: Prentice–Hall of Canada Ltd, 1998.

[145] MUSSWEILER T, SCHNELLER K. " What Goes Up Must Come Down" –how charts influence decisions to buy and sell stocks [J] . The journal of behavioral finance, 2003, 4(3): 121–130.

[146] NARAYAN P K, BANNIGIDADMATH D. Does financial news predict stock returns? new evidence from Islamic and non–Islamic stocks [J] . Pacific–Basin finance journal, 2017, 42: 24–45.

[147] ODEAN T. Are investors reluctant to realize their losses? [J] . The journal of finance, 1998, 53(5): 1775–1798.

[148] ODLYZKO A. Newton's financial misadventures in the South Sea Bubble [J] . Notes and records: the Royal Society journal of the history of science, 2019, 73(1): 29–59.

[149] OKABE T, NII M, YOSHIMURA J. The median–based resolution of the St. Petersburg

paradox [J] . Physics letters a, 2019, 383(26): 125, 838.
[150] OLIVOLA C Y. The interpersonal sunk-cost effect [J] . Psychological science, 2018, 29(7): 1072-1083.
[151] OSKAMP S. Overconfidence in case study judgments [J] . Journal of consulting psychology, 1965, 29: 261-265.
[152] PARVEEN S, SIDDIQUI M A, MALIK N. Exploring disposition effect and overconfidence in Pakistani investors in KSE listed sectors [J] . Research journal of finance and accounting, 2016, 7(7): 72-85.
[153] PIRIE S, CHAN R K T. A two-stage study of momentum investing in Asia: a case of cognitive dissonance? [J] . Research in international business and finance, 2018, 44: 340-349.
[154] PRÖLLOCHS N, ADAM M T, FEUERRIEGEL S, et al. Information processing of financial news: the role of cognitive dissonance and information avoidance [J] . ECIS, 2018: 2.
[155] PROSAD J M, KAPOOR S, SENGUPTA J, et al. Overconfidence and disposition effect in Indian equity market: an empirical evidence [J] . Global business review, 2017, 19(5): 1303-1321.
[156] RAHAYU C W E. The influence of information framing towards investors reaction in bullish and bearish market condition: an experiment [J] . Jurnal dinamika manajemen, 2017, 8(2): 199-207.
[157] ROSZKOWSKI M J, SNELBECKER G E. Effects of "framing" on measures of risk tolerance: financial planners are not immune [J] . The journal of behavioural economics, 1990, 19: 237-246.
[158] BOOLELL-GUNESH S, BROIHANNE M H, MERLI M. Disposition effect, investor sophistication and taxes: some French specificities [J] . Finance, 2009 .
[159] SCHILIRÒ D. Economic decisions and simon' s notion of bounded rationality [J] . International business research, 2018, 11(7): 64-75.
[160] SCHMIDT U. Insurance demand under prospect theory: a graphical analysis [J] . Journal of risk and insurance, 2016, 83(1): 77-89.
[161] SCHWANDT H. Wealth shocks and health outcomes: evidence from stock market fluctuations [J] . American economic journal: applied economics, 2018, 10(4): 349-377.
[162] SELIGMAN M E. Learned helplessness [J] . Annual review of medicine, 1972, 23(1): 407-412.

[163] SEO M G, GOLDFARB B, BARRETT L F. Affect and the framing effect within individuals over time: risk taking in a dynamic investment simulation [J]. Academy of management journal, 2010, 53(2): 411–431.

[164] SERU A, SHUMWAY T, STOFFMAN N. Learning by trading [J]. The review of financial studies, 2010, 23(2): 705–739.

[165] SHAH S Z A, AHMAD M, MAHMOOD F. Heuristic biases in investment decision-making and perceived market efficiency: a survey at the Pakistan stock exchange [J]. Qualitative research in financial markets, 2018, 10(1): 85–110.

[166] SHEFRIN H.Beyond greed and fear: understanding behavioural finance and thep sychology of investing [M]. Boston, MA: Harvard Business School Press, 2000.

[167] SHEFRIN H, STATMAN M.The disposition to sell winners too early and ride losers too long: theory and evidence [J]. The journal of finance, 1985, 40(3): 777–790.

[168] SHI H L, ZHOU W X. Time series momentum and contrarian effects in the Chinese stock market [J]. Physica a: statistical mechanics and its applications, 2017, 483: 309–318.

[169] SHILLER R J. Irrational exuberance: revised and expanded third edition [M]. Princeton: Princeton university press, 2015.

[170] STARK E, BALDWIN A S, HERTEL A W, et al.Understanding the framing effect: do affective responses to decision options mediate the influence of frame on choice? [J]. Journal of risk research, 2017, 20(12): 1585–1597.

[171] STAW B M.The escalation of commitment to a course of action [J]. Academy of management review, 1981, 6(4): 577–587.

[172] STEELE C M. The psychology of self-affirmation: sustaining the integrity of the self [J]. Advances in experimental social psychology, 1988, 21(2): 261–302.

[173] SUDHIR K, PRELEC D, LOEWENSTEIN G, et al.Commentary: mental accounting and consumer choice: anatomy of a failure [J]. Marketing science, 2017, 36(6): 813–814.

[174] SUN Y, XU J H, CHEN X Y. The effects of cover stories, framing, and probability on risk preference in investment decision-making [J]. Acta psychologica sinica, 2009, 41(3): 189–195.

[175] SUROSO S, RUSIADI R B, PURBA A P U, et al. Autoregression vector prediction on banking stock return using capm model approach and multi-factor apt [J]. Int. J. Civ. Eng. technol, 2018, 9(9): 1093–1103.

[176] SZYMANEK K, ZIELONKA P. Behavioural economics in the context of social science methodology [J]. Journal of management and business administration. Central Europe,

2017, 25(4): 177–192.

[177] TALPSEPP T.Reverse disposition effect of foreign investors [J]. Journal of behavioral finance, 2011, 12(4): 183–200.

[178] TALPSEPP T, VAARMETS T. The disposition effect, performance, stop loss orders and education [J]. Journal of behavioral and experimental finance, 2019, 24: 100, 240.

[179] THALER R. Toward a positive theory of consumer choice [J]. Journal of economic behaviour and organization, 1980, 1: 39–60.

[180] THALER R. Mental accounting and consumer choice [J]. Marketing science, 1985, 4(3): 199–214.

[181] THALER R, JOHNSON E. Gambling with the house money and trying to break even: the effects of prior outcomes on risky choice [J]. Management science, 1990, 36: 643–660.

[182] THALER R H.Behavioral economics: past, present, and future [J]. American economic review, 2016, 106(7): 1577–1600.

[183] TOMA, FILIP–MIHAI. Behavioral biases of the investment decisions of romanian investorson the bucharest stock exchange [J]. Procedia economics & finance, 2015, 32(1): 200–207.

[184] TREJOS C, VAN DEEMEN A, RODRÍGUEZ Y E, et al. Overconfidence and disposition effect in the stock market: a micro world based setting [J]. Journal of behavioral and experimental finance, 2019, 21: 61–69.

[185] TVERSKY A. Elimination by aspects: a theory of choice [J]. Psychological review, 1972, 79(4): 281.

[186] TVERSKY A, KAHNEMAN D. Prospect theory: an analysis of decision under risk [J]. Econometrica, 1979, 47(2): 263–291.

[187] TVERSKY A, & KAHNEMAN D. Belief in the law of small numbers [J]. Psychological bulletin, 1971, 76: 105–110.

[188] TVERSKY A, KAHNEMAN D.The framing of decisions and the psychology of choice [J]. Science, new series, 1981, 211: 453–458.

[189] TVERSKY A, KAHNEMAN D. Rational choice and the framing of decisions [J]. The journal of business, 1990, 59(4): 91–104.

[190] TVERSKY A, KAHNEMAN D. Availability: a heuristic forjudging frequency and probability [J]. Cognitive Psychology, 1973, 5: 207–232.

[191] TVERSKY A, KAHNEMAN D. Judgment of and by representativeness [M]//Kahneman D , Slovic P, Tversky A. Judgment under uncertainty: heuristics and biases. Cambridge,

UK: Cambridge University Press, 1982: 84–98.

[192] VAARMETS T, LIIVAMÄGI K, TALPSEPP T. How does learning and education help to overcome the disposition effect? [J] . Review of finance, 2018, 23(4): 801–830.

[193] VOGEL S, SCHWABE L. Stress, aggression, and the balance of approach and avoidance [J] .Psychoneuroendocrinology, 2019, 103: 137–146.

[194] VON NEUMANN J, MORGENSTEM O. Theory of games and economic behaviour, 2nd ed. Princeton [M] , NJ: Princeton University Press, 1947.

[195] WAKKER P P, ZANK H. A simple preference foundation of cumulative prospect theory with power utility [J] . European economic review, 2002, 46(7): 1253–1271.

[196] WALSH J. Keynes and the market: how the world's greatest economist overturned conventional wisdom and made a fortune on the stock market [M] . New York: John Wiley & Sons, 2008.

[197] WANG L, CAO S, YUAN M, et al. The reverse-disposition effect: theory and evidence [C] . [S.l.: s.n.] , 2010.

[198] WANG Y, MU C. Can ambiguity about rare disasters explain equity premium puzzle? [J] . Economics letters, 2019, 183: 108, 555.

[199] WASON P C. The contexts of plausible denial [J] . Journal of verbal learning and verbal behavior, 1965, 4(1): 7–11.

[200] WEBER M, CAMERER C F. The disposition effect in securities trading: an experimental analysis [J] . Journal of economic behavior & organization, 1998, 33(2): 167–184.

[201] WEN D, MA C, WANG G J, et al. Investigating the features of pairs trading strategy: a network perspective on the Chinese stock market [J] .Physica a: statistical mechanics and its applications, 2018, 505: 903–918.

[202] WENZEL M, ŻERKOWSKA-BALAS M.Framing effect of media portrayal of migrants to the European Union: a survey experiment in Poland [J] . East European politics and societies, 2019, 33(1): 44–65.

[203] WHYTE G. Escalating commitment to a course of action: a reinterpretation [J] . Academy of management review, 1986, 11(2): 311–321.

[204] YU L, FUNG H G, LEUNG W K. Momentum or contrarian trading strategy: which one works better in the Chinese stock market [J] . International review of economics & finance, 2019, 62: 87–105.

[205] ZHANG L, BAUMEISTER R F. Your money or your self-esteem: threatened egotism promotes costly entrapment in losing endeavors [J] . Personality and social psychology

bulletin, 2006, 32(7): 881-893.

[206] ZHANG Y, SHANG P. Multivariate multiscale distribution entropy of financial time series [J]. Physica a: statistical mechanics and its applications, 2019, 515: 72-80.

[207] ZHOU X, WANG L, LIAO H, et al. A prospect theory-based group decision approach considering consensus for portfolio selection with hesitant fuzzy information [J]. Knowledge based systems, 2019: 28-38.

[208] ZUCHEL H. What drives the disposition effect? [M]. Mannheim: University of Mannheim, 2001.

附 录

附录Ⅰ 动量交易处置效应金融心理指引

感谢您参与这次实验，本实验的目的是了解人们如何预测未来事件，不会对您的身体或精神造成任何伤害。完成本实验大约需要 50 分钟。

稍后，我将要求您在查看股价走势图后，对股价未来的走势做出预测。股价走势图展示的方式有所不同，有 K 线图、K 线与均线混合图、收盘线图；日线图、周线图、月线图等。

在您看到股价走势图的同时，会在图下方看到一个区域，您将在该区域内记录您的预测。您需要对未来 5 天的价格进行预测。

许多人很难做出精确的价格预测，但更容易预测未来价格将在一定范围内。例如，您可能会猜测明天招商银行的价格为 38.5 元，但不确定该猜测结果。但是，您有 95%的把握认为明天的价格将在 39.1 元至 38.2 元之间，因此我希望您写下一个价格范围，在该范围内您有 95%的把握认为未来价格会落入这个区间。对于您的 5 个预测中的每一个，它都不必是价格范围的平均值，它应该是价格范围内最好的单一猜测。

为了练习，让我们来做个示范。

在下一页，您先会看到一张股价走势图，其中显示了杭州银行在过去约 130 个交易日的股票价格。在图下方，您会看到记录区域。假设您有 95%的信心预测明天的股价将在 9.3 元至 9.6 元之间，您可以在此处写下预测价格及其范围。同样的方法，请您写下您对接下来 4 天的预测结果。

请写下您对接下来 5 天价格的预测：

价格预测：________、________、________、________、________

5 天价格范围预测：

最高价：________、________、________、________、________

最低价：________、________、________、________、________

交易：

自己账户版：**假设您几日前买入该股100万元，**目前已盈利$a\%$（即a万元），在观察完股价走势图后，您想要出售股票？或者什么都不做（持有股票）？

卖出。

持股不动。

他人账户版：**假设您是一名证券公司员工，现公司需要员工帮忙打理一批客户的股票账户，交易盈亏不用您负责，请您按照您认为的最优策略进行交易。您打开账户，发现该账户几日前买入该股100万元，**目前已盈利$a\%$（即a万元），在观察完股价走势图后，您想要出售股票，还是什么都不做（持有股票）？

卖出。

持股不动。

您明白要怎么做了吗？很好！我现在将随机为您提供10张股价走势图。请记住要看横轴，并注意股价走势图显示的是一周，还是一个月或一年的股票价格。

附录Ⅱ 动量交易处置效应金融心理相关走势图示例及说明

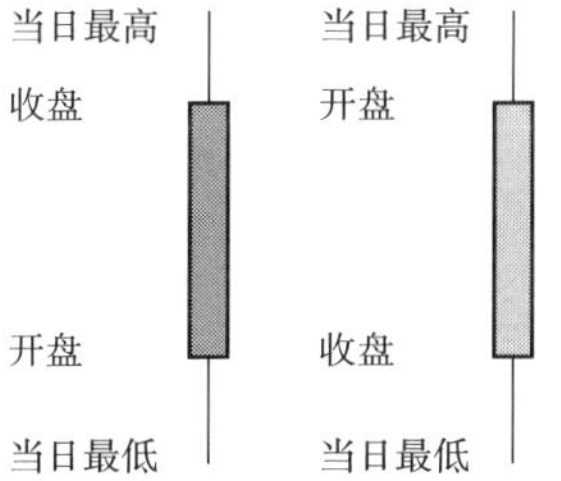

1. K线分阳线（红色）与阴线（绿色）
2. 均线是过去N（N=5，10，30，60，120，250……）日的价格平均线。
3.收盘线指每日收盘价连成的线。

K 线示例

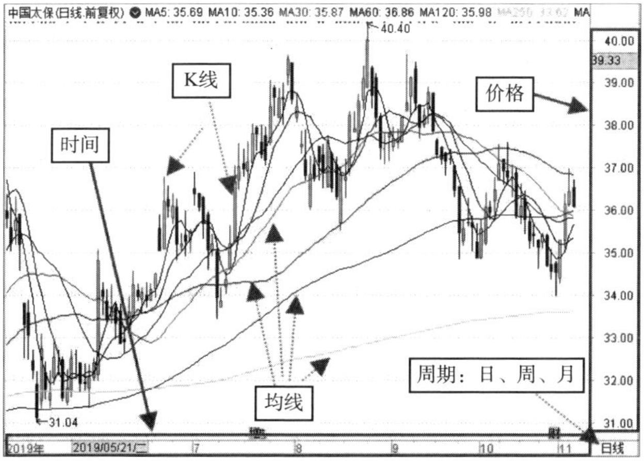

K 线与均线混合图示例

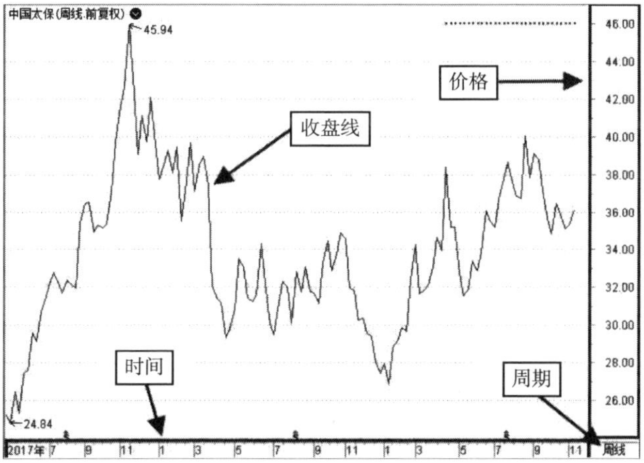

收盘线示例

附录Ⅲ　动量交易处置效应金融心理研究知情同意书

心理学的研究项目通常都需要签署知情同意书，目的是确保作为实验被试的您了解研究的目的及参与的性质。知情同意书必须提供足够的信息，以便您确定是否希望参与研究。

研究主题：股票图表如何决定投资者交易行为

主要研究成员：王保卫，中国经济特区研究中心讲师，澳门城市大学应用心理学博士。

目的和任务要求：该研究的目的是调查人们如何判断股票价格的变化，并做出交易股票的决定，尤其是股价走势图如何影响人们的市场行为。

实验将使用笔和纸进行，完成实验所需的时间不会超过 50 分钟，而且通常会花费更少的时间，实验的特殊说明将在实验开始时提供给您。您将被要求填写一份有关如何预测未来股票价格以及如何做出股票交易决策的问卷。您将从此研究中受益，因为您了解了一些有关心理学研究者对人们如何预测股票价格变化并做出交易股票决策感兴趣的问题，以及您自己的判断和决策能力的知识。

潜在的风险 / 不适：这项研究没有任何身体或心理上的风险。

退出权和匿名 / 保密性：您自愿参与本研究。在研究过程中的任何时候，您都有权退出研究或不回答因任何原因而感到不舒服或不适的某些问题，并不会受到任何惩罚，您也可以随时停止参与。您在此处编写的所有信息都将严格保密，除非您以书面形式明确表示同意，否则仅供研究人员使用。研究结果中不会以口头或书面形式提及您的真实姓名。

签名：我已经阅读了以上研究描述，并了解了我参加研究的目的及任务，所收集的数据将用于研究目的。我的签名表示我已阅读并理解本协议，并且自愿执行此协议。

参加者签名：______________________

日期（年 / 月 / 日）：__________________

附录Ⅳ　模拟交易处置效应金融心理研究知情同意书

心理学的研究项目通常都需要签署知情同意书，目的是确保作为实验被试的您了解研究的目的及参与的性质。知情同意书必须提供足够的信息，以便您确定是否希望参与研究。

研究主题：股票模拟交易金融心理

主要研究成员：王保卫，中国经济特区研究中心讲师，澳门城市大学应用心理学博士。

目的和任务要求：该研究的目的是调查人们在模拟交易股票时的金融心理。

完成实验所需的时间不会超过 2 小时，而且通常会花费更少的时间，实验前请您简单填一份过往交易业绩问卷，具体的交易任务如何进行我将通过 PPT 和现场演示展示给您。您将从此研究中受益，因为您了解了一些有关心理学家如何研究人们股票决策的方法，以及您自己的判断和决策能力的知识。交易中请用您认为最优的方式进行，实现收益最大化。

潜在的风险 / 不适：这项研究没有任何身体或心理上的风险。

退出权和匿名 / 保密性：您自愿参与本研究。在研究过程中的任何时候，您都有权退出研究或不回答因任何原因而感到不舒服或不适的某些问题，并不会受到任何惩罚，您也可以随时停止参与。您在此处编写的所有信息都将严格保密，除非您以书面形式明确表示同意，否则仅供研究人员使用。研究结果中不会以口头或书面形式提及您的真实姓名。

签名：我已经阅读了以上研究描述，并了解了我参加研究的目的及任务，所收集的数据将用于研究目的。我的签名表示我已阅读并理解本协议，并且自愿执行此协议。

参加者签名：________________________

日期（年 / 月 / 日）：____________________

附录V　处置效应金融心理个案研究知情同意书

心理学的研究项目通常都需要签署知情同意书，目的是确保作为实验被试的您了解研究的目的及参与的性质。知情同意书必须提供足够的信息，以便您确定是否希望参与研究。

研究主题：股票交易金融心理

主要研究成员：王保卫，中国经济特区研究中心讲师，澳门城市大学应用心理学博士。

目的和任务要求：该研究的目的是调查人们在股票交易中的真实心理和行为。

实验要求您提供交易账号与密码给我，我可以进入您的账户直观观察您的交易记录，并对您的交易进行访谈。交易中请按您的思路进行，不要让我的观察和访谈对您的交易造成任何影响。您将从此研究中受益，因为您了解了一些有关心理学家如何研究人们股票决策的方法，以及您自己的判断和决策能力的知识。

潜在的风险 / 不适：这项研究没有任何身体或心理上的风险。

退出权和匿名 / 保密性：您自愿参与本研究。在研究过程中的任何时候，您都有权退出研究或不回答因任何原因而感到不舒服或不适的某些问题，并不会受到任何惩罚，您也可以随时停止参与。您在此处编写的所有信息都将严格保密，除非您以书面形式明确表示同意，否则仅供研究人员使用。研究结果中不会以口头或书面形式提及您的真实姓名。

签名：我已经阅读了以上研究描述，并了解了我参加研究的目的及任务，所收集的数据将用于研究目的。我的签名表示我已阅读并理解本协议，并且自愿执行此协议。

参加者签名：______________________________

日期（年 / 月 / 日）：______________________

附录Ⅵ TQQQ 投资可行性分析

在本书研究过程中，我多次提及一个特殊的投资标的 TQQQ。我自己长期投资这个标的，且看好其前景，决定在附录里完整介绍这个标的，梳理其机会和风险，分析并提出较优投资策略等。

一、TQQQ 简介

TQQQ 属于杠杆 ETF，根据官网信息，TQQQ 发行日期为 2010 年 2 月 9 日，上市首个交易日为2010年2月11日，首日开盘价为0.405美元（复权价）。历史最高收盘价为 2021 年的 88.568 美元（复权价），与上市首日开盘价相比涨幅高达217.69倍，历史最高价为2021年11月22日所创出的91.678美元（复权价），与上市首日开盘价相比涨幅高达 225.37 倍。杠杆 ETF 跌去 80%~90% 的常有，但真正能保持持续性涨势的少有。近年 TQQQ 就是以其骄人的业绩，迅速在投机者圈子蹿红。但自从 2021 年创出历史新高后，2022 年因美股大幅回撤而最低摸底至 21.32 美元，最大跌幅高达 76.74%。如此大的回撤，已让很多投资者难以承受，但该低价未必是回调的最低价，价格有可能走低至个位数，创历史新低。TQQQ 为何取得如此骄人战绩后又回撤如此之大，接下来我将揭开其神秘面纱。

1.ETF 来源

TQQQ 跟踪的标的其实是 QQQ，全称为 Proshares Ultra Pro QQQ，涨跌幅都通过金融衍生产品做到 QQQ 的三倍。QQQ 简称纳斯达克 100 指数，因此 TQQQ 是用来做多 3 倍纳斯达克 100 指数的 ETF。美国的金融衍生工具很多，通常做多与做空的产品成对出现，TQQQ 也不例外，其反向做空产品为 SQQQ，原理和机制相同。

2. 投资标的

纳斯达克交易所为全世界所熟知，美国知名科技公司，甚至中国的科技公司都在纳斯达克上市。全世界几乎所有的创业板都是根据纳斯达克模式仿造而成。TQQQ 跟踪的纳斯达克 100 指数并非只有 100 只股票，而是有 107 只。前 10 大持仓均为世界广为人知的公司，分别为苹果、微软、亚马逊、特斯拉、谷歌 C、谷歌 A、元宇宙（原为 facebook）、英伟达、百事可乐和好事多，无一不是巨头公司。排名第十的好事多为著名投资人、巴菲特的合伙人查理·芒格长期投资。纳斯达克 100 指数在编制时，排除了所有的金融股，所以这个指数是实实在在的“高科技行业实业股”。标普 500 指数的成分股均为美国本土公司，但纳斯达克 100 指数不同，107 个股里有世界其他国家的高科技公司。虽然外国公司占比不一定很大，但纳斯达克 100 指数无疑是一只面向全球的指数。

3. 运行原理及案例

杠杆 ETF 是怎么做到成倍地跟踪指数的呢？按传统的理解，应该是和融资买入一样。以 TQQQ 为例，那应该是当投资者买入一份 ETF 后，公司去融资本金的 2 倍作为杠杆，达到 3 倍跟踪纳斯达克 100 指数。如果真是这样，不但不合算且难以操作，而且也低估了华尔街的能力。作为金融大国，美国在金融界的创造力和领先地位暂时没有国家能挑战，其他国家玩过的金融游戏可能在华尔街早已演过很多遍了。

目前市场上绝大部分的杠杆 ETF，都采用“掉期”或者“互换”等高风险的金融衍生品跟踪指数。掉期和互换的原理有些复杂，在这里仅举个例子：假设今天我有 100 斤大米，想在一个月后跟你换 100 斤爆米花。华尔街的保险公司或投行从中看到了商机，作为中间商让我们签订了一份互换合约，然后将这个合约放到市场上去交易。在这一个月里，由于这份合约是保证金交易，随着大米和爆米花的差价波动，合约价格会相应地成倍波动。杠杆 ETF 正是通过持有这样的金融衍生品，产生以一敌三甚至以一敌十的效果。

因此打开 TQQQ 的持仓后会发现，与跟踪标的 QQQ 的持仓完全不同。QQQ 的前 10 大持仓上文已介绍过，多为知名的科技巨头公司，而 2022 年 9 月 13 日 TQQQ 的持仓和 QQQ 的持仓没有重合且迥异，除了掉期和互换产品，没有任何一只股票。为了做到 3 倍杠杆，TQQQ 的持仓经常变化，其目的是更准确地跟踪指数，因此有时候也能发现其持有具体的公司股票。由于 TQQQ 是通过持有银行掉期合约实现 3 倍杠杆，其成本远低于融资，这也是 TQQQ 的管理费仅仅只有 0.95%，远低于融资利息的原因之一。也是因为如此，TQQQ 并不会出现需要追加保证金或者市值低于保证金而导致平仓的风险。

SQQQ 则反之，通过做空同样的掉期合约，实现 3 倍反向跟踪纳斯达克 100 指数。

4. 优势及风险

熟悉杠杆 ETF 的人都知道，专家和资深投资者会不断提示其高风险，包括长期损耗、震荡损耗、违约风险等。事实确实如此，长期表现优异的杠杆 ETF 基本没有。但 TQQQ 似乎是个特例，美股处于上涨周期时其涨幅约为 QQQ 的 6 倍，震荡市中损耗较大。如前文所言，2021 年最高收盘价与上市首日开盘价相比涨幅高达 217.69 倍，2021 年最高价与上市首日开盘价相比涨幅高达 225.37 倍，远不止 QQQ 涨幅的 3 倍，TQQQ 的优势一目了然。由于 2010 年到 2021 年正好处于美国长牛市，虽然中间有回撤产生震荡损耗，但回撤都较短期，这也是 TQQQ 表现如此优异的原因之一。

下面讨论下杠杆 ETF 的各种损耗带来的风险。

（1）风险一：杠杆 ETF 的管理费手续费损耗

杠杆 ETF 持有金融衍生产品、交易衍生产品均有手续费，这些手续费会在基金净值里扣除，再加上基金管理费，使得杠杆 ETF 不能长期准确地跟踪指数。根据 TQQQ 官网最新数据，其年管理费比率为 0.95%，高于杠杆 ETF 平均水平 0.91%，高于 ETF 群体平均值 0.585%，TQQQ 年总费用比率为 1.01%，与非杠杆 ETF 相比已不低。由于 TQQQ 是日内结算，所以费用也平摊到每日里，单日来看费用对交易可以忽略不计，但按年计算，管理费比率不低。

（2）风险二：震荡损耗

震荡损耗属于杠杆 ETF 特有的属性，既然是系统性讲解 TQQQ，此处再以例子的方式解释一遍。假设纳斯达克 100 指数 t 日下跌了 10%，那么 TQQQ 就要下跌 30%。纳斯达克 100 指数在 t+1 日必须上涨 11.1% 才可以涨回原价，而 TQQQ 会跟踪其走势上涨 33.3%。但一只股票下跌 30% 以后，需要上涨 42% 才能回到原价。因此，该例中纳斯达克涨回原价后，TQQQ 只上涨了 33.3%，回不到原价。这就是震荡损耗，所以纳斯达克 100 指数只要连续几次起落，即使最终回到原点，TQQQ 震荡也损耗了很多财富。2018 年由于中美贸易战，纳斯达克 100 指数全年震荡，最终下跌 0.88%，而 TQQQ 全年下跌 19.78%，跌幅远大于指数的 3 倍。

SQQQ 作为反向杠杆 ETF，同样也有各种损耗，风险远大于 TQQQ，指数长期向上是其最大的风险。SQQQ 从 2016 年上市交易以来，复权后最高价为 11151.145 美元，最低价为 28.15 美元。

TQQQ 还有一点特殊性，导致其优于大多数的杠杆 ETF。由于杠杆 ETF 的持仓通常为金融衍生品，不会产生现金流，所以杠杆 ETF 通常很难分红。

但 TQQQ 上市交易以来不断分红，虽然红利较少，但多少也抵扣掉了手续费的影响，缓解了投资者对损耗的焦虑。TQQQ 之所以能分红，是因为其除了持有金融衍生产品，还直接持仓部分成分股，这些成分股带来的分红进入基金净值，起到了抵扣手续费、管理费的作用。

除了分红，TQQQ 还不断因股价太高而拆股，且从未合过股。这与多数杠杆 ETF 形成鲜明对比，尤其对于反向杠杆 ETF 来说，都是不断合股的命运，如 3 倍做空纳斯达克指数 SQQQ、3 倍做多中国 YINN 等。

二、TQQQ 投资可行性分析

如何看待纳斯达克指数 3X 做多 TQQQ 是否值得投资？对于这个问题往往有两种截然不同的态度。看好的人把 TQQQ 奉为神明，TQQQ 自 2010 年 2 月 9 日成立以来，历史最高价为 2021 年 11 月 22 日所创的 91.678 美元（复权价），与上市首日开盘价相比涨幅高达 225.37 倍。虽然经过 2018 年底、2020 年初、2021 年 1 月三次大跌，225.37 倍的总回报率令一众成长个股和主动基金汗颜。初识 TQQQ 的投资者可能会对 TQQQ 的成长性过于乐观，以至于忽视 TQQQ 的波动性和高风险。不看好的投资者则认为 TQQQ 上市以来受益于美联储长期货币宽松政策导致的纳斯达克指数单边上涨行情，如果经历 2000 年科技股泡沫破灭那样的大跌以及其后的震荡行情，最终可能跌到面目全非。2000—2002 年，纳斯达克指数从 5132.52 点一路跌至最低 1108.49 点，最大跌幅高达 78.4%，理论而言 3 倍做多纳斯达克指数会下跌 235.2%。然而，事实并非如此。

TQQQ 此前并无 3 倍做多纳斯达克指数的 ETF 可供参考，使我们无法从公开渠道获得 2000 年科技股泡沫破灭时期 TQQQ 的实际投资回报，只能推测其结果。这里感谢雪球平台的“阿特尼张”老师对该问题的回测，他使用 2000 年 3 月 10 日至 2022 年 1 月的纳斯达克每日涨跌数据，计算出每日 3 倍做多纳斯达克的涨跌幅，从而模拟回测出科技股泡沫破灭这样巨幅回撤时 TQQQ 的投资回报表现。当然，阿特尼张的回测忽略了跟踪不准的问题，但该问题产生的误差基本可以忽略不计，回测结果如下：

假设 TQQQ 一直存在用于跟踪 3 倍做多纳斯达克指数，2000 年 3 月 10 日某投资者在纳斯达克指数最高点分别一次性买入 TQQQ、QQQ（纳斯达克 100 指数）和 SPY（标普 500 ETF）各 100 美元，并一直持有至 2022 年 1

月，那么该投资者会经历两次极其考验其心脏承受能力的时期。一次是 2000 年 3 月至 2002 年 10 月，买入 TQQQ 的 100 美元会跌至 0.25 美元，跌幅高达 99.75%，主要由纳斯达克指数跌幅过大加震荡损耗所致，而买入 QQQ 和 SPY 的各 100 美元则分别跌至 22 美元和 54 美元。此后随着指数的回升，纳斯达克指数在 2007 年 11 月达到高点时，TQQQ 的日内结算和杠杆威力叠加，从最低点上涨近 10 倍，资产从 0.25 美元上升到 2.5 美元，与 100 美元本金相比仍然亏损 97.5%。另一次发生在 2008 年美国次贷危机引发的金融海啸时期，2008 年初至 2009 年初的一年时间里，纳斯达克指数下跌加震荡损耗，让 TQQQ 再次跌到面目全非，跌至最低时资产仅剩 0.12 美元。此时持仓的 QQQ 市值和 SPY 市值分别为 25 美元和 50 美元。此后美股开启了长达 10 年的牛市，2013 年初持仓的 SPY 市值恢复到 100 美元左右，2015 年底持仓的 QQQ 市值恢复到 100 美元左右。TQQQ 的境遇却没那么好，2015 年底至 2016 年初时，TQQQ 尽管增长了近 30 倍，持仓市值也仅从 0.12 美元增长到 3.3 美元左右，距离 100 美元还差一个 30 倍。直到 2021 年 11 月纳指创出新高，持仓的 TQQQ 市值也仅恢复到 53 美元，而持仓的 QQQ 市值和 SPY 市值则均已超过 300 美元。SPY 和 QQQ 不断创出新高，受益于美国的股票指数长期而言总是不断提高，其他国家也如此，但波动率远大于美股。TQQQ 一直未回本，主要原因是震荡损耗和指数大幅下跌时，本金损耗过大，本金基数太小后，几百倍的涨幅也难以回本。

从以上回测结果来看，对投资 TQQQ 持反对意见的人似乎是正确的，20 年的投资回报为负，且未考虑货币的时间成本，但回测结果是基于 TQQQ 买在阶段性最高点，所以是否值得投资还需要进一步讨论。

从肯定 TQQQ 的角度而言，即使其经历了 2000 年、2008 年以及 2020 年这样大幅下跌和长期震荡，其最大跌幅为 99.88%，市值仅剩下 0.12 美元，却仍然没有清零，足见其生命力之顽强。如果采用融资方式 3 倍做多 QQQ，则早已爆仓。其不用融资即可实现 3 倍做多，无需支付融资利息的同时又不必担心平仓风险，TQQQ 的优势还是非常明显。更夸张一点来假设，某投资者在最低 0.12 美元抄底，从 2009 年 3 月一直持有到 2021 年 11 月市值增长到 53 美元时，回报率高达 443 倍。如果该投资者在 2009 年 3 月最低点买入 100 美元 TQQQ，持有到 2021 年 11 月其市值会高达 44350 美元。

通过以上回测，可以做一个小结。TQQQ 的报酬率的确诱人，但其波动性也带来了极大的风险，适合那些有较高风险偏好和风险承受能力的投资者。想要通过该标的赚钱，需要恰当的投资策略和魄力。接下来我们将讨论 TQQQ 的投资策略，在 99.88% 的下跌和 443 倍收益间找到个平衡点。

定投是投资策略之一，通常指的是定期定额投资。接下来用定投方式回测 TQQQ 的投资汇报情况，本次回测依旧用 QQQ 和 SPY 作为对照，从 2000 年 3 月 10 日开始，对 TQQQ、QQQ 和 SPY 每月分别定投 100 美元，直到 2022 年 2 月 10 日，来比较三个标各自的表现。TQQQ 的数据是通过纳斯达克指数 100 每日涨跌数据乘以 3 来回测，回测结果会有一定误差，但误差很小。

假如 2000 年 3 月 10 日分别买入 TQQQ、QQQ、SPY 各 100 美元，此后每个月的第一个交易日均买入这 3 只 ETF 各 100 美元。至 2022 年 2 月 10 日，近 22 年时间每只 ETF 共投入了 26400 美元，最终持仓市值如下：

SPY 最终市值最小，为 79360.99 美元，总报酬率 200.61%，年化收益率 5.15%。

QQQ 最终市值居中，为 162737.64 美元，总报酬率 516.43%，年化收益率 8.65%。

TQQQ 最终市值最高，为 748028.53 美元，总报酬率 2733.44%，年化收益率 16.48%。

从回测数据可见，TQQQ 的表现是最好的，总报酬率远超 QQQ 和 SPY，是 QQQ 的 5 倍多、SPY 的 13 倍多；TQQQ 的年化收益率尽管未能达到 QQQ 的 3 倍，主要为震荡损耗所致，但 TQQQ 经历了 2000 年、2008 年、2018 年、2020 年和 2022 年 1 月这 5 次股市大幅下挫之后仍然实现近 2 倍于 QQQ 的年化收益率，已非常傲人，年化 16.48% 的收益率也让一般基金望尘莫及。需要说明的是，SPY 和 QQQ 有一定股息收益，而 TQQQ 虽然也偶尔分配股息，但几乎可以忽略不计，该回测并没有把股息再计算在内，若 SPY 和 QQQ 的股息再投资，其年化收益率会略高于本次回测。

用图表方式展示回测结果更为直观，但由于回测时间较长，单幅图表无法展示回测全貌。因此，把回测图表分为三个时间段进行展示，划分时点依据为阶段高低点和时长大致相等。图表和回测结果均来自阿特尼张老师，同时致以谢意。

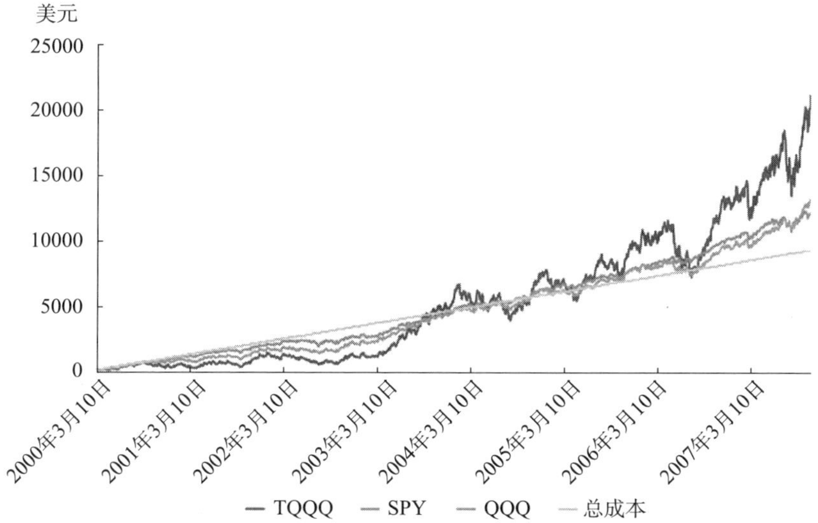

2003 年 3 月 10 日至 2007 年 10 月 31 日回测结果

从图中可以看出，股市暴跌时，定投方式产生的亏损令人心生畏惧。2000 年 3 月至 2012 年底这 12 年中，无论投资 TQQQ、QQQ 还是 SPY 都会遭受一定程度的煎熬。在相当长的时间里，持仓市值低于成本，账面浮亏。SPY 表现最为稳定，其亏损幅度最小。QQQ 次之，TQQQ 亏损幅度最大。但值得欣慰的是，TQQQ 从亏损中恢复的时间并不比 QQQ 长多少，每次 QQQ 扭亏为盈不久，TQQQ 也总是能够迅速扭亏为盈，收益迅速超越 QQQ 和 SPY。

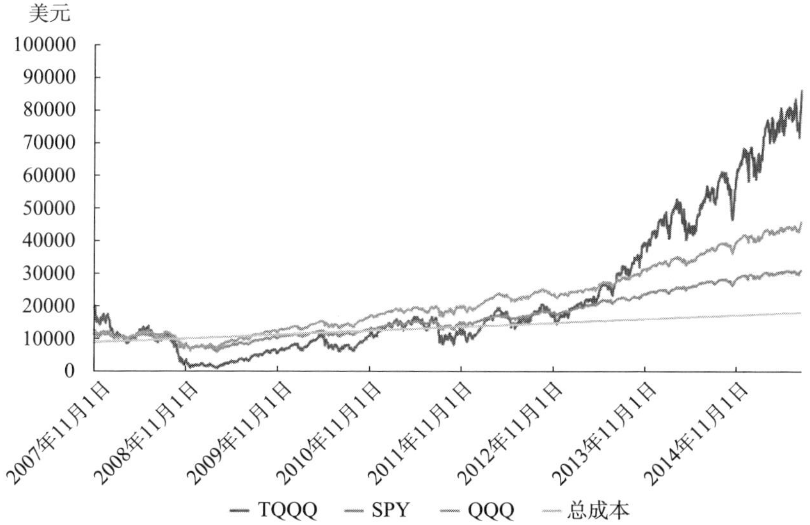

2007 年 11 月 1 日至 2015 年 7 月 20 日回测结果

TQQQ 亏损幅度最严重的时期有两个，分别是 2000 年 3 月至 2003 年 3 月和 2008 年底至 2010 年底，这两个时期都出现超过 80% 的亏损。2002 年 7 月 23 日是一个低点，此时 3 只 ETF 的投资成本均为 2900 美元，而 TQQQ、QQQ、SPY 的持仓市值分别是 473 美元、1366 美元和 1868 美元，TQQQ 亏损幅度约为 84%。另一个低点是 2008 年 11 月 20 日，3 只 ETF 的投资成本均为 10500 美元，而 TQQQ、QQQ、SPY 的持仓市值分别是 1484 美元、6831 美元和 6637 美元，TQQQ 亏损幅度约为 86%。定投指数产生这么大的亏损幅度极为罕见，虽不像一次性投资最大亏损幅度为 99.88% 那么令人绝望，但仍会令定投者心生畏惧。

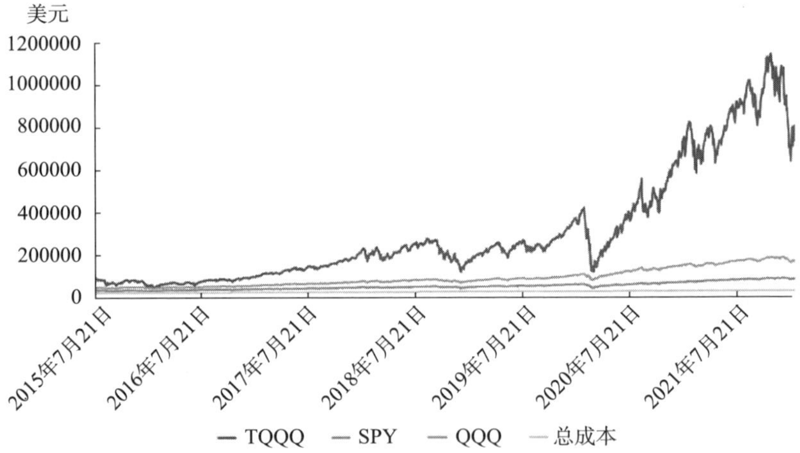

2015 年 7 月 20 日至 2022 年 2 月 10 日回测结果

定投的一个好处是，在股市不断下跌的过程中，持仓成本在不断降低。股市一旦转入上涨周期时，定投 TQQQ 能迅速扭亏为盈。纳斯达克指数在 2000 年科技股泡沫破灭之时从 5000 多点暴跌近 80% 之后，直到 2015 年才重新回到 5000 点。但在这 15 年中，定投 TQQQ 却可以在 2004 年初就扭亏为盈。之后虽然又经历数次股市调整重新亏损，但每一次反弹，基本都可以迅速扭亏为盈，投资回报大幅领先 QQQ 和 SPY。

2012 年之后，定投 TQQQ 就再没出现账面亏损的情况，甚至在 2018 年和 2020 年的股市暴跌中，定投 TQQQ 的收益仍然好于定投 QQQ 和 SPY。2018 年 12 月 24 日产生阶段性低点，3 只 ETF 的定投成本均为 22600 美元，而 TQQQ、QQQ、SPY 的持仓市值分别为 113263 美元、62919 美元和 38789 美元。2020 年 3 月 23 日产生阶段性低点，3 只 ETF 的定投成本均为 24100 美元，而 TQQQ、

QQQ、SPY 的持仓市值分别为 114827 美元、76065 美元、38014 美元。

除了每月定投，阿特尼张老师还回测了每天定投 TQQQ。自 2000 年 3 月 10 日至 2022 年 2 月 10 日，每日定投 4.7852 美元，总成本为 26399.95 美元，最终持仓市值为 748663 美元，与每月定投相差无几。

除了定投，还可以采用根据跌幅不断加仓的策略，但是回测难度加大，因为未来的股市趋势与过去的并无直接联系，且上涨过程中仓位无法加大。该策略的投资回报率可能比定投还要高。

阿特尼张老师的回测结果是基于 22 年纳斯达克指数的走势，据他理解已经把定投 TQQQ 时出现的最坏结果呈现出来。但纳斯达克指数是否还会经历 2000 年那样的暴跌？如果会，那还有比回测结果更差的结果。纳斯达克指数跌幅超过 2000 年科技股泡沫破灭时的可能性较小。2000 年的纳斯达克指数正处于科技股泡沫巅峰，那时候人们对科技股痴迷和疯狂到令人发指。今天的纳斯达克已今非昔比，纳斯达克集中了美国很大部分的核心资产和世界其他国家的核心资产。2000 年时，如今纳斯达克权重第一的苹果公司还挣扎在破产边缘，微软还在靠 Windows98 支撑着 6000 亿的市值，亚马逊还是个上市仅 3 年的初创公司……当年，这些纳斯达克指数成分股都还只是成长股，如今可称得上美股的中流砥柱。这些股票不太可能如 2000 年那样毫无抵抗地下跌，当时中国在纳斯达克上市的核心互联网企业，基本都从股价上百美元或几十美元跌至 1 美元以下。

经过以上介绍、分析、回测等，可以得出结论，TQQQ 是个波动率极大的杠杆 ETF，风险很大，投资回报却同样诱人。不清楚其风险就贸然投资有可能血本无归，而采用适当的投资策略，不断加仓，长期持有，会带来相当丰厚的回报。喜欢短线的投资者自然可以利用 TQQQ 巨大的波动性获益，而喜欢长线的投资者同样可以靠定投等策略降低成本获取高额回报。其高额回报背后的终极逻辑是美股比其他国家的股票更能在低波动下不断创出新高。

后记

本书是在我博士论文的基础上加工而成，博士之路走得艰辛却也收获满满。从本科的国际贸易专业（现已更名为国际经济与贸易专业），到硕士的管理专业，再到博士的心理学专业，跨度颇大，但收获远多于付出。记得我刚开始攻读心理学博士之时，由于专业跨度太大且已过不惑之年，良师益友李先锋教授戏称我为“心理学老白”。

在论文写作过程中，最要感谢的是我的导师马欣川教授，没有他的推荐和指引，攻读博士学位的夙愿在人生中只能戛然而止。老师学识渊博，思想深邃，视野开阔，有着极高的人格魅力。他不仅传授我学术研究的经验与方法，更教会我许多做人的道理，让我受益匪浅。导师曾说我是他最喜欢的学生之一，半醉半醒之时把“之一”去掉了，虽然我不是导师最好的学生，导师却是我最尊重的人，师徒父子的关系，是我人生中最重要的部分。

博士录取一波三折，要特别感谢申荷永教授，没有他我攻读博士学位也只能戛然而止。他的帮助让我从分析心理学研究的“老白”到初窥荣格心理学门径，并成功发表 SSCI 文章。感谢申老师带我参观麓湖的研究院，带我参加华师的课题会。感谢申老师同意让我在分析心理学学派中研究金融心理学，研究过程中发现很多金融现象可以用分析心理学解释。感谢申老师邀请诸多分析心理学领域顶尖分析师以及国内心理学界诸多高人指点我，让我在求学路上受益终身。

本书完成之时，父亲已过世 12 年，母亲也已过世 1 年多，父亲和母亲是世界上最爱我的两个人。我的老家云南有一种非常珍稀的菌类，当地叫鸡枞，因其生存期仅在夏天很短的时间，以至其价格极为昂贵。老家人为了能保存其稀有性，会用特有的油菜油炸鸡枞，鸡枞的香味浸入菜油，需要食用时只需要滴几滴鸡枞油，整盘菜都香气逼人，吃米线或面条时尤为如此。父亲卧病在床时家里有这么一瓶炸鸡枞油，他舍不得自己吃或给别人吃，因为他要留着给最小的儿子老五。我就是他最小的儿子老五，家里人和村里人自小称呼我“老五”，多数人都不知道我的大名。每次回到生我养我的土地，总是一下子放下各种包袱，内心放松。很多村里的人还过着传统的农业生活。能常回家乡是祖宗给我的福报，父亲过世时还留下一座二层小楼给我，还有个水窖，回家时不用寄人篱下。

母亲对我爱的表达更为纯粹，所谓儿行千里母担忧。父亲过世后，母亲一个人住着父亲替我盖的小房子，大哥在同一个院子居住，四哥搬出那个院子在外面盖了房，但经常来看母亲。二哥在城里工作，通常周末回家看母亲，三哥在昆明打工，回家看母亲时间较少。我离母亲最远，只有寒暑假才能回家看母亲。每次回家母亲都提前在我一个大奶奶家门口坐着，那是村里的交通集散地，几个老太太聊着天，其实母亲的心思都在等着她即将归来的儿子。有一年我过生日，自己都忘了，母亲打电话对我说："儿啊，今天是你的生日，你自己煮个鸡蛋吃下。"多么纯粹和质朴的表达，小时候食物缺乏，吃个鸡蛋不容易，所以通常过生日才能煮个鸡蛋吃。我的中学在大姐家完成，农村孩子正常只能读农村中学，当时我姐夫在城里做官，让我能在城里完成中学学业。初中毕业时，我考上了中专，对于农村孩子那是最好的选择，农民身份瞬间靠寒窗苦读转化为城市身份，但是我姐夫作为读书人，知道我最好的选择是什么，他让我上了高中，我最后以罗平一中第一的成绩考入厦门大学国际贸易系，改变了一生。

我的天才儿子"小王子"，现在上初中了，但从小智力超群，据测 IQ 超过 140。一年级时就已经能背圆周率到 1000 位，记忆类的比赛获了无数奖项。我和儿子一起看江苏卫视的《最强大脑》节目时，讨论的都是能否完成那些项目。可惜没机会参加节目，否则我相信儿子也能走到顶尖。儿子的这些成就，让我的学生、同学等叹为观止，传为美谈。儿子加油，小时候你想上哈佛，我相信你内心的成就动机自发出来后，理想一定能实现。儿子你慢慢长大了，我看到了你作为男子汉的担当和对家的爱，家庭碰到困难时我看到你的努力。好的起点很重要，这就是马太效应，所以爸爸妈妈费尽心思把你转到深圳最好的初中——百合外国语学校。由于学习强度有点大，懒散惯了的你才转学过去时有点不适应，产生了放弃的想法。但你坚持下来了，还证明了自己的价值，学习成绩也不落别人。人生最重要的阶段靠自己完成，顺便感谢儿子在我完成博士论文时帮我整理实验数据。

宝贝女儿玥玥，你真的是上天送给爸爸的礼物。爸爸从小叫你"宝贝"，让你一度以为"宝贝"是你的名字。你来到我们家后，家里快乐多了，我对哥哥也没那么严格了，你专治爸爸的暴脾气，每次听到你无邪的声音，爸爸的气就消了。爸爸在澳门攻读博士学位时，曾做过一个梦，梦到 3 只小狐狸被三轮车运走了，其中一只变成了你，你要被抢走，我在梦中就直接哭醒，不是那种仅流泪而无声的哭，而是梦中就大声哭，大声哭到醒。宝贝，由于工作原因妈妈每天出门较早，幼儿园中班开始变成爸爸每天接送你，你表现特别棒。咱俩约定的起床闹钟为歌曲《卡路里》，你总是头天就找好次日要穿的衣服放在床尾，听到《卡路里》后起床自己穿衣服，自己刷牙洗脸。爸爸34岁没了父亲，44岁没了母亲，你出生时爸爸已经39岁，所以爸爸要努力保持身体健康。你没事时经常来抱爸爸，用你的爱抚慰爸爸的各种不如意，谢谢你宝贝。爸爸一直陪着你成长，见证你成长，与你给爸爸的相比，爸爸抚养你的一切不值一提。有次咱们爬笔架山时，讨论到灵魂的问题，你问我是不是我死了就可以和公公（云南方言，即爷爷）奶奶在一起了。话虽不吉利，但是爸爸能体会到你能读懂爸爸的内心世界。有一天和你谈起这个问题时，你说你就是公公转世来到咱家。我一怔，思绪万千，没想到你加了一句“以后你骂我就是骂公公”，宝贝你都学会给爸爸“挖坑”了。

还有很多亲人给我了巨大的关爱与支持，我在家排行最小，我上面还有四个哥哥和两个姐姐，他们各自组成家庭后亲人又多了姐夫、嫂子、侄子、侄女、外甥、外甥女，最大的侄女已经有了自己的双胞胎，大侄子和二侄子也有了自己的孩子，外甥女也有了女儿，我也做了小公公、小外公了，连我的两个孩子也成了叔叔、阿姨、舅舅。母亲还在世时五代同堂，感谢我所有的亲人，感谢亲人们给了我温暖的家，一直给我支持与鼓励。

在本书写作过程中，有太多人帮助和协助过我，如帮忙整理数据的学生、召集被试的朋友、配合研究的被试、设计交易系统的高手等，尤其感谢徐卓怡同学，帮我完成大量校对工作。太多的人需要感谢，就不一一点名了。

感谢陶一桃教授带领我和团队，让MOOC“生活中的经济学”相继获得省级、国家级优秀在线课程，并资助我出版了本书。

感谢本书的责任编辑，中国经济出版社的丁楠老师，我们已合作10年，她作为责任编辑为我工作单位深圳大学中国经济特区研究中心出版了多部图书。感谢丁楠老师为本书出版所付出的辛苦。

尤为感谢恒邦资本谭雄文先生，为本书涉及的实盘交易提供指导和支持。谭先生还替我等投资圈的朋友们打通了人民币投资美股的合法通道，让圈内有意者便捷投资纳斯达克、标普等有较稳定收益的指数基金以及衍生ETF，如TQQQ、UPRO、UDOW、YINN等杠杆ETF，获取超过市场平均回报的收益。

借用陶一桃教授在《生活中的经济学》教材后记中的一句话结束本书的写作：“我们不知道我们的努力能否成功，但我们知道如果我们不努力就不会有成功。”

王保卫

二〇二三年三月二十七日于云南舍恰村